바른말이 힘이다

바른말이
힘이다

우리말을 사랑하는 사람들과 방송인들을 위해 바른 우리말 필독서가 나왔다!

하얀인

말과 글은 바르게 부려 써야 한다
_ 말이 오르면 나라도 오른다

각고의 시간을 거쳐 그간 방송인으로, 바른말 연구자로 살아오면서 숱한 우리말 사용의 오류를 정리하여 한 권의 책으로 엮어 낸 저자 이종구 선생에게 우선 축하와 격려를 보낸다. 십수 년 전 "한국어 아름답고 바르게 말하기 운동본부" 관련 모임에서 처음 만난 이후, 저자가 우리말에 대한 애정과 책임으로 방송 현장에서 꾸준히 활동했음을 알고 있었다. 평소 방송 현장이나 사회에서 겪게 되는 우리말을 바르게 사용하지 못하는 현상에 대해 저자는 안타까움과 책임을 느끼고 있었다. 이번 『바른말이 힘이다』 발간에 본인도 큰 의미를 두고 있을 것이다.

많은 이들은 무심하게 넘기는 우리말 사용에 문제의식을 가진 것뿐만 아니라 실제로 오랫동안 우리말 바르게 사용하기와 관련하여 글과 강의를 통해 계몽해 온 저자의 노력에 대해 지치지 않을까 하는 우려도 있었다. 그럼에도 오늘 이같이 좋은 결실을 맺을 수 있어서, 우리말과 글에 대해 나름의 책임을 느끼고 있는 사람으로서 함께 기뻐하고 싶은 마음이다.

지구상에 서식하는 10만 종의 조개 중 100분의 1만이 진주를 만든다고 한다. 조개의 상처가 암으로 변형된 것이 사람에게는 귀한 보석이 된다고 한다. 사람도 조개처럼 상처와 고통을 안고 살아가지만, 고통을 어떻게 승화시키는가에 따라 삶의 모습이 달라진다. 주시경 선생의 말씀대로 "말이 오르면 나라도 오른다." 즉, 말이 바르게 운용되어야 나라도 부강해진다는 뜻이다. 그래서 우리는 항상 말과 글을 바르게 부려 써야 한다.

우리가 사용하는 말과 글이란 사회 구성원이 널리 사용하는 사회적 공감대 과정을 거쳐서 비로소 공통의 표현으로 인정받게 된다. 그래서 말과 글인 언어를 사회적 약속이라고 한다. 이렇게 우리가 사용하는 말과 글은 조개 속에서 얻어진 진주같이 소중하게 사용해야 할 자산이다.

그렇게 사회화의 과정을 거쳐 사용하는 말과 글에 대해 대부분의 사람들은 당연하게 인식할지 모르겠다. 하지만 말과 글은 결코 안온한 상태에서 나올 수 없다. 푸른 산빛이 있고, 붉은 단풍나무가 있을지언정, 시퍼런 삶의 정신 없이는 올바른 말과 글이 나올 수도 유지될 수도 없기 때문이다.

한글날이 공휴일로 다시 지정되면서 우리 말과 글을 바르게 사용하자는 공감대가 확장되는 시기에 저자의 이 책, 『바른말이 힘이다』를 통해 배우는 청소년들이 바르게 말하고 글을 바르게 쓸 수 있는 힘을 기르기를 기대해 본다. 또한 말과 글은 그 말과 글을 사용하는 사람들의 마음의 표현이므로 바른 마음에서 바른 말과 바른 글이 나온다는 것을 이

책을 통해 알려지기를 기대한다. 우리가 상대방에게 어떤 얼굴 표정을 하고 어떤 인상으로 남아 있어야 할 것인가는 우리가 사용하는 말과 글의 표현이 결정하게 된다. 점점 살아가기 힘든 세상이 되어가고 있지만, 말과 글을 바르게 사용함으로써 인간의 본성인 심성만은 거칠어지지 않고, 아름답게 우리 주변에 머물러 있게 만들어야 한다.

이종구 선생은 바로 말과 글을 무관심하거나 가볍게 지나칠 수 있는 세대에게 우리말을 바르게 세우기 위해 노력하고 있다. 그 누구도 오랜 세월 할 수 없는 일을 현재도 지속하고 있다. 이번에 발간되는 『바른말이 힘이다』의 방대한 내용을 통해 독자들도 느끼게 될 것이다. 이종구 선생의 『바른말이 힘이다』 발간을 다시 한번 축하하며, 칠순이 지난 나이에도 열정적인 방송 활동과 아울러 우리말 바르게 살리기 활동에도 계속 정진하기 바란다.

2020년 12월

이현복(서울대학교 명예교수, 음성·언어학)

우리말을 지키는 참다운 애국의 길

우리네 주변에는 학벌 좋고 직위 높은 현란한 이름의 명사들이 도처에 넘쳐난다. 그래서 시정(市井)의 장삼이사(張三李四)들은 으레 그들을 선망하고 우러러보며 인생살이의 좋은 사표(師表)이자 의지가 되는 동시대인으로 여기기도 한다.

그런데 막상 저명 인사들의 처세 행태를 겪어 보면 상식적인 예상과 크게 동떨어져 있는 경우가 허다하다. 외화내빈(外華內貧)에 표리가 부동한 지식층의 인사들이 남에 대한 배려는 추호도 없이 자기만이 똑똑한 양 거들먹거리는 풍조가 우리 주변에 만연해 있다고 해도 결코 과언이 아니다.

이 같은 문화 풍토 속에서도 독야청청(獨也靑靑) 신실한 외길을 걸어온 참다운 명사요, 명실상부한 지식인이 있다. 원로 성우이자 재야 국어 연구가인 이종구(李鍾九) 선생이 곧 그 주인공이라고 나는 굳게 믿는다.

그 분은 국문학을 전공한 국문학도도 아니요, 제도권 강단의 교직자도 아니다. 그럼에도 불구하고 우리말 사랑의 열정과 우리 말글 바로 사용하기의 문화운동을 전공자들이 무색할 만큼 집요하게 실천하며 헌신해 오고 있다. 진정한 애국자가 따로 없다. 이종구 선생의 삶의 족적이 곧 참다운 애국의 길이요, 우리말의 얼과 정체를 튼실하게 지켜가는 역사적 선각(先覺)의 혜안이요, 대도(大道)이다.

한 나라의 언어란 바로 그 나라 국민의 얼이자 정신이다. 언어가 바로 서지 않으면 미구(未久)에 구성원들은 얼빠진 허수아비가 된다. 정교한 소통이 불가능하고 깊은 사색과 통찰의 기제(機制)가 무너지며 품격 있는 문화와 심오한 학문의 바탕이 설 자리를 잃게 된다.

사리가 이러함에도 근자의 우리네 언어생활이란 어지럽고 혼란스럽기 그지없다. 진중하지 못한 외래어의 남용과 무분별한 신조어의 구사, 그리고 무엇보다도 전자매체를 통해서 빠르게 유통되는 은어(隱語)나 단축어의 범람은 정확한 국어 사용을 미궁(迷宮)으로 몰아넣고 있다.

바로 이 같은 언어생활의 혼돈시대에 우리말을 살리는 생명수요, 어문정책이 지향해야 할 좌표와도 같은 소중한 저서가 출간되었으니 저자 이종구 선생님의 『바른말이 힘이다』가 곧 그 책이다. 바른 말 사용의 고독한 외길에서 농축된 보석 같은 내용들은 우리말과 글을 한층 품격 있게 가꿔 가는 길라잡이가 될 것이 분명하다. 아마도 광화문 광장에 계신 세종대왕께서도 대견스레 여기시며 빙그레 미소 짓지 않으실까 싶다.

경자년 늦가을에

한명희 (대한민국예술원 회원, 이미시 문화서원 좌장)

차 례

Prat

사, 국립국어원 표준어 규정의 문제점 _206

Prat

오, 자장면 _220

Prat

육, 보도자료 속 바른말 운동 _232

부록

나무로 만든 비를 「비목(碑木)」이라 하죠.
추천의 글을 쓴 한명희 선생은 우리의 대표적 가곡 「비목」의
노랫말을 지은 분이죠. 비목을 들으며 떠오른 것은 장승이었죠.
장승은 통나무에 얼굴 모습을 조각해서 땅 위에 세운 수호신이고,
이 책은 바른말을 지켜주는 버팀목이자,
바른말이 걸어갈 옳은 길을 가리키는 이정표이죠.

말이란 무엇인가?

표준어를 제대로 발음하려면!!

국어순화 운운하니까 모든 것을 글자대로 읽고 발음해야 되는 것으로 생각하는 방송인들이 많은데 잘못 알고 있다.

왜냐하면 한 단어 또는 합성어를 표준어로 발음하려면 글자 하나하나를 정확하게 연속적으로 읽어야 자연스럽게 경음과 연음으로 발음되는데 일부러 연음으로 발음하려다 보면 하나의 단어인 경우 글자와 글자를, 합성어인 경우 앞 단어와 뒤 단어를 억지로 띄어 읽게 된다.

그러므로 정확한 표준어 발음이 안 되고 어색하고 꼭 외국인이 발음하는 것과 같이 되는 것이다.

말이란 무엇일까요? 우리말은 우리의 얼과 정서가 깃들어 있는 소중한 문화유산입니다. 그러므로 말할 때에는 상대방에게 듣기 좋고 정확하게 전달해야 합니다. 특히 우리말은 된소리·예사소리·긴소리·짧은소리로 발음해야 변별력이 생기고, 그 뜻이 달라지는데 대다수 방송인들이 된소리로 발음해야 할 '잠짜리'를 '잠자리'로 발음하여 곤충을 연

상케 하고, '볼꺼리'를 '볼거리'로 발음하여 전염병을 연상케 합니다. 또한 긴소리로 발음해야 할 '한:국(韓國)'을 '한국(寒國)'으로 짧게 발음하여 '차가운 나라'로, 적게 먹는다는 '소:식(小食)'을 '소식(消息)'으로 짧게 발음하여 소식을 전한다는 뜻으로 만들어 우리말을 훼손시키고 있습니다. 방송인들을 이렇게 발음하게 만든 원인은 1988년에 개정된 한글 맞춤법 '다만' 규정과 '예외' 규정 때문입니다.

1970년대 말까지만 해도 표준어로 인하여 국민들은 이렇게 혼란스러웠던 적은 없었습니다. 그런데 90년대 초 초대 문화부 장관이 된 이어령 선생이 애써 추진한 지금의 국립국어원에서 국어순화라는 명목하에 글자대로 발음하게 만들면서부터 사단이 시작되었습니다.

저는 국어학자가 아니지만 성우와 연기자로 활동하는 사람으로서, 1980년부터 방송인들이 갑자기 된소리로 발음해야 할 것을 예사소리로 발음하는 것을 바로잡아 우리말을 지켜야겠다는 사명감에서 〈바른말 연구소〉를 열어 바른말 지킴이 일을 하게 되었습니다. 이러한 활동이 인정되어 당시 방송통신심의위원회 위원이셨던 성우 고은정 선생님의 추천으로 제2기 방송언어 특별위원으로 위촉되어 활동했습니다, 이렇게 바른말 지킴이 활동을 통해 정리한 글들을 묶어 『바른말이 힘이다』를 2021년에 출간했지만 출판사의 문제로 절판된 것을 이번에 재출판하게 해주신 하양인출판사 이종복 대표님 대단히 고맙습니다.

그리고 십수 년 전 "한국어 아름답고 바르게 말하기 운동본부" 모임을 함께 하시고 저의 바른말 지킴이 활동을 응원해주신 이현복 서울 대 명예교수님과 저 보고 우리 말글의 독립운동가라고 극찬을 해주신 가곡 「비목」 작사가이시고 대한민국예술원 회원이시며 이미시 문화서 원 좌장이신 한명희 선생님께서 저의 졸저에 추천사를 써주심에 진심 으로 깊은 감사의 말씀을 드립니다.

또한 저의 원고를 감수해주신 외솔회 성낙수 회장님과 전 성신여 중고 오경자 선생님, 저의 책 '바른말이 힘이다'를 지어주신 카피라이 터 이만재 선생님, 원고를 총 편집해주고 강연할 때마다 촬영하여 '이 종구 바른말 지킴이'란 이름으로 유튜브에 올려준 신성찬 님, 정말 고 맙습니다.

그리고 운전 중에도 방송인들이 잘못하는 발음을 메모하는 것을 보고 위험하다고 못 하게 하던 아내가 이제는 방송인들이 잘못 발음하 는 것을 메모해서 알려주며 지원군이 되어준 아내 유향곤 마님 고맙습 니다.

이 책을 훈민정음을 창제하신 세종대왕님과 일제 강점기에 우리 말 글을 지키기 위해 몸 바치신 조선어학회 회원이신 저의 광주이씨(廣州李 氏) 19대 이강래 선조님께 바칩니다.

2020년이 저무는 해 끝에
모락산 자락 바른말 연구소에서

1

바른말이 힘이다

일,

오염된 발음으로
하게 된 배경

Prat

1

　방송의 위력은 대단하다. 방송언어는 표준말을 바르고 정확하게 사용해야 한다. 그런데 된소리를 예사소리로, 예사소리를 된소리로, 긴소리를 짧은소리로, 짧은소리를 긴소리로 잘못 사용하여 우리말을 심각하게 오염시키고 있다.

　1933년에 만들어서 1970년대까지 잘 써오던 한글 맞춤법을 1988년에 바꾸면서부터 국어오염은 아주 심각하게 이루어지고 있다.

　그런데 왜 방송인들이 이렇게 발음하게 되었으며 언제부터 그런 잘못된 발음을 하게 됐는가? 그것은 80년대 어느 날부터 시작됐다. 당시 전두환이 집권하자 해방 이후 박정희 정권 때까지 아무 이상 없이 잘 써오던 우리말을 지금의 국립국어원이 국어정책을 담당하면서 우리말이 훼손되고 있다.

　'소주'를 '쏘주' 또는 '쐬주'라고 된소리(경음, 硬音)로 말하는 사람들이 많다. '된소리를 사용하게 되면 사람들 심성이 사납게 된다'라고 하면서 국어정책 입안자들이 연음화시키기 시작했다.

　그들이 왜 그렇게 잘못된 발음을 쓰게 됐는가를 한번 알아보자. 첫째는 조선어학회가 1933년에 제정 발표하고 1979년 박정희 정권 때까지 사용해 오던 〈한글 맞춤법〉 총론 2항 "표준말은 현재 서울의 중류사회에서 쓰는 말로써 한다"는 것을 삭제하고, 1항인 "표준어는 소리대로 적되

어법에 맞도록 한다"는 것만 강조하여 글자대로 발음하게 했다. 글자대로 발음이 안 되는 것은 글자를 바꾸기까지 했다.

예를 들자면 '했읍니다'를 '했습니다'로, '됐읍니다'를 '됐습니다'로 글자를 바꾸었다. 이어서 '불뻡'을 '불법'으로, '사껀'을 '사건'으로, '효꽈'를 '효과'로 글자대로 발음하게 했다.

그러나 '했읍니다'나 '됐읍니다'를 글자대로 '했:읍니다, 됐:읍니다'라고 발음하려니까 도저히 안 되는 것이었다. 그렇다면 발음되는 대로 글자를 바꾸기로 국립국어원이 결정했다. 그런데 그들의 결정대로라면 '했으니까'를 '했스니까'로, '됐으니까'를 '됐스니까'로 써야 하는데, 그것은 그냥 '했으니까, 됐으니까'로 쓴다. 이렇게 '했습니다'와 '됐습니다'로 바꾼 것은 원칙을 무시했으며, 정말 잘못되었다고 필자는 강력히 주장한다.

또한 '몇년, 몇월, 몇일'의 어원은 '몇'과 '년, 월, 일'인데, 유독 '몇일'만 '며칠'로 고친 것만 보아도 알 수 있다.

아울러 우리말은 한자(漢字) 문화권으로서 국, 한(國, 漢)문을 혼용으로 쓰기 때문에 장음(長音)과 단음(短音), 경음(硬音, 된소리)과 연음(軟音, 예사소리)으로 구분되어 뜻이 달라진다는 사실을 그들은 잘 모르는 것 같다.

2009년에 인도네시아의 소수민족인 찌아찌아족이 우리 한글을 자기들의 공식문자로 채택해서 화제가 된 적이 있었다.

그들의 말을 한글로 표기한다는 것은 곧 그들의 말을 그야말로 소리글자로 쓰겠다는 것이다. 그렇다면 그들에게도 규정, 즉 맞춤법이 필요할까? 아니 필요 없을 것이다.

그런데 우리는 1933년 한글 맞춤법을 만들 때 학자들이 뜻글자인 한자를 먼저 쓰고 한글을 그 밑에 두다보니 맞춤법 규정을 만들 수밖에 없었다.

물론 당시 시대적 배경과 여러 가지 요건으로 인하여 그렇게 됐다고 보고, 그것까지는 인정한다. 이처럼 규정에 의한 뜻글자를 만들었다면 글자를 보고 읽을 때는 말을 해야 한다. 그런데 지금의 방송인들은 대다수가 글자대로 발음한다. 이것이 문제이다. 즉 '문자(文字)'라고 쓰지만 '문짜'라고 발음해야 할 것을 '문자'라고 발음하는 게 문제다. 그러므로 글자를 보고 읽을 때는 아름다운 우리말을 해야 한다.

그러나 지금 방송인들은 어떻게 하고 있는가? 말을 하는 것이 아니라 국어순화 운운하면서 다음과 같이 글자대로 발음하고 있다.

'불뻡(不法.불법)'을 '불법', '체쯩(滯症.체증)'을 '체증', '효꽈(效果.효과)'를 '효과', '일짜리(일자리)'를 '일자리', '사껀(事件.사건)'을 '사건', '둘 쭝 하나(둘 중 하나)'를 '둘 중 하나', '올뽐(올봄)'을 '올봄', '잠실뻘(잠실벌)'을 '잠실벌', '황산뻘(황산벌)'을 '황산벌', '물밀뜨시(물밀듯이)'를 '물밀드시', '미흐ㅂ판(미흡한)'을 '미흐반', '흑떠미(흙더미)'를 '흑:더미', '현실쩍(現實的.현실적)'을 '현실적', '명당짜리(명당자리)'를 '명당자리', '고속또로(고속도로)'를 '고속도로', '강뚝(강둑)'을 '강둑', '시찰딴(視察團.시찰단)'을 '시찰단', '겨울삐(겨울비)'를 '겨울비', '산꼴짝(산골짝)'을 '산골짝', '어름쪼각(얼음조각)'을 '어름:조각', '내일쩌녁(내일 저녁)'을 '내일:저녁', '헤비끕(헤비급)'을 '헤비급', '백원때(100원대)'를 '백원대', '뱅녈따선명(115명)'을 '백:열:다선명', '삼박싸일(삼박:사일)'을 '삼박:사일', '심미리까량(심미리:가량)'을 '심미리 가량'으로 글자대로 발음하고 이 외에도 수많은 표준어를 글자대로 발음하여 우리말을 훼손시키고 있다.

예 : 한글로는 같은 글자이나 한자로 쓰면 여러 가지 뜻이 되고
발음도 달라지는 용어들이 많다.

고가: (高價, 고까), (高架, 고가), (古家, 고:가)

대가: (代價, 대까), (大家, 대:가)

소장: (少將, 소:장), (訴狀, 소짱)

문구: (文句, 문꾸), (文具, 문:구)

공적: (公的, 공쩍), (功績, 공:적)

사적: (私的, 사쩍), (史蹟, 사:적)

인적: (人的, 인쩍), (人跡, 인:적)

정가: (政街, 정:가), (正價, 定價, 정:까)

방송인들이 잘못 쓰고 있는 것 중에서 몇 가지 사례를 들어 문제점
을 열거해 보겠다.

'체쯩(滯症)'을 '체쯩'으로 안 하고 '체증'으로 발음하고 있는데, 그럼 "통
쯩(痛症), 후유쯩(後遺症), 불면쯩(不眠症), 중쯩(重症), 불감쯩(不感症)"
도 '~쯩'으로 발음하지 않고 "통증, 후유증, 불면증, 중증, 불감증"으로 발
음해야 된다. 그렇다면 외국인이 우리말 발음하는 것과 무엇이 다르랴.

또한 '불뻡(불법)'을 '불법 불법' 하는데, 그럼 '술뻡(술법), 율뻡(율법)'
도 '술법, 율법'으로 발음해야 할까?

'효꽈(효과)'를 '효과, 효과'하는데, 그렇다면 "역효꽈(逆效果), 성꽈
(成果), 전꽈(戰果), 전시효꽈(展示效果)"와 한자(漢字)로는 다르지만 "문
꽈(文科), 이꽈(理科), 공꽈(工科), 내꽈(內科), 외꽈(外科)"도 '~꽈'가 아
니고 '~과'인 "역효과, 성과, 전과, 전시효과, 문과, 이과, 공과, 내과, 외

과"로 발음해 보자. 얼마나 어색한가?

이 외에도 외래어 발음을 보도록 하자.

'딸라(달라, DOLLAR)'를 '달라', '뻐쓰(버스, BUS)'를 '버쓰', '까쓰(가스, GAS)'를 '가쓰', '께임(게임, GAME)'을 '게임'으로 발음한다. 그런데 된소리(경음硬音)로 하지 말라 하니까 이미 토착화된 외래어를 딴에는 '버쓰, 가쓰' 등으로 발음하는 모양이다. 그렇다면 '쓰(S)'도 '스'로 하지, 왜 된소리 '쓰'로 발음하는지 도저히 이해가 가지 않는다.

또 '딸라(dollar)'도 '달라 달라' 그러는데, 그럼 '쎈트(cent)'도 '센트'라고 해야 하나? 일 달라 육 센트?

'싸인(sign)'도 '사인死因'으로 해야 할 것인가? 그러면 '죽음의 원인'으로 해석이 될 것 아닌가. 그렇다면 축구 중계시 쎈터링(centering)을 센터링으로 해야 할까?

몇 가지 예를 들어보자. "쎅쓰피어(Shakespeare), 쎄피아(sepia), 쎄팅(setting), 쎄트(set), 쎅쓰(sex), 쎅씨(sexy), 쎅터(secter), 쎈서(sensor), 쎈세이션(sensation), 쎈쓰(sense), 쎈터(center), 쎌러리맨(salaryman), 쎌프(self)"도 'ㅆ'이 아니고 'ㅅ'인 '섹스피어, 세피아, 세팅, 세트, 섹스, 섹시, 섹터, 센서, 센세이션, 센스, 센터, 샐러리맨, 셀프'로 발음해야 할까? 하긴 요즘에는 방송인들이 '골, 골문, 골때'라고 발음하고 있으니 정말 한심하다.

여기서 〈문세영 사전〉의 외래어 표기를 인용해 보자.

– 된소리(경음硬音) 발음의 실태

"'까쓰, 께임, 꼴, 따블, 딸러, 딱터, 땐쓰, 뻐쓰, 뽀이, 뽈, 싸이렌' 등은 이미 해방 전에 일본인들로부터 영향을 받아 써오던 말이다. 언중(言

衆)의 현실 발음도 그렇고, 해방 후에 들어와 쓰인 외래어 중에 '부리핑, 부라보, 부라우스, 부레이크' 등을 '뿌리핑, 뿌라보, 뿌라우스, 뿌레이크' 등으로 발음하지는 않는다"라고 했다.

이를 보더라도 버쓰니 달라니 가쓰니 게임이니 하고 발음해서는 안 된다는 것을 분명히 알 수 있다. 도대체가 그들은 외래어와 외국어도 구분 못 하는가. 우리가 외국어로 발음해야 하는 이유가 무엇인가?

자, 그럼 여기서 표준어란 무엇인지 한번 짚고 넘어가자.

사전에 보면 **"표준어란, 교양 있는 사람들이 두루 쓰는 현재 서울말로 정함을 원칙으로 한다"**라고 되어 있다.

그러므로 연음화(軟音化) 운운하고 된소리(경음硬音)로 발음하지 않게 하자며 모든 국민이 아무 불편 없이 잘 쓰고 있는 표준어를 어느 특정한 시대, 특정한 일부 사람들의 집단 이기주의와 아집(我執)에 의해 함부로 만들어지거나 고쳐져서 아름다운 우리말이 변질되고 왜곡된다면 절대로 안 될 일이다.

그래도 그들(국립국어원과 방송인들)의 주장대로 표준어를 바꾸어야 한다면 표준어의 정의도 다음과 같이 바꾸어야 할 것이다.

"표준어란 국립국어원이 주장하는 것을 방송인들이 쓰는 언어를 원칙으로 하고, 그 규범으로는 경상도(이제는 경상도와 전라도)**의 중류 사회에서 교양 있는 사람들이 쓰는 언어와, 특히 외국인이 쓰는 우리말을 표준 모델로 삼아야 한다"**고 바꿔야 할지 모른다.

자, 그럼 여기서 결론을 내려 보겠다.

국립국어원에서는 국어순화 운운하며 결국은 글자대로 발음하고 글자대로 발음이 안 되는 단어는 글자를 바꾸면 된다고 한다.

1980년대 초까지만 해도 표준어로 인하여 국민들이 이렇게 혼란스럽지 않았다. 그런데 앞에서도 얘기했지만 경상도 출신이 대통령을 한다고 해서 어느 몰지각한 사람이 경상도 언어를 표준어로 삼겠다고 하여 국민들을 혼란스럽게 만들었다. 그리하여 방송인들조차도 앞에서는 신경을 써서 '불법'이니 '달라'니 하다가 뒤에 가서는 '불뻡'과 '딸라'라고 하여 국민들로 하여금 어느 것이 진짜 표준어인지 헷갈리게 만들었다.

여기서 그치지 않고 국립국어원은 글자대로 발음이 안 되는 것은 발음되는 대로 글자를 고쳐서라도 표준어를 바꾸어 모든 책을 다시 출판하게 하여 국가적으로 엄청난 손실을 보게 하였다. 그것도 한꺼번에 고치지 않고 시도 때도 없이 고치니 일반 독자들이 바뀐 내용을 어떻게 일일이 다 알고 쓸 수 있겠는가?

더구나 세계화니 국제화니 해서 초등학교부터 영어 교육은 시키면서 정작 중요한 우리말 교육은 가르치지 않는다. 이 시점에서 방송인들이 쓰는 언어 하나하나가 전체 국민은 물론이요, 자라나는 청소년들에게는 엄청난 영향을 끼치게 된다는 사실을 깊이 인식해야 한다. 문화관광부와 국립국어원은 다른 국어 관련 단체나 재야 학자들의 의견도 인정하고 수렴하여 하루빨리 이렇게 잘못된 쓰임들을 시정하여 올바른 표준어를 사용하도록 강력히 촉구한다.

아울러 바라는 것이 있다면 초등학교 때부터 우리말을 체계적으로 가르칠 수 있도록 정부에서 정책을 세웠으면 하는 마음 간절하다.

2

바늘이 한이다

이,

우리말을 오염시킨 규정들

2

방송인들이 된소리로 발음해야 하는 것들을 글자대로 예사소리로 발음하는데 우리말을 오염시킨 규정에 대해 살펴보자.

■ 80년대 초 소주를 쏘주, 쐬주라고 발음하는 사람.

"그 사람들의 부류는 왈패들이다. 된소리를 쓰게 되면 심성이 사나워진다. 그러므로 국어순화라는 미명하에 예사소리, 즉 글자대로 발음해야 한다"라고 했다.

■ 글자대로 발음이 안 되는 단어는 글자를 바꾸었다.

예 : '했읍니다'를 '했습니다', '됐읍니다'를 '됐습니다'로,

(그러나 '했으니까, 됐으니까'는 그대로 두고 있음)

'몇일'을 '며칠'(닿소리 이어받기 어법을 무시한 것임)

'삯월세(朔月貰)'를 '사글세'(어원을 무시한 것)로 바꾸었다.

이는 '불뻡'을 [불법]으로, '사껀'을 [사건]으로, '효꽈'를 [효과]로 발음해야 한다고 하였다. 그러나 '했습니다, 됐습니다'를 글자대로 발음하려니까 도저히 안 되었다. 그렇다면 발음되는 대로 글자를 바꾸면 되겠다는 생각으로 '했습니다, 됐습니다'로 표준어를 바꾼 것이다.

또한 '몇 년, 몇 월, 몇 일'의 어근은 '몇'과 '년, 월, 일'이다. 한데 유독

'몇 일'만 '면 년, 며 둴'과 같이 '면 닐, 며 딜'로 소리 나야 하는데 '며칠'로 발음된다면서 '며칠'로 고친 것이다.

※ '며칠'인가 '몇일'인가? 문화관광부에 질의.

몇 년, 몇 월, 몇 일. 몇 시, 몇 분, 몇 초, 몇 채. 몇 명의 어근(語根)은 '몇'이다. 그런데 문화관광부(국립국어원)에서는 다른 것은 다 그냥 놔두고 '몇일'을 '며칠'로 글자를 바꾸었다.

그 이유는 무엇인가?

필자가 생각하기에는 발음되는 대로 글자를 바꾼 것으로밖에 볼 수 없다. '했읍니다'를 '했습니다'로, '됐읍니다'를 '됐습니다'로 바꾼 것과 같이 말이다. 그 이유는 글자대로 발음할 수가 없었기 때문이다. 이것이 과연 어법에 맞는 것인가?

다음은 문화관광부의 답변이다.

답변일자 11/07/2002

답변 : 이종구님 안녕하십니까?

귀하께서 우리 부 홈페이지 장관과의 대화방을 방문하셔서 '며칠'과 관련하여 질의하신 데 대하여 다음과 같이 답변드립니다.

한글 맞춤법 제27항 붙임 2에 의하면 '어원이 분명하지 아니 한 것은 원형을 밝히어 적지 아니 한다'라고 규정하고 있으며, 그러한 예의 하나로 '며칠'을 들고 있습니다. 즉, '며칠'의 경우, 선생님처럼 많은 분들이 '몇 개', '몇 사람' 등에서의 '몇'과 '날'을 뜻하는 '일(日)'이 결합된 '몇+일'로 분석하여 그 표기가 '몇일'이 되어야 한다고 생각하고 있습니다.

그러나 '며칠'은 '몇+일'로 분석하기 어려운 말입니다. 왜냐하면 '며칠'이 '몇+일'로 분석할 수 있는 형태라면 '몇 월(며둴)'의 발음과 비교해 '면닐(면닐)'로 소리 나야 하기 때문입니다.

　　따라서 '며칠'의 표준 발음이 '면닐'이 아닌 '며칠'인 이상 이 말은 '몇+일'로 분석될 수 없으므로 소리 나는 대로 적는 것이 올바른 표기라고 할 수 있습니다.

　　귀하께서 이번에 주장하신 '표준어 및 표준 발음' 관련 민원 내용도 우리 부의 장관과의 대화방에서 수차례 제기한 내용과 대동소이합니다. 따라서 종전에 답변한 내용으로 갈음하오니 양지하여 주시기 바랍니다.

　　그리고 귀하의 '표준어 및 표준 발음' 관련 민원에 대해서는 민원사무 처리에 관한 법률시행령 제22조의 규정에 의거 유사 반복 민원에 해당되어 종결 처리되었음을 알려 드리오니 그리 아시기 바랍니다.

　　참고로 반복 민원이란 민원 내용이 동일한 목적과 취지로서 행정기관에 요구하는 사항이 같은 경우를 말하며, 종결 처리의 취지는 고충 민원을 반복 제출함으로써 초래될 수 있는 행정 낭비를 최소화하여 모든 국민에 대한 봉사 기회를 확대하고자 하려는 것임을 이해하여 주시기 바랍니다.

2002년 11월 7일

문화관광부 장관 김성재

　　위의 답변은 맞지 않는 논리다. '몇월'의 발음이 '며둴'로 된다고 '몇일'도 '면닐(면닐)'로 발음되어야 한다는 논리로 '며칠'이 표준어라고 주장했다.

그러면 '몇일'의 어근이 '몇'과 '일(日)'이 아니라 '며'와 '칠'이라니? 참으로 어이가 없는 일이로다! 그렇다면 '며칠'의 뜻은 '몇날'의 뜻이 아니란 말인가?

그럼 "몇날 몇일"이라는 말이 있는데, 이것도 "몇날 며칠"로 써야 하나? 아예 소리 나는 대로 '면날 며칠'로 쓰지 그러나?

그래서 다음과 같은 질문을 했다.

* 제목 : 약(藥)물의 표준어는 '양물'인가요?

* 의견 : 몇일의 표준어가 며칠이라면, 약수(藥水), 약품(藥品), 약술(藥-), 약용(藥用), 약발(藥-), 약값(약대(藥代) 등에서 약의 발음은 '약'으로 발음이 되지만 약물(藥物)이나 약물(藥-)의 발음은 '양'으로 발음이 되는데, 그렇다면 약물의 표준어도 '양물'로 해야 되나요?

또한 "국어(國語), 국사(國事), 국토(國土), 국가(國家), 국수(國手)" 등의 발음은 '국~'으로 발음되지만 국민(國民)은 '궁민'으로 발음되는데 이 또한 표준어를 '궁민'으로 바꾸어야 하는 것 아닌가요?

답변일자 11/16/2002

답변 : 이종구님 안녕하십니까?

귀하께서 이번에 주장하신 '표준어 및 표준발음' 관련 민원 내용도 우리 부의 장관과의 대화방에서 수차례 제기한 내용과 대동소이합니다. 따라서 종전에 답변한 내용으로 갈음하오니 양지하여 주시기 바랍니다.

2002년 11월 16일

문화관광부 장관 김성재

참으로 어이가 없는 답변이다. 하긴 요즘 방송 프로그램의 제목을 '궁민남편', '차카게 살자', '가치 들어요'라고 만들어도 그냥 방치하고 있다. 국립국어원도 아무런 조치를 취하지 않고 있다.

■ 한글 맞춤법 총칙 2항 "표준말은 중류사회에서 쓰는 서울말로 정한다"를 총칙에서 삭제했다. 당시 된소리를 잘 못 하는 대통령이 쓰는 경상도 말을 표준말로 삼으려니 걸리는 규정이기 때문에 삭제한 것이다.

■ "사람 이름에는 'ㄴ,ㄹ' 첨가 현상이 안 일어난다"고 한다.
예 : 이을농(이을용)을 '이으룡', 정동녕(정동영)을 '정동영', 선우용녀(선우용여)를 '선우용여', 윤성녈(윤석열)을 '윤서결'로. 그러다 보니 모든 사람 이름은 물론이요, '쌍농(쌍용), 항녀울(학여울), 관절념(관절염)'으로 발음하는 것까지도 글자대로 '쌍:용, 하겨울, 관저럼'으로 발음한다.

■ "합성어는 휴지를 두고 각각의 단어대로 발음해야 한다"는 규정을 만들었다. 된소리로 발음해야 하는 합성어와 고사성어는 물론이요, 이어서 발음하는 것을 띄어서 발음함으로써 뜻이 전혀 다르게 되고 있다.
예 : '오늘빰(오늘밤)'을 '오늘:밤', '오늘쩌녁(오늘저녁)'을 '오늘:저녁', '산짜락(산자락)'을 '산:자락', '암떵어리(암덩어리)'를 '암:덩어리', '어부지리(漁父之利)'를 '어부:지리', '동문서답(東問西答)'을 '동문:서답', '작씸삼일(作心三日)'을 '작심:삼일', '공평무사(公平無私)'를 '공평:무사', '얼음:조각'은 얼음으로 만든 조각품이요, '얼음쪼각'은 깨진 얼음 덩어리를 뜻하는데, 이것도 '얼음:조각'으로 발음하고 있다.

■ 'ㅎ'의 생략, '하' 앞의 어근이 안울림 소리(무성음) 'ㄱ(k), ㄷ(t), ㅂ (p)'로 끝날 때는 '하' 전체가 떨어지지만, 그렇지 않은 경우에는 'ㅏ'만 떨어진다'라는 규정을 만들었다. 즉 '생각하건대'의 준말은 '생각컨대'이다. 따라서 '생각건대'라고 표기한다. 그럼 '약쏙컨대(약속하건대)'도 '약속건대', '내잔커나(내지 않거나)'도 '내잔거나'로 해야 할까?

이것은 김대중 대통령이 취임하고 '부칸(북한)'을 '부간', '생가카고(생각하고)'를 '생가가고', '답땁파고(답답하고)'를 '답따바고' 등으로 발음하는 것을 빙자로 모든 'ㅎ'발음을 글자대로 발음하기 시작했다. 결국 위와 같은 규정을 만들어서 합리화시켰다.

■ 외래어는 표기법만 있지 발음법은 없다. 그러면서 표기대로 발음하라고 한다. 이것은 곧 글자대로 발음하라는 것이다.

예: '뻐쓰(버스)'를 '버쓰', '까쓰(가스)'를 '가쓰', '쎄미나(세미나)'를 '세미나'. 이것은 신종 외래어를 하나 더 만드는 것이다. '싼타크로스'도 '산타크로스'라고 해야 하나?

이렇게 국립국어원은 우리말을 원칙없이 있는 규정을 바꾸고 있다. 방송인들은 아무 생각 없이 그것을 따라 할 뿐이다. 그럼에도 불구하고 국어학자는 물론, 방송인 그 누구도 이에 대하여 문제 제기를 하는 사람이 거의 없는 실정이다.

된소리를 예사소리로 만든 규정

〈국립국어원〉
표준어 규정 / 제2부 표준 발음법 / 제6장 경음화 / 제27항

관형사형 '‒(으)ㄹ' 뒤에 연결되는 'ㄱ, ㄷ, ㅂ, ㅅ, ㅈ'은 된소리로 발음한다.

할 것을[할꺼슬], 갈 데가[갈떼가], 할 바를[할빠를],
할 수는[할쑤는], 할 적에[할쩌게], 갈 곳[갈꼳],
할 도리[할또리], 만날 사람[만날싸람].

다만, 끊어서 말할 적에는 예사소리로 발음한다.
[붙임] '‒(으)ㄹ'로 시작되는 어미의 경우에도 이에 준한다.

규정은 하나라야 하는데 "이것도 되고 저것도 된다"라는 '다만' 규정을 만들어 표준어를 어렵게 하고 있다.

여기서 '다만' 규정을 만들어 선행 규정인 된소리로 발음해야 할 것을 거의 모든 방송인들은 예사소리로 발음한다. 특히 합성어는 물론이고 사자성어까지도 각 단어대로 끊어서 발음한다.

'할쩡도'를 '할 정도', '볼쩡도'를 '볼 정도', '할또리'를 '할 도리', '만날 싸람'을 '만날:사람'으로 발음한다. "'할경우'[할:경우], '서울싸람'[서울:사람], '마을싸람'[마을:사람], '쌀까루'[쌀가루], '밀까루'[밀가루], '쌀짜루'[쌀자루]"는 물론이고, "올:봄, 올:가을, 올:겨울, 어제:저녁, 어제:밤, 산:자락, 삼년:동안, 암:덩어리, 쓰레기:더미, 중과:부적, 어부:지리" 등으로 발음하고 있다.

규정은 하나여야죠.
'이것도 되고, 저것도 된다'는 식의
예외 규정을 두면,
사용하는 국민만 혼란스러워지죠.

그러나 '할꺼슬'을 '할 거슬', '갈떼가'를 '갈 데가', '할빠를'을 '할 바를', '할쑤는'을 '할 수는', '할쩌게'를 '할 저게', '갈꼳'을 '갈 곧'이라고 발음하는 사람은 없다. 왜냐? 글자대로 발음하려면 어색하고 부자연스러우니까 사용하지 않는다. 그러다 보니 된소리로 발음하게 정한 규정조차 무시하고, 글자대로 발음하는 경우가 많아지고 있다.

〈국립국어원〉
표준어 규정 / 제2부 표준 발음법 / 제6장 경음화 / 제28항

표기상으로는 사이시옷이 없더라도, 관형격 기능을 지니는 사이시옷이 있어야 할(휴지가 성립되는) 합성어의 경우에는, 뒤 단어의 첫소리 'ㄱ, ㄷ, ㅂ, ㅅ, ㅈ'을 된소리로 발음한다.

문-고리[문꼬리] 눈-동자[눈똥자] 신-바람[신빠람]
산-새[산쌔] 손-재주[손째주] 길-가[길까]
물-동이[물똥이] 발-바닥[발빠닥] 굴-속[굴쏙]
술-잔[술짠] 바람-결[바람껼] 그믐-달[그믐딸]
아침-밥[아침빱] 잠-자리[잠짜리] 강-가[강까]
초승-달[초승딸] 등-불[등뿔] 창-살[창쌀] 강-줄기[강쭐기]

이와 같은 된소리 규정조차도 무시하고 방송인들은 표준 발음법 제6장 제27항 **"다만 끊어서 말할 적에는 예사소리로 발음한다"**는 '다만' 규정으로 인하여 "문:고리, 판:소리, 보름:달, 창:살, 강:가, 굴:속, 술:잔, 등:불, 강:줄기"로 발음한다.

'ㄴ' 덧나기를 없앤 규정

2022년 5월 10일 대한민국 제20대 윤석열 대통령이 취임식을 가졌다. 그런데 대다수 방송인들이 '윤성녈'로 발음해야 하는 것을 '유서결'로 발음했다. 이러한 현상은 국립국어원의 'ㄴ' 덧나기를 없앤 규정 때문이다.

다음은 수년 전에 쓴 글이다.

올 여름 날씨가 폭염으로 온열 환자가 발생하여 목숨을 잃는 사람이 많다는 소식을 전하는 방송인들이 '온녈'로 발음해야 하는데 '오녈'로 발음하고 있다. 이는 'ㄴ'덧나기 규정을 없애는 무지한 한글 맞춤법 때문이다. 즉 '환뉼(환율)'을 '화뉼', '금늉(금융)'을 '그뮹'으로도 발음하라고 했기 때문이다.

그렇다면 요즘 전기요금 문제로 누진제를 없애느니 감면해줘야 한다느니 하는 소식을 전하면서 "산업용, 가정용, 상업용, 교육용"이라는 단어도 "사너봉, 가정용, 상어봉, 교유공"으로 발음해야 하는데, 모두 "산엄농, 가정농, 상엄농, 교융농"으로 바르게 발음하고 있다.

– 외솔회 회장이신 성낙수 문학박사님의 답글

2016. 8. 18

이 불볕더위에도 올바른 우리말 발음에 관심을 기울이시는 선생님의 노고에 경의를 표합니다. 이른바 'ㄴ덧나기'에 대한 '한글 맞춤법' 규정이나 '표준발음법'에 대한 저의 견해는 30여 년 전에 여러 번 피력한 바 있습니다. 저의 생각은 'ㄴ덧나기'는 우리말에 대한 '두음법칙' 규정이 잘못되어 일어나는 것으로 예컨대 '한여름'은 '한녀름', '챗열'은 '챗녈'로 표기해야 발음이 각각 '(한녀름), (챈녈)'로 될 수 있다고 보았습니다. 그러나 한자일 경우는 원래의 발음에 'ㄴ'이 있는 것으로 보고, 우리말 발음에서 단어의 첫머리에서 'ㄴ'이 떨어진다고 보아, 그 경우에만 'ㄴ'이 없는 표기로 하고, 뒤에 올 때는 'ㄴ'을 쓰는 것으로 했으나, '표준발음법'에서는 선생님이 지적한 예에서는 합성어로 보아, 두음법칙을 적용한 것은 선생님의 지적대로 잘못 표기하는 것으로 볼 수 있습니다. 선생님의 견해에 동의합니다.

여기서 규정을 살펴보자.

〈국립국어원〉
표준어 규정 / 제2부 표준 발음법 / 제7장 음의 첨가 / 제29항

합성어 및 파생어에서, 앞 단어나 접두사의 끝이 자음이고 뒤 단어나 접미사의 첫음절이 '이, 야, 여, 요, 유'인 경우에는, 'ㄴ'음을 첨가하여 [니, 냐, 녀, 뇨, 뉴]로 발음한다.

솜-이불[솜ː니불] 홑-이불[혼니불] 막-일[망닐] 삯-일[상닐]
맨-입[맨닙] 꽃-잎[꼰닙] 내복-약[내ː봉냑] 한-여름[한녀름]
남존-여비[남존녀비] 신-여성[신녀성] 색-연필[생년필]
직행-열차[지캥녈차] 늑막-염[능망념] 콩-엿[콩녇] 담-요[담ː뇨]
눈-요기[눈뇨기] 영업-용[영엄뇽] 식용-유[시굥뉴] 국민-윤리[궁민뉼
리] 밤-윷[밤ː뉻]

다만, 다음과 같은 말들은 'ㄴ'음을 첨가하여 발음하되, 표기대로 발음할 수 있다.

이죽-이죽[이중니죽/이주기죽] 야금-야금[야금냐금/야그먀금]
검열[검ː녈/거ː멸] 욜랑-욜랑[욜랑뇰랑/욜랑욜랑]
금융[금늉/그뮹]

이 또한 '**다만**' 규정을 만들어 우선적으로 발음해야 할 'ㄴ'덧나기를 무시하고 '솜ː니불(솜이불)'을 '소미불', '망닐(막일)'을 '마길', '상닐(삯일)'을 '사길', '신녀성(신여성)'을 '시녀성', '생년필(색연필)'을 '새견필', '지캥녈차(직행열차)'를 '지갱열차', '능망념(늑막염)'을 '능마겸', '영엄뇽(영업용)'을 '영어봉', '눈뇨기(눈요기)'를 '누뇨기'로 발음하고 있다.

예부터 예외로 'ㄴ'덧나기가 안 되는 것이 있었지만, 이것을 규정화하지는 않았다. 즉 '워료일(월요일)'을 '월뇨일', '그묘일(금요일)'을 '금뇨일', '화략(활약)'을 '활략'이라고는 하지 않았다는 것이다.

그러나 이 또한 '**다만**' 규정을 만들어 우선적으로 발음해야 할 'ㄴ'덧나기를 무시하고 '금늉(금융)'을 '그뮹', '환뉼(환율)'을 '화뉼', '선뉼(선율)'을 '서뉼', '전뉼(전율)'을 '저뉼', '솜ː니불(솜이불)'을 '소미불', '망닐(막일)'을 '마길', '상닐(삯일)'을 '사길', '신녀성(신여성)'을 '시녀성', '생년필(색연필)'을 '새견필', '지캥녈차(직행열차)'를 '지갱열차', '능망념(늑막염)'을 '능마겸', '영엄

농(영업용)'을 '영어봉', '장념(장염)'을 '장염', '눈뇨기(눈요기)'를 '누뇨기'로 발음하고 있다.

■ 남광우 선생님의 'ㄴ, ㄹ' 소리의 개입 현상의 예

극열=극녈. 정열=정녈. 일일이=일닐이. 구충약=구충냑. 살충약=살충냑 서울역=서울력. 시발역=시발력. 부산역=부산녁. 사업열=사업녈. 간장염=간장념. 늑막염=늑막념. 일광욕=일광뇩. 공공용=공공뇽. 영업용=영업뇽. 휘발유=휘발류. 신여성=신녀성. 공염불=공념불. 영이별=영니별. 순이익=순니익. 목양말=목냥말. 신예술=신녜술. 사랑양반=사랑냥반. 수학여행=수학녀행. 민간요법=민간뇨뻡. 죽순요리=죽쑨뇨리. 물약=물냑. 알약=알냑. 첩약=첩냑. 소독약=소독냑. 식용유=식용뉴. 간장염=간장념. 위장염=위장념. 맹장염=맹장념. 태평양=태평냥. 분열=분녈. 군율=군뉼. 운율=운뉼. 선율=선뉼. 균열=균녈 콩엿=콩녓. 흰엿=흰녓. 물엿=물녓. 호박엿=호박녓, 밤엿=밤녓. 잣엿=잣녓. 겹이불=겹니불. 홑이불=홑니불. 설익다=설닉다. 낮익다=낮닉다. 눈익다=눈닉다

이와 같이 발음하고, 특히 첫인사=처ㅡㅅ딘사. 첫인상=처ㅡㅅ딘상으로 발음해야 한다. 그리고 월요일을 월료일. 금요일을 금뇨일. 활약을 활략으로 해서는 안 되며 'ㄴ, ㄹ' 개입이 안 되는 것들은 다음과 같다.

목욕, 혼욕, 해수욕, 동양, 공용, 혼용, 상용, 극염, 석유, 원유, 경유, 중유, 환약, 생약, 한약, 양약. (남광우 선생)

특히 사람 이름에는 'ㄴ' 덧나기가 안 일어난다고 하면서 '정동녕(정동영)'을 '정동영', '이을눙(이을용)'을 '이으룡', '김녕삼(김영삼)'을 '기명삼', '이

청농(이청용)'을 '이청용', '김년아(김연아)'를 '기며냐', '기성농(기성용)'을 '기성용'으로 발음하게 한다.

〈국립국어원〉
한글 맞춤법 / 제3장 / 제5절 / 제10항

(붙임2) 접두사처럼 쓰이는 한자가 붙어서 된 말이나 합성어에서, 뒷말의 첫소리가 'ㄴ소리로 나더라도 두음법칙에 따라 적는다.

신녀성(新女性) 공념불(空念佛) 남존녀비(男尊女卑)

이는 표기의 항목이지만 분명히 "신녀성, 공념불, 남존녀비"로 발음되는데도 불구하고 일부 방송인들은 "시녀성, 공염불, 남존녀비"라고 글자대로 발음하고 있다.

이 또한 제7장 음의 첨가 29항 "다만, 다음과 같은 말들은 'ㄴ'음을 첨가하여 발음하되, 표기대로 발음할 수 있다"라는 규정 때문이다.

"환뉼(환율), 선뉼(선율), 음뉼(음율)"을 "화뉼, 서뉼, 으뮬"로 발음해야 한다면 'ㄹ' 덧나기인 "실라(신라), 실랑(신랑)"도 "신나, 신낭"으로 발음해야 될까?

「생로병사」에서 해설자가 '간념(간염)'을 '가념', '장념(장염)'을 '장염'으로 발음했는데, 그럼 "결막염, 골막염, 뇌막염, 방광염, 복막염, 위장염"도 "결마겸, 골마겸, 뇌마겸, 방광염, 봉마겸, 위장염"으로 발음해야 하나? 참으로 한심한 일이다. 바른말은 "결망념, 골망념, 뇌망념, 방광념, 봉망념, 위장념"이다.

'ㅎ' 탈락 발음

이렇게 되어 있는데도 불구하고, 방송인들이 '생각카고(생각하고)'를 '생가가고', '약쏙카고(약속하고)'를 '약쏘가고', '행복카고(행복하고)'를 '행보가고', '답땁판(답답한)'을 '답따반', '잘모ㅅ타고(잘못하고)'를 '잘모다고', '꼬탄송이(꽃한송이)'를 '꼬단송이' 등으로 잘못 발음하고 있다.

이러한 현상은 호남 사람인 김대중 정권이 들어서면서부터 시작됐다. 왜냐하면 김대중 대통령이 '부칸(북한)'을 '부간', '생각카고(생각하고)'를 '생가가고'라고 발음하였는데, 당시 「가족오락관」 진행자가 불협화음 코너를 소개할 때 그전까지는 '부려ㅂ파음'이라고 하던 것을 '(부려:바음)'이라고 발음한 것을 볼 때 이는 누군가의 의도로밖에 볼 수 없다.

방송인들의 잘못된 발음을 질의한 것에 대한 답변인데 정말 어이가 없다.

[답변] 국립국어원

국립국어원에서는 국어 사용 실태 및 어문 규범 준수 실태를 지속적으로 조사하고 있습니다. 그리고 우리 사회의 주요 부문, 특히 신문이나 방송과 같은 대중 매체에서 잘못 쓰고 있는 경우는 지적과 권고를 통해 수정하도록 하고 있습니다. 선생님의 세심한 지적 고맙습니다.

도대체 이해가 안 되는 답변이다. 조사는 하고 강력하게 시정하도록 해야 하는데 지적과 권고를 통해 수정하도록 하고 있다니 그럼 수정하거나 말거나란 말 아닌가?

그러니 아직까지도 고쳐지지 않고 오히려 지금은 더 심해지고 있지 않는가? 이와 같이 할 일을 하지 않는 국립국어원은 해체시켜야 한다. 그리고 방송인들이여! 제발 당신들만이라도 우리말을 바르게 사용하기를 부탁합니다.

이중모음 '의'의 발음

요즘 방송인들이 '의사'를 '으사', '의원'을 '으원'으로 첫음절 '의'를 '으'로 발음하고 있는데, 십수 년 전부터 'ㅎ' 탈락 발음을 그대로 방치함으로 인하여 지금은 대다수 방송인들은 물론이고 일반 국민들도 그렇게 발음하고 있는 것을 볼 때 첫음절 '의' 역시 표준어를 일부 지역의 방언인 '으'로 만들려고 하는 것이 아닐까 심히 우려된다.

여기서 '의'의 발음을 정확히 알 수 있는 것이 '민주주의의 의의' 발음이라 국립국어원에 질의를 했더니 다음과 같은 답글을 받았다.

[답장] 국립국어연구원입니다.

보낸 날짜 2004년 02월 23일 월요일, 낮 3시 51분 11초

표준발음법 제5항에 따르면 '의'는 (ㅢ)로 소리 내는 것이 원칙이지만 첫음절에서는 늘 (ㅢ)로 소리 내고, 첫음절 이외의 '의'는 (ㅣ)로 소리 내는 것도 허용하며, 조사로 쓰인 '의'는 (ㅔ)로 소리 내는 것을 허용한다고 규정하고 있습니다.

예를 들어 '의사'는 (의사)로만 소리 내야 하지만, '민주주의'는 (민주주의)와 (민주주이)가 모두 가능하며, '나의 꿈'은 (나의 꿈)과 (나에 꿈)이 모두 가능하다는 것입니다.

따라서 '민주주의 의의'는 다음과 같은 발음을 모두 허용한다.

(1) 민주주의의 의의, (2) 민주주의의 의이, (3) 민주주의에 의의, (4) 민주주의에 의이, (5) 민주주이의 의의, (6) 민주주이의 의이, (7) 민주주이에 의의, (8) 민주주이에 의이

이렇게 답글이 왔는데 표준 발음을 8개로 만든 이 규정은 잘못됐으며, 표준 발음은 1개로 정해야 한다.

그렇게 하려면 다음과 같이 규정을 바꾸어야 한다.

> "첫음절 '의'는 늘 (ㅢ)로 첫음절 이외의 '의'는 (ㅣ)로, 조사로 쓰인 '의'는 (ㅔ)로 소리 내는 것을 원칙으로 한다."

이렇게 해야만 '(민주주이에 의이)' 하나만 표준 발음이 된다. 또한 다음과 같이 '에'와 '이'로 바르게 발음이 된다.

대통령의(대:통령에), 질의서(질이서), 이의제기(이이제기), 세계속의(세:계쏙에), 민족의(민족에), 선열들의(선녈들에), 의원들의(의원들에), 의회의(의회에), 회의의(회이에), 부의장(부이장), 특히 방송인들이 첫음절 '의' 발음을 '으사, 으원, 으혹'으로 발음하고 조사인 삼음절 '의'는 정확히 '우리의, 국민의'로 발음하고 있는데, 이것만 봐도 첫음절 '의' 발음을 못해서 '으'로 발음하는 것이 아니라는 것을 분명히 알 수 있다. 더욱 한심한 것은 삼음절 '의' 표기를 '에'로 쓰고 있다는 것이다.

'우리에 소원은 통일, 민족에 염원, 사랑에 노예'와 같이.

'예, 례' 이외의 'ㅖ'는 (ㅔ)로도 발음한다

바둑을 두고 계가(計家)를 해야 하는데, 개가(改嫁)를 하여 바둑이 다시 시집을 가게 만든다. 그 이유는 바로 **"다만 2. '예, 례' 이외의 'ㅖ'는 [에]로도 발음한다."**라는 규정 때문이다.

이는 '규정'의 개념에 대한 무지라고 할 수밖에 없다. 혼란을 막기 위해서 만드는 게 규정인데, 규정이 오히려 혼란을 만들고 있다.

왜냐하면 'ㅖ'와 'ㅐ'는 분명히 다르게 발음이 됨에도 불구하고, 우리말을 가르치지 않았기 때문에 일부 사람들이 발음하는 것을 인정하여 이와 같이 규정을 정한 것은 정말 잘못이다.

오래전에 어느 연기자가 **"니들이 게맛을 알아?"**라는 CF에서 "니들이 **개맛**을 알아?"라고 하여 게를 먹어야 하는데 개를 먹게 만들었고, 시계바늘이라는 노래를 부르는 어느 가수가 '시계바늘'을 '시개바늘'이라고 하고, db 손해보험 CF에서 '네 꿈을 펼쳐라'를 '내 꿈을 펼쳐라'고 하였는데, 이 얼마나 한심한 일인가?

아마 언젠가는 '삯월세'를 언중의 발음이 '사글세'라면서 표준어를' 사글세로 바꾸었듯이 '계략'을 '개략', '지혜'를 '지해', '계집'을 '개집'으로 바꿀지도 모른다.

이렇게 우리 말글을 엉망으로 만들고 있는 국립국어원을 그냥 둬야 한단 말인가?

'능(릉)'의 표기와 발음

〈국립국어원〉
표준어 규정 / 제2부 표준 발음법 / 제12항 / 해설

붙임 1. 단어 첫머리 이외의 경우는 두음 법칙이 적용되지 않으므로, 본음대로 적는다. '릉(陵)'과 '란(欄)'은 독립적으로 사용되기도 한다는 뜻에서 '능, 난'으로 써야 한다는 의견도 있었으나, '왕릉(王陵), 정릉(貞陵), 동구릉(東九陵)'처럼 쓰이는 '릉'이나, '독자란(讀者欄), 비고란(備考欄)'처럼 쓰이는 '란'은 한 음절로 된 한자어 형태소로서, 한자어 뒤에 결합할 때에는 통상 하나의 단어로 인식되지 않기 때문에, 본음대로 적기로 한 것이다.

강릉(江陵)　태릉(泰陵)　서오릉(西五陵)

'태릉, 선릉, 헌릉'은 한자 원음이 '릉'이기 때문에 '릉'으로 표기한다. 발음도 '태릉, 설릉, 헐릉'으로 해야 한다. 하지만, 우리의 언어 현실은 분명히 '태능, 선능, 헌능'이다. 이는 어문 규정의 원칙인 '언어 현실'을 무시한 것이다.

수컷을 이르는 말

위의 규정은 일관성이 없다. '숫양, 숫염소, 숫쥐'와 같이 '숫놈, 숫사돈'으로 해야 일관성이 있다고 할 수 있다. 그러니 '숫사자'도 [수사자]라고 발음하고 있다.

고어(古語)에는 'ㅎ 종성 체언'이 있었다.

예 : 암ㅎ(雌), 수ㅎ(雄), 머리ㅎ(頭), 길ㅎ(路), 따ㅎ(地), 열ㅎ(十), 네ㅎ(四), … 그래서 뒤에 'ㄱ, ㄷ, ㅂ, ㅈ'이 오면 합쳐서 거센소리가 났다.

"수돼지(수ㅎ돼지), 수평아리(수ㅎ병아리), 수캐(수ㅎ개), 수컷(수ㅎ것), 수탉(수ㅎ닭), 암캐(암ㅎ개), 암컷(암ㅎ것), 암탉(암ㅎ닭), 머리카락(머리ㅎ가락), 살코기(살ㅎ고기)"와 같이 말이다.

그렇다면 이러한 것도 'ㅎ'을 탈락하여 "수돼지, 수병아리, 수개, 수것, 수닥, 암개, 암것, 암닥, 머리가락, 살고기"로 발음해야 하지 않을까?

그런데 이해할 수 없는 것은 "수컷을 이르는 접두사는 '수-'로 통일한다"면서 "수꿩, 수사자, 수놈, 수소(황소), 수사돈, 수은행나무"로 발음한다. 표기는 "수양, 수염소, 수쥐"는 "숫양, 숫염소, 숫쥐"로 하고 있다. 이거야말로 잘못된 것이다.

"숫꿩, 숫사자, 숫놈, 숫소, 숫사돈, 숫은행나무"라고 표기해야 한다. 왜냐하면 '수ㅎ~'이기 때문이다. 그래야 일관성이 있다.

이거야말로 절대적으로 어원을 무시한 규정이다.

그리고 다른 데에는 사이ㅅ을 잘도 부치더니 [장맛비. 장밋빛]은 왜 수컷을 이르는 말에 사이ㅅ을 안 쓰는지 이해할 수 없다.

외래어는 표기법만 있지 발음법은 없다

이 말은 곧 된소리로 발음이 되지만 쓰기는 예사소리로 쓴다는 것이 므로 읽을 때는 된소리로 발음해야 옳다는 말이다.

그럼에도 불구하고 국립국어원에서는 "외래어는 외래어 표기법대로 쓰고, 표기대로 발음하라"면서 글자대로 발음하게 만들고 있다.

'딸러'를 '달러', '뻐쓰'를 '버쓰', '까쓰'를 '가쓰', '께임'을 '게임' 등으로 발음하는데, 된소리로 하지 말라니까, 이미 토착화된 외래어를 딴에는 '버쓰, 가쓰'로 발음한다. 그렇다면 '쓰(S)'도 '스'로 해야 마땅하다. 즉 '버스, 가스'로 해야지 왜 '쓰'로 발음하는지 도무지 이해가 가지 않는다.

그러나 '쑈쑈쑈, 에어쑈'를 '쇼쇼쇼, 에어쇼'라고 하는 방송인은 없다.

지금 반려 강아지와
풍선줄을 잡은 어린이,
둘은 무슨 말을 나누고 있을까요?
혹시 '돈까쓰'냐,
아니면 '돈가쓰'냐를 두고
진지하게 토론하는 건 아닐까요?

'돈까쓰'를 돈가쓰'라는 사람도 없다. 왜냐? 어색하고 이상하니까 없는 것이다.

"슈퍼맨이 돌아왔다"에서 이범수 딸 소을, 아들 다을이가 전에 살던 집에 우편물을 찾으러 버스를 타고 갔다. 그 과정에서 두 어린이는 모두 '뻐쓰'라고 했지 '버쓰'라고 하진 않았다.

그리고 **"외래어는 본토 발음을 중시해서 표기해야 한다"**면서 '연변'을 '옌볜', '연길'을 '옌지', '북경'을 '베이징', '상해'를 '샹하이', '강택민'을 '장쩌민' 등으로 쓰고 발음하라고 했다. 그렇다면 '중국'은 왜 '쫑구아'로 하지 않고, 그냥 '중국'이라고 하는가? 특히 '짜장면'을 '자장면'으로 발음하라고 하는데 중국집 주인들은 '짜장면'이라고 하지 절대로 '자장면'이라고 하지 않는다. 그들의 주장대로 한다면 고전인 삼국지, 수호지 등의 소설을 전부 다시 써서 출판해야 한다.

왜냐하면 위와 같은 교육을 받은 학생들은 유비·장비·관우·위나라·촉나라·한나라 등이 이해가 가지 않을 것이기 때문이다. 도대체가 일관성이 없는 규정이다.

　※ 외래어에 관한 국립국어원의 답글

　[질문] 외래어는 외래어 표기법에 따라 표기한 대로 발음하는 것이 원칙인가요? 외래어 표기법에는 그러한 규정이 없던데…?

　[답글] 외래어는 외래어 표기법에 따라 표기한 대로 발음해야 된다는 명시된 규정이 있는 것은 아닙니다.

　그렇지만 외래어 발음법이 따로 정해져 있지 않은 상황이라 외래어 표기를 바탕으로 발음을 할 수밖에 없습니다.

외래어 표기법은 외국어를 우리나라에 들여와 우리말로 적는 법을 정한 것입니다만, 외국어를 우리나라의 음운 체계에 맞게 표기하는 과정에서 음운을 고려하였으므로 외래어 발음과도 밀접한 관련이 있기 때문입니다.

[재질문] 그러므로 한글 맞춤법과 표준 발음이 다르듯이, 외래어 표기법과 표준 발음은 달라야 하는 것 아닌가요?

[답글] 물론 한글 맞춤법과 표준 발음이 차이가 나는 부분이 있는 것은 사실이지만 결국 한글 맞춤법도 표준 발음을 바탕으로 하는 것입니다. 마찬가지로 외래어 표준 발음은 정해진 바가 없지만 외래어 표기법을 바탕으로 추정할 수밖에 없습니다.

※ 한글 맞춤법이나 외래어 표기는 발음을 바탕으로 하지 않았다. 그런데 우리말은 글자대로 발음하게 하고 있다. 그래서 외래어도 표기대로 발음하고 있다.

3

바른말이 힘이다

삼,

올바른 표준 발음 총정리

Prat

3

경음화 현상

'ㄱ·ㄷ·ㅂ·ㅅ·ㅈ'과 같은 평음(平音)이 'ㄲ·ㄸ·ㅃ·ㅆ·ㅉ'과 같은 된소리, 즉 경음(硬音)으로 바뀌는 음운 현상이며 경음화가 일어나는 조건은 다양하다.

유성음 다음에 오는 무성음이 유성음이 되지 않고 된소리로 나거나 폐색음(파열음이 파열되지 않은 상태) 다음에 오는 평음(平音, 예사소리)이 된소리로 나는 현상을 말한다.

– 등불(등뿔), 봄바람(봄빠람), 말소리(말쏘리), 평가(평까), 옷장(옷짱), 앞산(앞싼), 꽃밭(꽃빧), 먹고(먹꼬), 닫고(닫꼬) 등이다.

반침소리 7개(ㄱ·ㄷ·ㅂ·ㄴ·ㄹ·ㅁ·ㅇ) 중 'ㄱ·ㄷ·ㅂ' 뒤에서 경음화가 일어난다.

– 책방(책빵), 짚신(집씬), 밭과(받꽈), 맑다(맑따), 넓게(넓께).

이것은 'ㄱ·ㄷ·ㅂ' 뒤에서 평음을 연달아 발음할 수 없기 때문에 일어나는 자동적인 음운 현상이다. 나머지 경음화는 그렇지 않다.

동사나 형용사의 어간 끝소리가 'ㄴ·ㅁ'과 같은 비음(鼻音)일 때는 그 뒤에서 어미의 첫소리가 경음화된다.

– 안고(안꼬), 담다가(담따가), 젊지(점찌). 그런데 피동형이나 사동형에서는 피동·사동 접미사 '기'가 '끼'로 경음화되지 않는다.

– 안기다(피동형/사동형, 안끼다×), 남기다(사동형, 남끼다×), 굶기다(사동형, 굼끼다×). 관형사형 '(으)ㄹ' 뒤에서 경음화가 일어난다.

– "서울사람(서울싸람), 올듯말듯(올뜻말뜻), 먹을 것(먹을껏), 빨대(빨때), 곧 갈게, 갈지도 모른다, 갈수록 태산"에서 나타나는 어미 "(으)ㄹ게, (으)ㄹ지, (으)ㄹ수록"이 "(으)ㄹ께, (으)ㄹ찌, (으)ㄹ쑤록"으로 발음되는 것도 '(으)ㄹ'이 경음화를 일으켰기 때문이다.

의문형 어미 '(으)ㄹ까'도 '(으)ㄴ가'에 나타나는 '가'가 '(으)ㄹ'뒤에서 경음화 되어 생긴 것이다.

두 말이 결합하여 복합어(複合語)가 될 때 경음화가 일어나는 일이 있는데 이때 앞말에 받침이 없으면 사이시옷을 받침으로 표기하게 된다. (단, 적어도 한쪽이 순 우리 말이어야 함)

"사이낄, 계똔, 이사찜"과 같은 것은 사이시옷으로 경음화가 일어나더라도 원래의 형태대로 적는다. 즉, "사이길, 계돈, 이사짐"으로, 또 사이시옷은 '뒤쪽, 뒤칸'처럼 뒷말의 첫소리가 경음이나 격음일 때에도 적지 않는다.

※ 이럼에도 불구하고 "사잇길, 이삿짐, 처갓집, 국숫집, 등굣길" 등 요즘은 뒷말이 된소리로 나는 단어는 무조건 사이시옷을 쓰고 있다. 이

거야말로 분명 잘못된 것이다.

복합어가 만들어질 때는 언제 경음화가 일어나고 언제 일어나지 않는지 복잡하기는 하지만 음운의 환경에 의해서 이루어지며, 앞에 오는 모음의 장단과 단어의 구조 등 확실한 논리성을 보이고 있다.

"불고기, 돌기둥, 나무집"에서는 일어나지 않는데 "물고기, 불기둥, 물기둥, 판자집"에서는 "물꼬기, 불끼둥, 물끼둥, 판자찝"과 같이 경음화가 일어난다.

■ 경음화가 두 단어를 구별해주는 경우

나무집(나무로 만든 집)과 나무찝(나무를 파는 집)

판돈(물건을 판돈)과 판똔(노름판의 돈)

잠자리(곤충)와 잠짜리(잠을 자는 침상)

볼거리(병의 이름)와 볼꺼리(구경거리)

물감(감의 일종)과 물깜(염료)에서처럼.

■ 다른 말이 앞에 올 때 항상 경음화 되는 것

값 : 땅값(땅깝), 나이값(나이깝), 담배값(담배깝), 고기값(고기깝)

길 : 들길(들낄), 산길(산낄), 오솔길(오솔낄)

돈 : 용돈(용똔), 판돈(판똔), 회사돈(회사똔), 세배돈(세배똔),
     거스름돈(거스름똔)

병 : '瓶'물병(물뼝), 술병(술뼝), 소주병(쏘주뼝), 맥주병(맥쭈뼝),

기 : '氣'에서 온 말, 기름기(기름끼), 물기(물끼), 장난기(장난끼)

'기'는 항상 다른 말 뒤에 붙어서 '끼'로 발음되기 때문에 '끼가 있다'에서와 같이 아예 '끼'로 독립하여 쓰이기도 한다.

■ **한자어에서는 받침 'ㄹ' 뒤의 'ㄷ·ㅅ·ㅈ'이 경음화된다.**

열달(열딸), 발달(발딸), 출석(출썩), 결석(결썩), 칠십(칠씹), 팔십(팔씹),

예술적(예술쩍), 현실적(현실쩍), 물적(물쩍), 솔직히(솔찌키)

그런데 요즘은 '솔찌기'라고 하고 있으니….

■ **'ㄱ,ㅂ'은 경음화되지 않는 경향이 강하다.**

열기, 달변, 일분, 칠분, 팔분.

■ **같은 한자라도 경음화되는 것과 되지 않는 것**

'사껀(事件)·물건(物件)', '인껵(人格)·규격(規格)', '성꽈(成果)·결과

(結果)'

■ **항상 경음화 되는 한자**

과(科 : 내과·영문과), 권(權 : 인권·정권·소유권), 법(法 : 불법·편법·

헌법, 단 '고법·대법·방법'은 경음화가 안 됨)

■ **역사적 변화로써 경음화**

－ '곳, 불휘'는 주로 식물이름 뒤에서 '~~곳, ~~불휘'로 쓰이고 사이

  시옷 때문에 첫소리가 'ㄲ·ㅃ'으로 경음화되므로 나중에는 따로 쓰

  일 때에도 '꽃, 뿌리'가 되었다.

－ '씨'(氏)도 옛 발음은 '시'였는데, 이것이 성(姓) 뒤에서 경음화된 형

태로 자주 쓰여 '씨'로 바뀌었다.

－ '곳고리(꾀꼬리)·갓가(깎아)' 등은 두 번째 음절에서 먼저 경음화가 일어나고(꼬, 까) 그 영향으로 첫 번째 음절에서도 경음화가 일어나게 된 예이다.

■ 중세국어에 어두자음군(語頭子音群)

"뜻, 쌀, 짝, 꿀, 르다(찌르다)"에서처럼 둘 또는 세 자음이 단어 첫머리에 나타나는 것이 그것이다. 이러한 어두자음군은 나중에 주로 경음화되었다.

"긇다>끓다, 짛다>찧다, 십다>씹다"와 같은 경음화는 강한 어감을 표현하여 그 형태를 더욱 확실하게 연상시키기 위해 단어 첫머리의 평음을 경음으로 바꾼 것이며 이러한 변화는 요즈음도 일어나고 있다.

소나기>쏘나기, 그을음>끄름, 닭다>땎다, 볶다>뽂다, 세다(힘이)>쎄다, 자르다>짜르다, 조금>쪼끔, 쬐끔.

※ '쏘나기' 하면 엄청 쏟아지는 비를 연상케 하듯이, 그러나 요즘 방송인들은 글자대로 '소나기'라고 하므로 엄청 쏟아지는 빗줄기는 연상이 되지 않는다.

또한 "짜장면, 빠나나, 뻔데기, 쭈꾸미"를 먹던 사람들한테 "바나나, 번데기, 주꾸미"를 먹으라고 하니 먹을 기분이 들지 않는다. 표기가 그렇다고 글자대로 발음하게 하는 국립국어원과 그것을 그대로 따라 하는 방송인들이 문제이다.

우리말은 이와 같이 된소리와 예사소리로 그 뜻을 분별하고 어두 경음으로 그 형상을 연상케 하는 것이다.

■ **경음(硬音)과 연음(軟音)으로 발음되는 것**

숫자(數字) 뒤에 "가, 각, 국, 단, 달, 동, 도, 반, 수, 자, 점, 주, 호, 장"을 쓰게 되면 자연스럽게 경음(硬音)과 연음(軟音)으로 발음되는 것을 알 수 있다.

- 가의 경우 : 일가. 이가. 삼가. 사가. 오가. 육까. 칠가. 팔가. 구가. 십까.

- 각의 경우 : 일각. 이각. 삼각. 사각. 오각. 육깍. 칠각. 팔각. 구각. 십깍. 한각. 두각. 세각. 네각. 다섯깍. 여섯깍. 일곱깍. 여덟깍. 아홉깍. 열깍.

- 국의 경우 : 일국. 이국. 삼국. 사국. 오국. 육꾹. 칠국. 팔국. 구국. 십꾹

- 단의 경우(운동, 바둑) : 일딴. 이단. 삼단. 사단. 오단. 육딴. 칠딴. 팔딴. 구단. 십딴

- 단의 경우(볏집. 나무뭉치 들들) : 한단. 두단. 석딴. 넉딴. 다섯딴. 여섯딴. 일곱딴. 여덜단. 아홉딴. 열딴.

- 달의 경우 : 한달. 두달. 석딸. 넉딸. 다섯딸. 여섯딸. 일곱딸. 여덟딸. 아홉딸. 열딸

- 동의 경우(주소) : 일똥. 이동. 삼동. 사동. 오동. 육똥. 칠똥. 팔똥. 구동. 십똥

- 동의 경우(물건 덩어리) : 한동. 두동. 석똥. 넉똥. 다섯똥. 여섯똥. 일곱똥. 여덜똥. 아홉똥. 열똥.

- 도의 경우 : 일또. 이도. 삼도. 사도. 오도. 육또. 칠또. 팔또. 구도. 십또

- 반의 경우 : 일반. 이반. 삼반. 사반. 오반. 육빤. 칠반. 팔반. 구반. 십빤. 한반. 두반. 세반. 네반. 다섯빤. 여섯빤. 일곱빤. 여덜빤. 아홉빤. 열빤

- 수의 경우 : 한수. 두수. 세수. 네수. 다섯쑤. 여섯쑤. 일곱쑤. 여덜쑤. 아홉쑤. 열쑤

- 자(字)의 경우 : 한자. 두자. 세자. 네자. 다섯짜. 여섯짜. 일곱짜. 여덜짜. 아홉짜. 열짜

- 장의 경우 : 일짱. 이장. 삼장. 사장. 오장. 육짱. 칠짱. 팔짱. 구장. 십짱. 한 장. 두장. 세장(석짱). 네장(넉짱). 다섯짱. 여섯짱. 일곱짱. 여덜짱. 아홉짱. 열짱

- 주의 경우 : 일쭈. 이주. 삼주. 사주. 오주. 육쭈. 칠쭈. 팔쭈. 구주. 십쭈. 한주. 두주. 세주. 네주. 다섯쭈. 여섯쭈. 일곱쭈. 여덜쭈. 아홉쭈. 열쭈

- 호의 경우 : 일호. 이호. 삼호. 사호. 오호. 육코. 칠호. 팔호. 구호. 십포.

이와 같이 우리말은 외국인들과 달리 자연스럽게 경음과 연음으로 발음되는 것을 알 수 있다.

■ 전 성신여자중고등학교 교사 오경자 선생님의 글

- 경음현상과 국어의 오염

언제부턴가 방송이, 된소리를 모두 배제하고 있다는 느낌이 든다. '효

과(果)'와 '불법(不法)'이 귀에 거슬리더니 이제는 '일괄적', '법률적', '개별적', '획일적', '일률적', '현실적'은 물론 심지어는 '북한제', '물지개', '흠집내기', '좀도둑', '불법', '이번 주', '수술대', '출발점', '한강다리', '담배값', '산자락'까지도 예사소리로 발음하고 있다. 마치 된소리는 다 틀린 발음이고, 그래서 무조건 예사소리로 바꿔야 국어순화가 이루어지는 것으로 알고 있는 듯한 인상이다.

그러더니 급기야 금년 여름에는 평생 들어보지 못한 '장맛비'라는 소리까지 만들어서 자꾸 귀를 괴롭혔다. 근데 그건 나, 국어 선생에게만 이상하게 들린 것이 아니었다. 국어를 가르치는 사람이라고 해서 상당히 많은 사람들로부터 '장마삐'가 맞는 발음이냐는 똑같은 질문을 받은 것이다. 비슷한 사례들을 들고 '장마비'라고 발음해야 하는 이유를 전통적인 발음으로 확인시키면서 방송이 틀린 이유를 말했지만, 그게 방송사 자체만의 일방적 규정일 수 없지 않느냐는 반론 앞에는 입을 다물 수밖에 없었다. 왜냐하면 어쩌면 국어교사가 오히려 국가의 규범을 어기고 무시했을 수도 있는 일이기 때문이다.

사실 이 경음현상은 대단히 복잡하게 나타난다. 그리고 특별히 문제가 되는 것이 유성음(모음과 자음 ㄴ·ㄹ·ㅁ·ㅇ) 아래에 오는 예사소리 자음의 발음 문제다. 지금 방송이 혼란을 빚고 있는 것도 바로 이런 경우이다. 왜냐하면 경우에 따라서 경음으로 발음되기도 하고 예사소리로 발음되기도 하기 때문이다.

한번은 교무실에서 김밥 얘기를 하다가 동료 선생한테 크게 핀잔을 들은 일이 있다. "국어 선생님이 김밥이 뭐예요, 김빱이지."

기가 막혔지만 워낙 잘못 발음하는 세력이 막강한지라 침을 한번 삼키고는, '김빱'이 틀린 것이고, 원래는 '김밥'이었다는 사실과 그것이 맞는 이유를 설명해 주었다. 그랬더니 그 선생님은 주변의 여러 선생님에게 발음을 해보라면서 내가 틀리게 발음하고 있다는 것을 열심히 증명까지 하려 했다.

참 막막했다. 주변 선생님들의 발음도 하나같이 '김빱'이었다. 할 수 없이 난, 교무실에서 가장 연세가 많으신 선생님께 희망을 거는 수밖에 없었다. 아니나 다를까 선생님께서는 틀림없이 '김밥'이라고 발음하셨다.

이 지경이다. 정작 무엇이 잘못 발음되는 것인지, 왜 잘못인지도 모르는 사람들이 대부분이고, 무조건 된소리를 예사소리로 바꾸기만 하면 되는 것인 줄 아는 방송은 더욱 그렇다. 대중매체로서 전파력은 그만두고라도, 방송언어는 적어도 바르고 정확해야 한다는 기본적 책임 하나만을 생각하더라도 언제까지 구경만 할 일은 아니라고 생각돼 한마디한다.

그러면 국어에서 경음(된소리)이란 대체 어떤 것인가? 그것은 정말 국어를 오염시키는 잘못된 현상일 뿐인가?

우리 국어는 예부터 된소리와 예사소리의 구별이 있어서 그에 따라 뜻을 분화했다. 이를테면 '연줄'이 된소리 '연쭐'로 발음될 경우는 '연(鳶)의 줄'을 말하고, 예사소리 '연줄'로 발음하면 '혈연, 지연, 학연, 정분 등의 특별한 관계'를 뜻한다. 이런 현상은 간기(짠氣 : 肝氣), 정적(靜的 : 靜寂,政敵), 잠자리(寢牀 : 昆蟲), 볼거리(볼 만한 것들 : 病名), 전적(全的 : 戰績,轉籍), 경기(驚氣 : 競技,景氣), 장기(長技 : 將棋,臟器,長期), 신장(신을 넣는 장 : 身長,新裝,腎臟,伸張)… 등에서도 뚜렷이 나타난다. 그리하여 '정적(靜寂)'과 '잠자리(곤충)'는 예사소리로 발음해야 하고, '정적(靜的)', '잠자리(寢牀)'는 된소리로 발음해야 하며, 전염병인 '볼거리'를 '볼꺼리'로 발음하면 절대로 안 되고, '발병(發病)'은 예사소리로 해야 하고 '발병(발에 나는 병)'은 반드시 된소리로 발음해야 한다. '불기둥'은 된소리지만 '돌기둥'을 된소리로 발음해서는 안 된다.

다시 말해서 우리 국어에서 된소리는 반드시 있어야 하는 발음구조의 하나였다는 것이다. 따라서 국어를 순화한다는 목적으로 무조건 된소리를 예사소리로 바꾸거나, 또는 아무런 원칙도 없이 아무렇게나 바꾸어서는 오히려 국어 발음의 엄청난 혼란만을 만들어낼 것이다. 요는 된소리가 나는 환경요인, 즉 된소리를 만드는 음운적 환경을 고찰함으로써 일정한 원리를 찾아내고, 그 원리를 현재의 국어 발음에 적용하면 대개는 통일성을 이룰 수 있게 될 터이고, 설령 규칙 밖의 단어가 있을지라도 그것들은 다른 문법 현상의 처리와 같이 예외 경우로 정리한다면, 적어도 경음으로 인한 발음의 혼란은 최소화할 수 있다고 생각한다.

그러면 국어에서 유성음 아래에서의 된소리는 실제로 어떻게 실현되었는가?

첫째, 앞 음절의 모음이 장모음일 경우에는 대체로 뒤에 오는 자음을 유성음으로 발음하여 예사소리와 같이 소리 냈고, 단모음일 경우에는 그대로 된소리로 발음을 했다. 이는 단순구조에서나 복합구조에서나 거의 같이 적용됐다. 이를테면 '효과'나 대가(代價) 같은 단어는 '효'와 '대'가 단모음이기 때문에 '효꽈', '대까'라고 발음했으며, '윤기(潤氣)'의 경우는 '윤'이 장모음이기 때문에 '윤기'라고 했지 '윤끼'라고 하지 않았다. 마찬가지로 '김밥'도 '김'이 장모음이기 때문에 '김밥'이라고 했고, '문법(文法)'을 '문뻡'이라고 발음하는 것은 '문'이 단모음인 환경 때문이었다. 그리고 '불기둥'을 된소리 '불끼둥'으로 발음했던 것, '돌기둥'을 예사소리 '돌기둥'으로 발음한 것도 다 '불'과 '돌'이 각각 단모음과 장모음이라는 차이에서 온 발음이었던 것이다.

다시 말해서 앞 음절이 모음이나 유성자음으로 끝날 경우에도 모음이 단모음일 경우에는 그게 단일구조거나 복합구조거나 간에 된소리로 되는 경향이 컸다는 말이다. 그래서 '효과, 대가, 시가(時價), 초점(焦點)…'같은 단어와 '간국(짠 국물), 공돈, 공술, 궁기(궁핍한 기운), 길가(路邊), 날줄(經線), 논점(論點), 단적(端的), 등불, 물결, 발등, 봄비, 산불, 손길, 손등, 길바닥, 문지방, 물방울, 발길질, 발바닥, 손바닥, 솔방울, 담벼락, 땅바닥… 같은 단어들을 모두 된소리로 발음했던 것이다.

둘째, 앞 음절의 끝소리가 'ㄹ'일 경우인데, 이는 발음 경제의 원칙을 적용해서 설명이 되는 현상이다. 복합구조의 경우, 모음과 'ㄴ,ㅁ,ㅇ'의 다음에 오면 예사소리로 발음되던 자음도 같은 유성음인 'ㄹ' 아래서는 된소리로 발음이 된다. '교과서, 간단, 윤기, 창고(倉庫), 창구(窓口), 참고서, 정신적, 사랑방'을 교꽈서, 간딴, 윤끼, 창꼬, 창꾸, 참꼬서, 정신쩍, 사랑빵'으로 발음하지 않는 데 비해, 'ㄹ'이 끝소리일 경우는 이와 달리 '물껼, 길빠닥, 물쩍(物的), 효율쩍, 일률쩍, 포괄쩍, 고질쩍…'들과 같이 다 된소리로 발음을 하는 것이다. 이는 두 형태소를 분리시킴으로써 의미를 정확하게 만드는 기능과 함께 발음 경제 원칙으로 설명이 가능하다. 예를 들어 단순히 '물품'을 뜻하는 '물건(物件)'은 예사소리이지만, '매매나 거래의 대상'을 나타내는 '물건(物件)'은 된소리다. 그런데 여기서 '물'과 '건'이 두 형태소라는 걸 인식시키기 위해서는 소리에 간격을 두어야 하는데 그러지 못할 경우는 된소리가 될 수밖에 없다.

사실, 이 경우(두 개의 형태소로 의식하고 발음할 경우), 'ㄹ' 아래서 연한 발음(예사소리)을 할 경우의 발음과정을 유의해서 관찰하면 'ㄹ'을 발음한 뒤, 잠시 조음기관이 원 위치로 돌아가 다음 발음을 준비하는, 아주 짧지만 긴장의 시간을 필요로 한다는 것을 발견하게 된다. 다시 말해서 두 개의 형태소로 된 단어에서 앞의 형태소의 끝소리 'ㄹ'을 발음하고 바로 이어서 다음 형태소의 첫소리인 예사소리를 발음할 때는 발음하기가 꽤 부담된다는 말이다. 우리 선조들은 그런 부담을 해결하기 위해서 다음에 오는 예사소리를 모두 된소리로 발음하는 방법을 썼던 것이다. 결국 앞의 모음이 단모음이 되면서 뒤의 자음이 된소리로 되는 것이다. 마치 혀끝소리 'ㄷ'이나 'ㅌ'을 발음하고 고모음인 'ㅣ'모음을 발음하는 것이 힘들어서 'ㄷ'과 'ㅌ'을 아예 입천장소리 'ㅈ'과 'ㅊ'으로 바꿔서 소리 냈던 구개음화 현상과 같은 이치라고 할 수 있다. .

이외에도 국어의 경음현상은 복잡한 편이어서, 위의 이론으로 설명이 되지 않는 단어들도 간혹 있다. 이를테면 '말발(말의 힘), 움집, 들길, 맘보(마음을 쓴 본새)'… 등의 단어를 '말빨, 움찝, 들낄, 맘뽀'와 같이 된소리로 발음한 경우다. 이 단어들은 앞의 모음이 다 장모음임에도 불구하고 된소리로 발음을 했던 것이다. 아마도 두 개의 형태소로 이루어진 단어라는 의식과 함께 앞의 형태소가 가지고 있는 의미를 정확하게 전달하기 위해 의도적으로 그런 처방을 했을 거라는 생각이 든다. 어쨌든 국어에는 이렇게 장모음 아래에서도 된소리로 발음하는 경우가 있을 정도로, 된소리가 꼭 필요한 음운 현상이었다는 사실을 우리는 꼭 기억할 필요가 있다.

따라서 국어순화의 차원에서 경음화 문제를 푸는 방법은 무조건 예사소리 일변도가 아니라 발음 환경, 발음 조건에 따라 잘못된 발음을 순화해야 한다는 것이다. 발음 경제 원칙에 따라 자연스럽고 일관성 있게 된소리로 발음하던 것까지를 예사소리로 바꾸는 것은 오히려 국어를 오염시키는 일이다. '개괄적, 고질적, 법률적, 무차별적, 본질적, 포괄적, 현실적…'과 같은 경우는 마땅히 된소리로 발음해야 하고, '일관된, 일기장, 개인기, 꿈자리, 정신적, 인간적, 자연적…'과 같은 경우는 반드시 예사소리로 발음해야 한다.

이를테면 앞의 '김밥'이라든지 '창고(倉庫)', '교과서(敎科書)', '참고서(參考書)…' 같은 것은 본래 예사소리였던 것이 된소리로 바뀐 것들이니, 이렇게 이유 없이(뜻의 분화와 관계없이) 된소리로 바뀐 것들을 순화의 대상으로 해야지 무조건 된소리를 예사소리로 바꾸는 일이어서는 안 된다는 말이다. '김밥'을 이유 없이 '김빱'이라고 하는 것이라든가 '과대표(科代表)'를 '꽈대표'로, '뜸북새'를 '뜸뿍새'로, '세련'을 '쎄련'으로, '생방(生放)'을 '쌩방'으로, '간단히'를 '간딴히'로 발음하고 있는 것들이야말로 반드시 순화시켜야 할 대상인 것이다.

다시 말해서 '눈덩이, 산불, 개괄적, 법률적, 전적(全的), 단적(端的), 산등, 산등성이…'같은 단어들을 예사소리로 발음하는 것은 오히려 국어를 오염시키는 처사이고, 예부터 된소리로 발음했던 '효과', '문법', '일괄적', '법률적', '개별적', '기술적', '획일적', '일률적', '현실적', '북한제', '물지개', '흠집내기', '좀도둑', '불법', '수술대', '출발점', '한강다리', '담배값', '산자락'이번 주'나 '손바닥', '길바닥', '손등', '등살', '산등성이', '물동이'들을 예사소리로 발음하고, '잔불(남아 있는 불)'을 '잔뿔'이라고 하거나 '유가증권(有價證券)'을 예사소리로 발음하는 것은 모두 국어의 발음을 오염시키는 잘못된 발음이다. 따라서 무조건 된소리를 예사소리로 바꾸는 것이 국어순화라고 생각하는 잘못된 인식은 마땅히 수정되어야 한다.

그리고 한 가지, 부언하면 금년에 갑자기 등장한 '장마삐'—

정말 어처구니 없는 난센스다. 같은 경우로 '고래기름(고래의 기름)'이 있다. 이는 분명히 합성어인데도 사잇소리가 들어가지 않고, 그래서 '고래끼름'이 아니라 '고래기름'으로 발음한다. '장맛비'의 경우, 전통적으로 우리 부모님들은 '장마철에 내리는 비'를 가리켜 '장마비'라고 발음했지, 절대로 '장마삐'라고 말하지 않았다. 그럼에도 불구하고 뒤늦게 굳이 사잇소리를 넣어서 '장맛비'로 만들고 '장마삐'라고 발음해서 사람들의 귀를 거슬리게 한 이유가 어디 있는지 모르겠다. 도대체 어느 누가, 왜 그랬는지 아무리 생각해도 이해할 수가 없다. 이는 된소리를 예사소리로 바꾸어 국어를 순화시키겠다는 노선하고도 정면으로 상치되는 일이 아닌가?

국어연구기관에서는 경음현상에 대해 하루속히 어떤 원칙으로라도 일정한 방향을 잡음으로써 발음의 혼란을 더 이상 방치해서는 안 될 것이다. 소문에 의하면 '짜장면'이 어느 연예인의 주장에 의해 '자장면'으로 됐다던데, 그것이 사실이라면 국어를 연구하는 사람들은 무얼 하고 있는지 묻고 싶다. 자존심을 떠나서 이거야말로 어불성설 아니냐? 중국 사람들의 발음을 이렇게 저렇게 주의해서 들어도 '짜장면'에 가깝고, 또 그게 그렇게 오랜 세월 그렇게 막강한 세력으로 이미 뿌리를 내렸던 외래어였음에도 불구하고 왜 굳이 '자장면'으로 고치도록 내버려 두었는지 말이다. 주변의 불평이 이만저만이 아니다. 만일 그것도 국어순화의 일환이었다면 외래어 처리에도 경음을 피하겠다는 말인지 모르겠다.

국어를 향한 애정이 새삼 외롭고 쓸쓸해진다. – (오경자 선생)

■ 훈민정음 연구가 박영규 님의 손수건 눈사람 판소리가 된소리로 발음해야 하는 이유.

'손수건, 눈사람, 판소리'라고 발음하는 방송인들, 글을 쓸 때는 '손수건, 눈사람, 판소리'라 적고, 글을 읽을 때는 '손쑤건 눈싸람 판쏘리'라고 발음하여야 한다.

원인 : 훈민정음 이론

손수건의 '손', 눈사람의 '눈'과 판쏘리의 '판'

"손, 눈, 판" 글자들에 공히 들어가 있는 'ㄴ'을 훈민정음 이론에서는 종성이라고 한다.

ㅅ, ㄴ, ㅍ은 초성이며, ㅗ, ㅜ, ㅏ를 중성이라 한다.

〈制字解.제자해〉

초성의 성질규정 ; 初聲有發動之義.초성유발동지의, 天之事也.천지사야. 初聲有發動之義.초성유발동지의는 정음에 있는 '初發聲.초발성'의 의미를 부연하여 풀이하고 있다.

초성은 움직여 피어나는 뜻이 있으니, 하늘(天.천)의 일(天之事.천지사)이요.

종성의 성질규정 ; 終聲有止定之義.종성유지정지의, 地之事也.지지사야. 종성은 '정해져 멈추는' 뜻이 있으니, 땅(地.지)의 일(地之事.지지사)이다.

정음의 규정을 보면 초성의 성질은 '發動.발동'이요 종성의 성질은 '止定.지정'에 있다.

"눈 사람의 눈" 초성의 'ㄴ'과 종성의 'ㄴ'의 발성 조음법이 다르다는 규정이다.

　종성 'ㄴ'의 조음공간이 폐쇄되므로 소리의 ㅅ이 경음화된다.

　그렇다면, '설익은 소리'라는 의미의 '선소리'와 멀리서 오는 소리 '먼소리'는 경음화되지 않는다.

　그 이유는 무엇 때문일까?

　中聲承初之生.중성승초지생, 接終之成.접종지성, 人之事也.인지사야.
〈制字解.제자해〉

　중성은 초성을 생기게 하고(之生) 이어서(承) 종성을 이루어지게 하여(之成.지성) 붙게(接.접)하니 사람의 일(人之事.인지사)이다.

　중성 'ㅓ'의 발성조음 공간 때문에 종성 'ㄴ'의 조음공간이 폐쇄되지 않고 공간이 만들어지게 된다.

　손이 아프다의 '손이'와 일본 기업인 sony(소니)가 어떻게 발음되는지를 관찰한다면?

　들리는 소리는 소니로 같다. 그러나 '손'의 ㄴ을 발음할 때는 목의 좌우가 밀착되지만 sony(소니)의 소에서는 목의 공간이 ㅇ을 가져 열려 있게 된다.

　'선'의 경우는 ㅓ의 발성조음 공간으로 인해 ㄴ이 폐쇄되지 않는다.

　따라서 중성 ㅓ로 인하여 선소리와 먼소리는 선쏘리나 먼쏘리로 경음화되지 못하고 선과 먼은 장음이 되는 것이다.

　- (훈민정음 연구가 박영규)

장단음

우리말은 긴소리 짧은소리로 그 뜻을 달리하는데 방송인들은 물론이고 대중 앞에서 말을 하는 정치인·교수·변호사들이 긴소리를 짧게 하고 짧은소리를 길게 발음하여 우리말을 엉망으로 만들고 있다.

2016년 말에 박근혜 대통령과 최순실 국정농단 탄핵사태로 국회청문회를 할 때 명색이 국민을 대표하는 국회의원들이 말하는 것을 들어 보면 심각하다. 된소리·예사소리는 물론이고, 긴소리·짧은소리 구분도 못 하니 말이다. '탄:핵'을 '탄핵', '서:면질의'를 '서면질의', '대:통령'을 '대통령', '대:면조사'를 '대면조사', '사표수리여:부'를 '사표수리여부', '사표반:려'를 '사표반려', '차:기정부'를 '차기정부'라고 긴소리를 짧게 발음하고 있으니 말이다. '차기정부'? 정부를 차버린다는 것인가?

우리는 매년 음력 정월 초하루를 설날로 정해 놓고 지낸다. '설날'의 발음은 '설:날'로 길게 발음해야 한다. 그런데 방송인들은 '설날'로 짧게 발음하여, 혀의 날을 말하는 것인지, 날이 설익었다는 것인지 참으로 답답하다.

■ '설'의 뜻은

1. 새해의 첫날이며 발음은 길게 한다.

2. 혀(설.舌)를 말하며 발음은 짧게 한다.

3. 설(說)이란 견해, 주의(主義), 학설(學說)을 뜻하며, 발음은 짧게 한다.
   예 : 설을 달리하다. 이런저런 설이 나돌고 있다.

정치인·교수·변호사 등은
비교적 말을 잘하는 사람들이죠.
그러나 그들의 말을 찬찬히 들어보면
된소리와 예사소리도 구분 안 하고,
긴소리와 짧은소리도 구분 못 하죠.
이거야말로 심각한 걱정거리죠.

4. 접두사로서 충분하지 못하다는 뜻으로 발음은 길게 한다.

　　예 : 설:익다. 설:깨다.

국립국어원과 문화관광부는 표준발음법에 **"모음의 장단음을 구별하여 발음하라"**고만 하지 말고, 방송인들이 잘못 발음하는 것을 지적하고 강력한 대책을 세워 우리말을 바르게 발음하도록 해야 한다.

　■ **장음을 단음으로 하여 뜻이 달라지는 것들**
　– 한:국(韓國)을 짧게 발음하여 차가운 나라. 한국(寒國)
　– 한:우(韓牛)를 짧게 발음하여 차가운 비. 한우(寒雨)
　– 한:강(漢江)을 짧게 발음하여 차가운 강. 한강(寒岡)
　– 구:두(口頭)를 짧게 발음하여 신발. 구두(句讀)
　– 경:로(敬老)를 짧게 발음하여 가는 길. 경로(經路)
　– 금:주(禁酒)를 짧게 발음하여 이번주. 금주(今週)
　– 말:(言語)을 짧게 발음하여 타는 말. 말(馬)
　– 눈:(雪)을 짧게 발음하여 사람이나 동물의 눈. 안(眼)
　– 부:자(富者)를 짧게 발음하여 아버지와 아들. 부자(父子)
　– 새:소리(새의 소리)를 짧게 발음하여 새로운 소리. 새소리
　– 새:집(鳥巢)을 짧게 발음하여 새로 지은 집. 새집(新屋,신축)
　– 선:수(選手)를 짧게 발음하여 바둑 장기에서 먼저 두는 사람. 선수(先手)
　– 전:원주택(田園住宅)을 짧게 발음하여 전체주택(전원(全員住宅))
　– 처:형(處刑)을 짧게 발음하여 부인의 언니. 처형(妻兄)
　– 화:장(火葬)을 짧게 발음하여 얼굴을 단장하는. 화장(化粧)

어두경음화

경음화는 청각의 인상을 좀 더 명료하게 하려고 자음을 된소리로 발음하는 현상이다. 이 현상은 자생적인 변이로는 어두자음의 경음화(서남방언과 동남방언에서 빈도가 상대적으로 높다고 하였으며 그 진원지를 남부방언권으로 추정)가 있으며, 어두자음의 경음화 현상은 음운결합에 의하여 나타나는 공시적 음운현상(동시대 안에서 나타나는 형태소 교체를 설명하는 데 쓰이는 음운현상)이 아니고 통시적 음운변화(언어 형태의 역사적 변화를 설명하는 데 쓰이는 음운현상)에 기인하고 있다. 이 어두경음화의 규칙을 세울 수가 없는 이유는 음운론적 환경이 일정하지 않고 수의적으로 사용되는 데 그 이유가 있는 것이다.

달린다→딸린다. 조각→쪼각. 부리→뿌리.

'농촌 일손이 달린다'라고 발음하는 방송인이 있는데 '농촌 일쏜이 딸린다'라고 발음해야 한다.

물론 사전에는 '달리다'가 '힘이나 물자가 부족하다'라고 되어 있다.

그러나 이제까지 힘이나 물자가 부족하다에서 '달리다'의 언중 발음은

'딸리다, 딸린다, 딸려' 등으로 발음해 왔다.

'딸린다'고 해야 달리기 선수의 '달린다'와 변별력이 생긴다.

'잠자리'를 '잠짜리(침상)'와 '잠자리(곤충)', '볼거리'를 '볼꺼리(구경거리)'와 '볼거리(병명)'으로 발음하여 그 뜻을 분명히 나타내듯이….

'조각'도 나무나 돌 얼음으로 만든 작품은 '조각(나무조각, 돌조각, 얼음조각)'으로, 깨지거나 부스러져 떨어져 나온 것은 '쪼각(나무쪼각, 돌쪼각, 얼음쪼각)'으로 발음해야 변별력이 생기고, 산산쪼각 났다고 해야지 산산조각 났다고 하면 안 된다.

'부리'도 '새부리'와 '나무부리, 돌부리'같이 표기하지만 '새부리'는 '부리', '나무부리와 돌부리'는 '나무뿌리, 돌뿌리'로 발음해야 변별력이 생긴다.

우리가 '총뿌리'라고 하지 '총부리'라고 하지 않고, '꽃부리영(英)'자를 '꼳뿌리영'이라고 하지 '꼳부리영'이라고는 하지 않는다.

'일군'을 '일꾼'으로 '삯월세'를 '사글세'로 발음하는 언중의 말을 인정하고 '(일꾼)', '(사글세)'로 바꾸었듯이 "일손이 달리다, 뒷심이 달리다"도 '딸리다'로 글자를 바꾸는 것이 합당하지 않을까?

■ ㄱ) /ㄱ/→/ㄲ/

가시(까시), 고추(꼬추), 고두밥(꼬두밥), 개구리(깨구리), 곰보(꼼보), 곱추(꼽추), 과대표(꽈대표), 곱빼기(꼽빼기), 구멍(꾸멍), 간난아이(깐난애기), 그을음(끄:름), 고쟁이(꼬쟁이), 괭이(꽹이), 곰보(꼼보), 고갱이(꼬갱이), 곶감(꼬깜), 굽다(꿉따), 구기다(꾸기다)

■ ㄴ) /ㄷ/→/ㄸ/

도랑(또랑), 동그라미(똥그래미), 던지다(떤지다), 당기다(땡기다), 닭다
(딱따)

■ ㄷ) /ㅍ/→/ㅃ/

번데기(뻔데기), 본때(뽄때), 부수다(뿌시다), 본뜨다(뽄뜨다)

■ ㄹ) /ㅈ/→/ㅉ/

조랑말(쪼랑말), 족두리(쪽뚜리), 족제비(쪽지비), 작대기(짝디기), 지
린내(찌린내), 장아찌(짱아찌), 조끼(쪼끼), 조금(쪼끔. 쬐끔), 자르다(짜르
다), 반드시(빤드시), 족두리(쪽뚜리), 졸장부(쫄짱부), 줄거리(쭐거리), 장
구벌레(짱구벌레), 집게(찝께), 좁다(쫍따), 작다(짝따), 지리다(찌리다)

■ ㅁ) /ㅅ/→/ㅆ/

쇠(쐬), 수수(쑤수), 소나기(쏘나기), 시래기(씨래기), 소주(쏘주), 성내
다(썽내다), 세다(쎄다), 삶다(쌈따), 수세미(쑤세미)

ㄱ) ~ ㅁ) 모두 체언과 용언으로 구분하였고, 어두 경음화는 노년층
뿐만 아니라 청소년층에서도 활발하게 실현되고 있다. 외래어, 복합어에
서도 실현되기도 하는데 '쇼핑 → 쑈핑, 과대표 → 꽈대표' 등이 있다.

문어(文語)와 구어(口語)

예전에는 문어(文語)를 읽을 때는 구어(口語)로 읽으면서 바른말을 했는데 국립국어원이 국어순화 운운하면서 문어(文語)로 읽게 만들었다. 즉 글자대로 읽게 만들어 우리말을 엉망으로 만들었다.
– 문어(文語) : 글에서만 쓰이고 일상적인 대화에서는 쓰이지 않는 말
– 구어(口語) : 주로 일상적인 대화에서 쓰는 말을 가리킨다.

'되었읍니다'는 '됐습니다', '하였읍니다'는 '했습니다', '이야기'는 '얘기', '아이'는 '애', '아기'는 '애기', '빼앗긴'은 '뺏낀', '같아'는 '같애', '괜찮아'는 '괜찮어', '아니하고'는 '안 하고/않고', 놀랐잖아'는 '놀랬잖어', '창피하다'는 '챙피하다', '헛갈리다'는 '헷갈리다', '호랑이'는 '호랭이', '~고'는 '구'(그리고 는 그리구. 하였고는 했구, 되었구는 됐구), '~도'는 '두'('그래도 돼'는 '그래두 돼', '환경도 좋고'는 '환경두 좋구'), '~로'는 '루'('쪽으로'는 '쪽으루', '것으로'는 '것으루')라고 해야 하는데 글자대로 발음하고 있는 것이다.

※ 방송인들이 잘못 발음한 사례

– 방송인들이 문어(글자)와 구어(말)를 구분도 못 하고 문어(글자)로
 발음하고 있다.

너는 무슨 이야기를 그렇게 하니?
넌 무슨 얘기를 그렇게 하니?

야! 너는 아이를 왜 그렇게 패니? 아이구 우리 아기!
야! 넌 애를 왜 그렇게 패니? 아이구 우리 애기!

나는 너를 사랑하는 것 같아.
난 널 사랑하는 것 같애.

어떻게 하다 보니 그렇게 되었어.
어떻게 하다 보니 그렇게 됐어.

너 때문에 창피하여서 정말 못 살겠다.
너 때문에 챙피해서 정말 못 살겠다.

게임 좀 그만하여라. 그리고 공부 좀 하여라.
께임 좀 그만해라. 그리구 공부 좀 해라.

너 정말 깜짝 놀랐구나!
너 정말 깜짝 놀랬구나!

겹받침

'ㄳ', 'ㄵ', 'ㄼ, ㄽ, ㄾ', 'ㅄ'은 어말 또는 자음 앞에서 각각 [ㄱ, ㄴ, ㄹ, ㅂ]으로 발음한다.

넋[넉] 넋과[넉꽈] 앉다[안따] 여덟[여덜] 넓다[널따] 외곬[외골] 핥다[할따] 값[갑] 없다[업:따]

다만, '밟-'은 자음 앞에서 [밥]으로 발음하고, '넓-'은 다음과 같은 경우에 [넙]으로 발음한다.

(1) 밟다[밥:따] 밟소[밥:쏘] 밟지[밥:찌] 밟는[밥:는→밤:는] 밟게[밥:께] 밟고[밥:꼬] (2) 넓-죽하다[넙쭈카다] 넓-둥글다[넙뚱글다]

'ㄺ, ㄻ, ㄿ'은 어말 또는 자음 앞에서 각각 [ㄱ, ㅁ, ㅂ]으로 발음한다.

닭[닥] 흙과[흑꽈] 맑다[막따] 늙지[늑찌] 삶[삼:] 젊다[점:따] 읊고[읍꼬] 읊다[읍따]

위의 규정에 의해 "넓다-널따, 밟다-밥:따, 밟소-밥:쏘, 밟지-밥:찌, 밟는-밤:는, 얇다-얄:따, 얇고-얄:꼬, 맑다-막따, 맑고-말꼬, 맑게-말게, 묽고-물꼬, 늙다-늑따, 늙고-늘꼬, 읊고-읍꼬, 읊다-읍따"라고 규정을 정했는데 본인은 이 규정 자체가 잘못됐다고 본다.

'넓다'가 '널따'라면 '밟다'도 '발따' '밟소'도 '발쏘' '밟지'도 '발찌'라고 하던지 아니면 '넓다'를 '넙따'라고 해야 형평성에 맞는다.

클레멘타임 노래는 어떻게 불러야 하나?

"넓고 넓은 바다가에 오막살이 집 한 채…"

"넙꼬 너븐 바다:가에 오막:사리 지반채…"라고 해야 하나?

"널ㅂ꼬 널븐 바다까에 오막싸리 집 판 채…"라고 발음해야 한다.

"짧다, 짧고"도 "짭따 짭꼬"가 아니고 "짤ㅂ따, 짤ㅂ꼬"로 발음해야 한다. "밟다, 넓다, 짧다"를 발음해 보면 "ㅂ"이 살짝 얹히는 것을 알 수 있다. 이와 같이 분명히 발음이 되는 것을 왜 이상한 규정을 만들어서 이상하게 발음하게 하는지 모르겠다.

또한 '맑다'도 '막따'라면 '맑고'도 '막꼬', '맑게'도 '막께', '묽고'도 '묵꼬'라고 하던지 아니면 '맑다'를 '말따'로 해야 하고 ('막다'는 물줄기를 막는다의 뜻이다), '늙다'가 '늑따'라면 '늙고'도 '늑꼬'라고 해야 하지 않는가?

'굵다'도 '국다'라고 하라는데 그럼 "팔뚝이 굵다"도 "팔뚝이 국따"라고 하고 '팔뚝이 굵어'도 '팔뚝이 국어'라고 해야 하나? 아니다 바른말은 '굴ㄱ따, 굴거'다.

특히 '읊고, 읊다'를 '읍꼬, 읍따'라고 했는데 이렇게 발음하면 '사물이 있고 없다'에서 '없다'라는 뜻으로서 '없고, 없다'의 발음이 장음으로서 '읍:꼬, 읍:따'로 발음되므로 '없고, 없다'를 뜻하게 되는 것이다.

그러므로 '넓다'는 '널:ㅂ따' '밟다'는 '발:ㅂ따' '밟소'는 '발:ㅂ쏘' '밟지'는 '발:ㅂ찌' '밟는'은 '발:ㅁ는' '얇다'는 '얄:ㅂ따' '얇고'는 '얄:ㅂ꼬' '맑다'는 '말:ㄱ따' '맑고'는 '말:ㄱ꼬' '맑게'는 '말:ㄱ께' '묽고'는 '물:ㄱ꼬' '늙다'는 '늘:ㄱ따' '늙고'는 '늘:ㄱ꼬' '읊고'는 '을:ㅍ꼬' '읊다'는 '을:ㅍ따'라고 해야 한다.

※ 중간에 ':' 표기는 길게 하라는 뜻이고 'ㅂ·ㄱ·ㅍ' 표기는 발음상 분명히 살짝 얹히는 뜻을 표기한 것이다.

– 훈민정음 연구가 최성철 선생님의 글

이 법에 대한 서울대학교의 송철의 교수의 글에서는 "표준발음법은 표준어를 입으로 말할 때 어떻게 발음해야 하는가를 규정해 놓은 것이다. 예컨대 '明'을 뜻하는 국어 단어를 '밝다, 밝고, 밝으니'와 같이 표기하도록 한 것은 '한글 맞춤법'에 규정되어 있는 사항이다. 이 말을 (박따, 발꼬, 발그니)로 발음하도록 한 것은 표준어 발음법에 규정되어 있는 사항이다"라고 했다.

(문화관광부 펴냄 〈우리말 우리글 바로쓰기〉 79쪽 참조)

한마디로 말해서 우리말의 발음을 잘못 가르치고 있다.

훈민정음해례(訓民正音解例)의 종성해(終聲解)에는 〈若약用용ㄹ爲위彆볋之지終종, 則칙其기聲성舒서緩완, 不불爲위入입也야.〉로 되어 있다.

이것을 풀이해 보자. "만약에 ㄹ로 '彆볋'자의 끝소리를 삼는다면 그 소리가 천천히 나고 느려져서 입성(入聲)이 되지 않는다"는 말이 된다.

여기에서 입성(入聲)이란 말의 뜻을 〈入·입 聲·셩은 빨리 긋듯는 소리(입, 빨, 긋듯 글자는 고어임)〉라고 설명하는데 "소리가 빨리 끝을 맺는다는 것"을 말하고 있다.

"입성(入聲)이 되지 않는다"고 하는 것은 만약에 'ㄹ'을 끝소리 글자로 쓰는 경우에는 그 소리가 빨리 끝나지 않고 천천히 나고 느려지면서 길게 끌어진다는 뜻이다.

다시 말해서, '별'이라고 ㄹ만을 끝소리 글자로 쓰면 그 소리가 끝나는 것이 아니라 ㄹ의 여운을 남긴 채로 길게 늘어지는 소리가 된다는 뜻이다. 그러나 '볋'이라고 해서 ㄹ을 합용병서로 끝소리를 삼는다면 입성(入聲)이 된다는 뜻이다. 현대말로 다시 말하자면 'ㄹ'을 단독으로 끝소리 글자로 쓰는 경우에는 'ㄹ'은 자음의 소리가 아니고 '반모음의 소리'로 변한다는 뜻이다.

'별'이라고 쓰면 그 발음은 [벼] 하면서 혀를 입 안의 어느 곳에서나 닿지 않게 하면서 뒤로 감아올리면 'ㄹ'의 여운이 남으면서 소리가 길게 늘어진다. 만약에 [벼] 하면서 혀가 입 안의 어느 곳에서든지 조금이라도 닿으면 입성이 되어 소리는 끝나고 'ㄹ'의 여운도 남지 않는 소리로 되어 버린다.

위에서 [밝다], [밝고], [밝으니]의 발음을 [박따], [발꼬], [발그니]로 발음하는 것이 표준 발음법이라고 하니 'ㄹ'과의 겹받침에 대한 인식은 물론이거니와 'ㄹ'의 끝소리 발음에 대해서 너무 알지 못하는 규정이라 아니 할 수 없다.

[밝다]의 발음은 [바]의 소리를 내면서 혀를 뒤로 감아올리면서 'ㄹ'의 여운을 남기고 나서 혀뿌리로 목구멍을 막아 'ㄱ'의 소리로 일단 입성(入聲)을 시키고 [다]의 발음을 하는 것이다. 그래서 'ㄹ'의 여운이 남지 않고 [박따]로 발음하는 것은 잘못된 발음이다. 이때 뒷소리 [다]는 'ㄱ'의 이음

현상(移音現象)으로 자연스럽게 [따]의 소리로 발음되므로 일부러 [따]의 소리를 내려고 할 필요는 없다.

[밝고] 와 [밝으니]에서도 위의 [밝다]의 발음과 마찬가지로 'ㄹ'의 여운이 남도록 발음하고 [고]를 발음하면 자연스럽게 뒷소리는 'ㄱ'의 이음 현상(移音現象)에 의해 [꼬]의 소리로 변하며, [으]는 [그]로 변하게 된다. 또한 '돐'도 마찬가지다.

'돐'을 '돌'로 바꾸었는데 보편적으로 '돌'이라고 하면 石(돌멩이)을 연상하게 된다.

'돌잔치'라고 하면 "돌멩이 잔치"일까?

'돌'의 소리는 [도] 하면서 혀를 입 안의 어느 곳이든 닿지 않게 하면서 뒤로 감아올려서 내는 소리다. 그리하면 'ㄹ'의 여음이 남으면서 소리가 끝나지 않고 계속 'ㄹ'의 여음을 남기면서 이어진다.

반면에 '돐'의 발음은 위의 '돌'의 발음으로 시작하여 혀끝을 윗잇몸에 살짝 대면서 'ㅅ'의 받침말로 소리를 끝내는 소리다. 이렇게 하면 마치 [돗]이라는 소리처럼 된다. 즉 '돐'의 소리는 ㄹ의 여음을 남기면서 'ㅅ'의 끝소리로 소리를 끝내는, 즉 입성을 시키는 소리가 된다.

언젠가 북한에서 광복절 기념식을 거행하는 광경이 방영되었는데 그 기념식장에 걸려 있는 문구를 보니 '61돐 광복절'이라고 쓰여 있었다. 대한민국 기념식장에는 '61돌 광복절'이라고 쓰여 있었다. 남과 북의 언어의 차이다. '돐'이라는 말은 우리 선조 대대로 쓰여 온 말인데 이 한 가지 사실만 보더라도 북한에서는 우리 고유어를 많이 보전하고 있음을 엿볼 수 있다. 물론 '돐'이라는 발음은 무척 까다로워서 그냥 [돌]이라고 발음해 치운다.

올바른 발음을 가르칠 스승이 없으니 그냥 '돌'로 간소화해버린 것이라 하겠다. 그들은 훈민정음(訓民正音)을 몰라 글자의 소릿값에 대하여 별로 알지 못하기 때문이다.

왜 우리 선조들은 "돐"이라고 표기했을까 하는 문제는 나랏말 학자들이 연구해야 할 사안이다. 현재 우리말은 우리들도 모르는 사이에 일본의 어법에 물들어가고 있다. 일본말에는 언어의 구조상 받침 말이 별로 없으며, 더더구나 겹받침 말은 아예 없다.

그런데 조상 대대로 물려받은 겹받침 말들이 차츰 줄어들고 있다. 한글을 올바르게 이해시키고 한글에 대한 올바른 발음을 훈련시킬 생각은 눈곱만치도 하지 않는다. 오로지 쉬운 길만 찾아가려니까 한글이 발전하지 못하고, 나랏말이 외국어에 점점 짓눌리고 있음을 깨달아야 한다.

※ 방송인들이 잘못 발음한 사례

'돐'을 '돌'로 표준어를 바꾸듯이 (문서에서 돐을 치니까 돌로 나와서 인터넷 편지쓰기에서 쓴다) '발ㄱ따(밝다)'를 '박따'로, ─어디다 뭘 박나? ─ '을ㅍ따(읊다)'를 '읍따'로, ─돈이 없나?─ ' '발ㅂ따(밟다)'를 '밥따'로─ 발음하라고 하면서 언젠가는 '박다, 읍다, 밥다'로 표준어를 바꿀 것이 아닌가?

겹받침은 길게 발음해야 한다. 그러면 두 개의 발음이 거의 다 되는 것을 알 수 있다. 그런데도 모두 짧게 발음하기 때문에 그러한 현상이 나타나는 것이다.

더욱 가관인 것은 2009년에 KBS 한국어연구회에서 발간한 『방송언어 순화 자료집』 제65집 8쪽을 보면 알 수 있다.

– 1월 5일 1TV KBS 뉴스 광장에서

* 이러한 절차를 밟지도(발찌도) 않고→(밥:찌도) 'ㄼ'받침이 있는 음절이 단어의 끝자리에 오거나 자음 앞에 올 때는 겹받침 'ㄼ' 중에서 'ㄹ'만을 발음하게 했다.

예 : 짧다(짤따), 짧고(짤꼬)

그런데 '밟다' 같은 경우는 예외적인 것으로 본다. '밟다'는 자음 앞에서 (ㅂ)으로 발음하기 때문에 '밟고, 밟지(밥꼬, 밥찌)'로 발음하고, 모음 앞에서는 '밟아요, 밟으면(발바요, 발브면)'처럼 연음해서 'ㄹ'과 'ㅂ'을 모두 발음해야 한다고 돼 있다.

– 1월 8일 2TV 「해피 투게더」에서도 확인할 수 있다.

* 발이 넓잖여(넙짜녀)?→넓잖아(널짜나)

'넓다' 뒤에 자음으로 시작하는 말이 오면 'ㄹ'만 발음해서 '널따, 널꼬, 널찌'와 같이 발음하게 된다고 했는데, 참으로 한심한 일이다.

같은 음운 현상으로서 분명히 '발ㅂ찌도'라고 '짤ㅂ찌도'라고 발음이 되는데, 어느 것은 'ㄹ'로, 어느 것은 'ㅂ'으로 하라고 한다. 도대체가 원칙이 없는 국어정책이다.

"'넓다' 뒤에 자음으로~"이라고 한 것은 잘못된 것이다. '넓~' 뒤에 라고 해야 한다.

– 다음은 SNS에 올린 글이다.

'맑겠고'의 바른말! 내일 날씨가 '맑겠고'를 '막께꼬'라고 발음했는데

'말ㄱ겠꼬'라고 해야 한다. 'ㄱ'은 발음할 때 살짝 얹히는 소리 값이다.

[답글] 깨몽님

좋은 말씀입니다. 저는 이것이 우리말을 죽이고 우리 말법을 어지럽히는 큰 흠이라고 생각합니다. 겹자음의 경우 어느 하나가 없어지는 것이 아니라 살짝 힘을 잃는 것이므로 소리는 내지 않더라도 입 모양은 가지는 것으로 가르치는 것이 맞다고 생각합니다. (제가 이상한 사람인지 몰라도 실제로도 그렇다고 봅니다.) 그렇게 되면 겹받침 글자가 뒷소리와 부딪혀서 실제 나는 소리의 규칙에 일관성이 생기는데, 이런 일관성이 없다 보니 마치 우리 글자가 글자마다 쓰임에 따라 소리 내는 걸 외워야 하는 것처럼 되어 버렸습니다.

이와 비슷하게 이른바 연음법칙에서 소리 내는 법도 잘못되었다고 봅니다. '발이 시렵다'에서 '발이'는 비록 '바리'와 비슷하기는 하지만 같은 소리는 아닙니다. '발이'라고 할 때는 혀가 조금 덜 펴져서 모양을 유지해야 맞습니다. 이걸 적는 수가 마땅찮다고 해서 '바리'로 소리 내야 한다는 것은 엄청난 잘못에 억지라고 봅니다.

이와 비슷하게, 중국 한족말에서 票 같은 말은 우리 소리로는 '표'(피요)와 비슷하지만 가르칠 때는 '피아오'로 분명하게 가르치고 있습니다. 비록 비슷한 소리 같지만 입 모양이 달라지고 그에 따라 나오는 소리도 결국은 다르기 때문입니다.

'⌐'에 관한 발음

'사껀(事件,사건)'을 '사건'으로, '주까(株價,주가)'를 '주가'로, '유까(有價 ,유가)'를 '유가' 등으로 발음하는 방송인들이 많다. 그것은 잘못된 발음 이다.

그렇다면 다음과 같은 말들은 어떻게 발음해야 하나?

"국가(國歌)(國家), 작가(作歌)(作家), 환락가(歡樂街), 목가(牧歌), 축 가(祝歌), 애국가(愛國歌), 대가(代價), 시가(時價)들은 어떻게 발음하는 것이 좋을까?"

여기서 한글로는 같지만 한자(漢字)에 의해 경음(硬音)과 연음(軟音) 으로 발음되는 것을 예로 살펴보도록 한다.

고가 : (高價,고까), (高架,고가), (古家,고:가)

종가 : (終價,종까), (宗家,종가)

유가 : (油價,有價,유까), (乳痂,遊街,儒家,유가)

대가 : (代價,대까), (大家,대:가)

물고 : (물꼬:물길을 내는 우리말), (物故,물고),

문구 : (文句,문꾸), (文具,문구)

단가 : (單價,단까), (團歌,단가), (短歌,단:가)

장기 : (長技,장끼), (帳記,장끼), (臟器,장기), (壯氣,장:기)

정가 : (正價, 定價, 정:까), (政街,정가)

주가 : (酒價,주까), (株價,주까), (主家,주가), (住家,주:가)

또한 한자(漢字)로는 같으나 경음(硬音)과 연음(軟音)으로 발음되는
사례도 알아보자.

가(家)의 경음(硬音) : 국가(國家), 대가(貸家), 작가(作家), 대식가(大
食家), 미식가(美食家),

가(家)의 연음(軟音) : 계가(計家), 고가(古家), 관가(官家), 양가(兩
家), 명가(名家), 민가(民家), 본가(本家), 분가(分家), 불가(佛家), 사
가(史家), 상가(商家,喪家), 생가(生家), 시가(媤家), 왕가(王家), 외
가(外家), 유가(儒家), 인가(人家), 재가(在家), 조가(朝家), 종가(宗
家), 처가(妻家), 초가(草家), 출가(出家), 폐가(廢家), 화가(畵家),
흉가(凶家).

가(街)의 경음(硬音) : 환락가(歡樂街)

가(街)의 연음(軟音) : 상가(商街), 번화가(繁華街), 홍등가(紅燈街)

가(歌)의 경음(硬音) : 국가(國歌), 목가(牧歌), 잡가(雜歌), 축가(祝
歌), 애국가(愛國歌).

가(歌)의 연음(軟音) : 교가(校歌), 군가(軍歌), 단가(團歌,短歌), 연가(宴歌,戀歌), 만가(輓歌), 비가(悲歌), 성가(聖歌), 시가(詩歌), 애가(哀歌), 조가(弔歌), 찬가(讚歌), 향가(鄕歌), 격양가(擊壤歌), 유행가(流行歌), 찬송가(讚頌歌), 고성방가(高聲放歌), 사면초가(四面楚歌), 흑인영가(黑人靈歌).

가(價) 자가 뒤에 올 때: 거의 모두가 경음인 '까'로 발음된다. 예를 들면 단가(單價), 대가(對價,代價), 염가(廉價), 시가(時價,市價), 원가(原價), 유가(油價,有價), 저가(低價), 정가(定價,正價), 종가(終價), 주가(株價,酒價), 지가(地價), 진가(眞價), 특가(特價), 평가(評價,平價), 호가(呼價,好價) 등이다.

다음과 같은 단어에서 한자의 건(件)은 모두 된소리인 '껀'으로 발음해야 한다.

문건(文件), 안건(案件), 여건(與件), 요건(要件), 용건(用件), 입건(立件), 인건비(人件費), 무조건(無條件), 악조건(惡條件), 조건반사(條件反射), 근로조건(勤勞條件), 입지조건(立地條件)

단, 물건(物件)은 같은 한자이지만 뜻에 따라서 경음과 연음으로 발음된다.

- 물건 : 물품을 뜻하는 것
- 물껀 : 매매나 거래의 대상을 뜻하는 것

효꽈(效果효과)를 효과로 발음하는 방송인들이 많다. 그렇다면 다음과 같은 것들은 어떻게 발음해야 하나?

역효꽈(逆效果역효과), 성꽈(成果성과), 약꽈(藥果약과), 전꽈(戰果전과), 오곡백꽈(五穀百果오곡백과), 온실효꽈(溫室效果온

실효과), 전시효꽈(展示效果전시효과)와 한자(漢子)로는 다르지만 문꽈(文科문과), 이꽈(理科이과), 공꽈(工科공과), 내꽈(內科내과), 외꽈(外科외과), 국어꽈(國語科국어과) 등은 어떻게 발음해야 하나?

이 경우도 '~꽈'가 아니라 '~과'로 발음해 보자. 얼마나 어색한가?

과(果)가 연음(軟音)으로 발음되는 것은 어떤 것이 있나 알아보자.

결과(結果), 사과(沙果), 실과(實果), 청과(靑果), 한과(漢果), 무화과(無花果), 수정과(水正果) 등이 있다.

※ [질문] 국립국어원

오늘 아침 KBS TV「무엇이든 물어보세요」에서 아나운서나 출연자들이 "멸치가루, 콩가루, 새우가루, 밀가루, 버섯가루, 후추가루, 고춧가루, 양파가루"를 각각 "멸치:가루, 콩:가루, 새우:가루, 밀:가루, 버섯:가루, 후추:가루, 고추:가루, 양파:가루"라고 발음했는데 과연 올바른 발음일까요?

[답장] 국립국어원입니다. (답장)에 대하여 '멸치 가루:[멸치 까루], 콩가루:[콩까루], 새우 가루:[새우까루], 밀가루:[밀까루], 버섯가루:[버섣가루], 후춧가루:[후추까루/후춛까루], 고춧가루:[고추까루/고춛까루], 양파가루:(양파가루)'와 같이 발음합니다. 장음에 대한 표시는 없습니다.

[질문] 저는 장음에 관한 질문을 한 것이 아니고, '~까루'와 같이 된소리로 발음되는 것을 왜 '[-가루]'와 같이 예사소리로 발음하느냐고 묻는 것이고 그렇게 연음으로 발음하다 보니 장음으로 잘못 발음하게 된다는 것입니다. 그리고 답변 중에 다른 것은 다 '[-까루]'로 발음된다고 하

고, 왜 '버섯가루, 양파가루'는 '[−가루]'로 발음되나요? 그것도 '[−까루]'로 발음되는 것이 아닌가요?

[답장] '[−가루]'재 질문(국립국어원입니다.) '버섯 가루, 양파 가루'와 같이 두 단어가 합성된 것으로 보았기 때문입니다. '고춧가루'와는 달리 이들은 사전에 한 단어로 올라 있지 않습니다. 또 한 '가루'는 명사로서 [가루]로 발음됩니다. 따라서 '문의하셨던 예들을 사전에서 검색하면 [ ] 안에 표기된 것이 발음입니다. 〈표준국어대사전〉은 저희 연구원 홈페이지를 통해 직접 검색해 볼 수 있습니다.

※ 이해할 수 없는 답변이네요. 어떻게 '버섯가루, 양파가루'는 합성어로 보고 '멸치가루, 콩가루, 새우가루, 밀가루, 후추가루, 고춧가루'를 합성어가 아니라고 하는지요? 일관성이 없는 것은 물론이고 '버섯가루'가 합성어가 아니라고 해도 'ㅅ+ㄱ' 구조이기 때문에 된소리가 됨을 간과하고 있습니다.

※ **방송인들이 잘못 발음한 사례**
 − 어느 여자 아나운서가 '입쭈꿘'으로 발음해야 하는데 '입쭈권'으로 하더군. 아예 글자대로 '입주권'으로 발음하지!

어느 사람은 '취꿘(취권)'을 글자대로 '취권'으로 발음하는데 그것도 잘못된 것이다. "태권=태꿘, 태극권=태극꿘, 공권력=공꿘녁, 유권자=유꿘자, 입주권=입쭈꿘"으로 발음해야 한다.

 − 아나운서가 문구(문구 文句)를 문구로 발음했는데 그것은 文具(문

구류)의 뜻이다. 어느 방송인은 "간판에 그림과 함께 이러이러한 글구가 있습니다"에서 '글꾸'로 발음해야 하는데 '글구'로 잘못 발음했다.

– MBC기자가 "의보 고가(高價)약품"에서 '고가'로 발음했는데 그럼 수까(수가, 酬價)도 '수가'라고 발음해야 하나? 또한 "현대 관광 대가(代價)조정 정부지원 없으면…"에서 '대가'를 글자대로 '대가'로 발음해야 되나?

– 의료보험(醫療保險) 올 3조~4조 원 적자 기사에서 "의약분업에 따른 수가 인상과 본인 부담금 조정으로~"에서 '수가'를 글자대로 발음하면 이상할 것이다. '수까'로 발음해야 된다.

– 권투에 관한 뉴스시 "프라이끕, 헤비끕, 빤탄끕"으로 발음해야 하는데 글자대로 "프라이급, 헤비급, 빤탄급"으로 발음했다.

– MBC 기자는 뉴스에서 감정가액을 '감정:가액'으로 발음했다.
'감정까액'으로 발음해야 하는데… 그렇다면 '감정까(감정가)'도 '감정:가'로 발음해야 하나? '유류까격(유류가격)'도 '유류:가격'으로 발음하는데, 그럼 '유류까(유류가)'도 '유류:가'로 발음해야 한단 말인가?

– 백원까량(백원가량)을 '백원:가량' '3-4도까량(삼사도가량)',을 '삼사도:가량', 100미리까량(뱅미리가량)'을 '뱅미리:가량', 열명까량(열명가량)'을 '열명:가량', '밤끼온(밤기온)'을 '밤:기온', '아침끼온(아침기온)'을 '아침:기온', 낮끼온(낮기온)을 '낮:기온', '국수까락(국쑤가락)'을 '국수:가락'으로

발음하는 방송인들. 그럼 '숟까락(숟가락)'도 '숟:가락', '젓까락(젓가락)'도 '젓:가락'으로 해야 하나?

– 농수산물 까격(농수산물 가격). 아파트 까격(아파트 가격)도 '~가격'으로 발음하는 방송인들. 그럼 '집깝슬(집값을)'도 '집:갑슬'로 해야 하나? 어느 사람은 '집가블'로 하더군.

"한 개씩 두 개씩… 다섯깨씩 여섯깨씩"도 "다섯:개씩 여섯:개씩"으로 해야 하나?

– '산끼슬게(산기슭에)'를 '산:기슬게', '산꼴(산골)'을 '산:골'로 발음하는 아나운서… 그럼 산골짝의 다람쥐 아기 다람쥐라는 노래를 '산꼴짝의 다람쥐'라고 하지 않고 '산골짝의 다람쥐'라고 해야 하나?

– 먹꺼리(먹거리)도 먹:거리? 지필묵의 거리인가? 그럼 길꺼리(길거리)도 길:거리? 태극끼(태극기)도 '태극:기'국가(국까)도 '국:가'물가(物價물까)도 '물:가'로 발음해야 하는가?

물가(물:까)는 호수나 시냇물의 가장자리를 뜻하는 것으로서 이것도 바른 발음은 '물:가'가 아니라 '물:까'인 것이다.

– SBS 뉴스에서 외국인 은행털이 강도사건 보도에서 이 모 기자는 '돈까방'을 계속 '돈:가방'이라고 하더니 나중에는 '돈까방'이라고 했다.

'돈:가방'이라고 하니 가방이 돌았다는 뜻으로 들렸다. 그리고 '책까방, 서류까방, 여행까방, 손까방'으로 발음해야 할 것을 글자대로 '책:가방, 서류:가방, 여행:가방, 손:가방'으로 발음하려면 얼마나 어색한가를 금방 알 수 있다.

– MBC TV 「전파견문기 퀴즈 순수의 시대」에서 꼬마 마술사 홍○○가 연필을 휘게 한다고 하면서 이 아무개 개그맨에게 '콘끼름'좀 발라 달라고 하자 이씨는 "'콘끼름'이 아니고 '코기름'이야"라고 했다. 딴에는 바르게 고쳐주려는 의도로 보이나 잘못된 지식으로 오히려 국어에 혼란을 만들었다. 어린이들은 자연스럽게 우리말을 제대로 발음하는데, 어른들이 아니 대다수 방송인들이 국어순화라 하여, 모든 것을 의식적으로 글자대로 발음을 하고 있는데, 제발 우리말을 제대로 알고 발음해 주었으면 한다.

– 문화방송 임 아무개 방송인은 '산낄(산길)'을 '산:길'로 발음했는데 무슨 살아온 길인가? 그럼 "눈낄(눈길), 봄낄(봄길), 가을낄(가을낄), 오솔낄(오솔길), 사이낄(사이길), 바다낄(바다길), 해안낄(해안길), 뚝빵낄(둑방길)"도 글자대로 "눈:길, 봄:길, 가을:길, 오솔:길, 사이:길, 바다:길, 해안:길, 뚝방:길"로 발음해야 하는가?

– 2010년 1월 5일 눈이 엄청 많이 와서 교통이 마비되고 통제된 길도 많았다. 이러한 것을 보도하는데, KBS 김 모 기자는 "삼청동:길, 인왕산:길, 북악싼:길"이 통제됐다고 발음했는데, 이는 "삼청동낄, 인왕산낄, 부각싼낄"로 해야 한다.
그렇다면 "하늘낄(하늘길), 바다낄(바다길), 출근낄(출근길), 퇴근낄

(퇴근낄), 눈낄(눈낄), 빙판낄(빙판낄), 귀가낄(귀가낄)"도 글자대로 발음해야 한다는 말이 된다. 그러나 이것들을 "하늘길, 바다길, 출근길, 퇴근길, 눈길, 빙판길, 귀가길"로 발음하는 방송인들은 하나도 없었다. 그런데 언제부터인가 '눈길, 빙판길'로 발음하고 있으니 정말 한심하기 짝이 없구나.

이러한 현상은 글자대로 발음하는 것이 국어순화라고 잘못 알고 있기 때문이고, "합성어는 휴지를 두고 각 단어대로 발음해야 한다"는 규정 때문에 일어나고 있다. 예를 들면, "눈이 500미리가량 올 것이다"를 "눈이 오뱅미리까량 올꺼시다"라고 해야 할 것을 "눈이 오뱅미리까량 올거시다"라고 발음했고, "구멍까게(구멍가게), 유류까격(유류가격), 이럴경우 저럴경우(이럴경우 저럴경우)"도 글자대로 "구멍:가게, 유류:가격, 이럴:경우 저럴:경우"로 발음하고 있다.

– '어름꾸멍(얼음구멍)'을 '어름:구멍'으로 발음하는 어느 기자, 그럼 '똥꾸멍(똥구멍)'도 '똥구멍', '코꾸멍(코구멍)'도 '코:구멍', '귀꾸멍(귀구멍)'도 '귀:구멍', '눈꾸멍(눈구멍)'도 '눈:구멍', '바람꾸멍(바람구멍)'도 '바람:구멍', '문꾸멍(문구멍)'도 '문:구멍'으로 발음해야 한다는 논리가 성립된다. 그러나 현실음은 모두 된소리로 발음하고 있다.

– SBS 모닝와이드 "송○○의 세상 속으로"에서 안성 풍산개에 대한 방송을 했다. 개를 기르는 사람이나 주민들은 모두 '풍산깨'라고 발음하는데 리포터인 송씨는 처음부터 끝까지 '풍산:개'라고 발음했다. '진도개'가 '진도깨'로 발음된다고 하여 '도'자에 사이시옷을 넣어 '진돗개'로 쓴다.

그리고 '진돈깨'라고 발음이 된다. 그런데 '풍산개'도 '풍산깨'로 발음은 된다. 하지만, 표준어 기준에 따라 '풍산개'의 '산' 자에다 사이시옷을 넣어야 하는데 그렇게 할 수 없다. 그래서 '풍산:개'로 발음할 수밖에 없다는 생각이 든다. 하긴 어느 방송인은 '진도깨'도 '진도:개'라고 글자대로 발음하는 사람도 있다.

이미 '진돗개'나 '풍산개'는 원산지 개념보다는 합성어로 사용되고 있기 때문에 된소리로 발음해야 한다.

– KBS2 「도전 주부가요스타」 진행자 김 모 아나운서는, "어머니에게 쓰신 글귀가…"에서 '글:귀'라고 글자대로 발음하였는데, 그것은 잘못된 발음이다. '글뀌'라고 발음해야 한다. 일부 방송인들이 '문꾸'라고 발음해야 할 '문구(文句)'를 '문:구'라고 발음하더니 이제는 '글뀌(글귀)'까지도 '글:귀'라고 발음을 하니 참으로 한심한 일이다. '문:구'라고 발음하게 되면, 문방사우인 '문구(文具)'가 되는 것이고, '글:귀'라고 발음을 하면 '글의 귀'가 되는데, 아니 무슨 글자에도 귀가 있단 말인가?

– '광끼(광기,狂氣)'를 글자대로 '광기'로 발음하는 방송인들. 그럼 "인기배우, 인기가수, 인기상"도 '인끼배우, 인끼가수, 인끼상'으로 발음하지 말고, 글자대로 '인기배우, 인기가수, 인기상'으로 발음해야 하는가? 참으로 이 일을 어찌해야 한단 말인가?

– MBC 김ㅇㅇ가 진행하는 「세계는 지금 그리고 우리는」 프로에서 김 아무개라는 사람이 부동산 정책에 관한 보도를 하면서 '부동산 가격'을

글자대로 발음했는데, 그 말은 잘못된 발음이다. '부동산 까격'으로 발음해야 한다.

'유류까격(유류가격)'도 '유류:가격'으로 '서규까격(석유가격)'도 '서규:가격'으로 발음하는데, 그럼 '유류까(유류가)'도 '유류:가'로 '서규까(석유가)'도 '서규가'로 발음해야 한단 말인가?

그렇다면 '도매까'도 '도매가'로, '소매까'도 '소매가'로 '상한까, 하한까'도 '상한가, 하한가'로 발음해야 하나? 그러나 "유류가, 서규가, 도매가, 소매가, 상한가, 하한가"로 발음하는 사람은 없었다.

어느 방송인은 '담배값'을 '담배갑'으로 발음했는데, 그럼 "쌀값, 땅값, 술값, 떡값, 물값, 고기값"도 "쌀깝, 땅깝, 술깝, 떡깝, 물깝, 고기깝"으로 발음하지 말고, 글자대로 "쌀갑, 땅갑, 술갑, 떡갑, 물갑, 고기갑"으로 발음해야 하나?

또한 '구멍가게'를 '구멍까게'가 아닌 '구멍:가게'로 발음하고 있는데, 그렇다면 "쌀까게(쌀가게), 담배까게(담배가게), 연탄까게(연탄가게), 채소까게(채소가게), 생선까게(생선가게)"도 "쌀:가게, 담배:가게, 연탄:가게, 채소:가게, 생선:가게"라고 글자대로 발음해 보라. 듣기에 얼마나 어색한가. 그보다 더 문제가 되는 것은 그렇게 발음하기 위해서는 발음하기 전에 발음기관이 긴장해야 한다는 것이다. 자연스런 발음이 아니라는 말이다. 마치 외국인이 발음하는 원리와 같다. 모두 '~까게'로 발음해야 한다.

— SBS 드라마 「강남 아줌마 따라잡기」 재방송에서 해설자는, 아들이 자살하자 전원주택으로 이사했다. 강가에 위치한 그 전원주택을 설명하면서, '강까'로 발음해야 하는 것을 글자대로 '강:가'로 발음했다. '강가'는

'강씨', '강:까'는 물이 흐르는 강의 가장자리인데, 물이 흐르는 '강가'를 글자대로 '강:가'라고 발음한다. 정말 한심한 방송인들이다. 그럼 "물가, 무덤가, 냇가, 바닷가"도 '물:가, 무덤:가, 낻:가, 바닫:가'로 발음해야 하는가? 아니다. "물:까, 무덤까, 낻:까, 바다까"로 발음해야 한다.

특히 요즘 뒤의 말이 된소리로 발음되면 사이시옷을 넣는다. '강까'로 발음하려면, 표기를 '강'짜에 사이시옷을 넣어야 한다. 하지만 그렇게는 하지 못한다. 그러니까 글자대로 '강:가'로 발음하게 되는 것이라고밖에 볼 수 없다.

– SBS 「미안해 사랑해」. 수퍼우먼 아내의 희생 1부. 해설자와 진행자 여자가 이런 말을 나눈다. "남편의 늦깎이 대학생활 때문에"라고 하면서 '늗까기'라고 발음하고, 어제 즉 2008년 마지막 날 올 한 해 인기 가요 2위를 한 가수를 "50이 넘어 데뷔한 늦깎이 가수"라고 소개한다. 그러면서, '늦깎이'를 '늗까기'라고 발음했는데, 그 말 역시 잘못된 발음이다. '늗깍끼'라고 해야 한다.

※ 참고 : – '깎이'가 '까끼'로 발음되는 것
〈표준 발음법〉 제13항: 홑받침이나 쌍받침이 모음으로 시작된 조사나 어미, 접미사와 결합되는 경우에는, 제 음가대로 뒤 음절 첫소리로 옮겨 발음한다.

– MBC 「지금은 라디오 시대」에서 어느 남자가 캠페인인가를 하는데, '무조건적인 사랑'이라는 말을 '무조건저긴'이라고 글자대로 발음하였

다. 참으로 한심한 일이다. '무조껀저긴 사랑'으로 발음해야 한다.

— 십쌈개꿔녁(13개 권역)으로 발음해야 하는 것을 '십:삼개:궈녁'으로 발음함. 그렇다면 "중부권, 호남권, 영남권" 등도 글자대로 발음해야 하는가? 아니다. "중부꿘, 호남꿘, 영남꿘"으로 발음해야 한다. 그런데 '태풍권역에 들어간 지역'에서 '태풍권역'의 발음도 글자대로 '태풍:궈녁'으로 발음했다. 그렇다면 요즘 대학에서 '수강권'을 사고 파는 학생들이 있다고 하는데, 여기서 '수강권'도 '수강꿘'이 아니라 '수강:권'으로 발음해야 하나?

그리고 뉴스 제목에 '한반도 평화 체제 논의 가시권'에서 '가시권'도 '가시꿘'이 아닌 '가시:권'으로 발음한다. 그럼 "증권, 예매권, 초대권. 수도권"도 글자대로 발음해야 하나? 아니다. "증꿘, 예매꿘. 초대꿘. 수도꿘"으로 발음해야 한다.

— 화재 현장에서 어느 소방관이 불구덩이 속으로 들어가는 것을 보고, 사진 찍은 것이 1위라고 하는 방송에서 그것을 설명하는 해설자는, '불:구덩이소그로'라고 발음했다. 바른말은 '불꾸덩이쏘그로'라고 해야 하는데, 그럼 '물구덩'이도 '물꾸덩'이라고 하지 말고 '물:구덩'이라고 해야 하는가?

— MBC 「고향은 지금」에서 어느 리포터는 '민물꼬기(민물고기)'를 '민물:고기'라고 발음하였는데, 그럼 '물꼬기(물고기)'도 '물:고기'라고 해야 하는가? 물론 불고기는 '불고기'로 발음해야 한다. 그리고 '바다고기'도

'바다꼬기'로 발음해야 한다.

• '물꼬기(물고기)'에 관한 최찬식 선생님이 보낸 글

과연 '물 고기'는 '물꼬기'고 '불 고기'는 '불 고기'이군요. 만약 외국사람이 왜냐고 물으면, 대답할 수는 없으니… '물꼬기'는 아예 그렇게 써주는 것이 친절할 것 같은데… 어떻게 생각하세요?

• 최찬식 선생님의 글에 대한 오경자 선생님의 답글.(물꼬기)

"참 어려운 문제네요. 그렇다고 우리 맞춤법을 무시하고 아예 된소리로 표기할 수도 없고… 같은 사례들을 찾아보면서 생각을 해보기로 했습니다."

(예) 물고기:물꼬기, 물방울:물빵울, 물수건:물쑤건, 물길:물낄, 물살:물쌀, 물결:물껼, 물집:물찝, 물기둥:물끼둥, 물소리:물쏘리…

[결론] '물(水)'은 다음에 오는 자음을 된소리로 만든다.

어떻습니까? 큰 억지는 아닐 것 같은데… 학문적으로 정리된 건 본 적이 없습니다. 그러나 문법이라는 게, 언어 현실에서 추출해낸 규칙이라고 생각하면 저의 이런 작업도 무리는 아닐 것 같습니다.

– KBS 「진품명품」 해설자 윤○○는 "그림 가운데 시가 있고 시 가운데 그림이 있다. 시 속에 그림을 그리며 그림 속에 시를 쓰고"라는 말을 글자대로 '그림:가운데, 시:가운데'라고 발음했는데 잘못된 발음이다. 올바른 발음은 "그:림까운데 시:가인꼬 시:까운데 그:림이인따"이다. "시:쏘게 그:리믈 그리며 그:림쏘게 시:를 쓰고"라고 해야 한다.

어느 방송인은 '시:집(詩集)'을 단음인 '시집'으로 발음하여 '시부모가 사는 집. 또는 남편의 집안'의 뜻으로 들렸다.

– 뉴스를 진행하는 어느 방송인은, "어제는 눈이 엄청 많이 왔습니다. 그래도 얼음 밑에서는 봄기운이 움트고 있습니다"라고 말하면서 '(봄 끼운)'으로 발음해야 할 것을 글자대로 '봄:기운'으로 발음하고, 기자는 '봄끼운'이라고 바르게 발음했다.

– '국쑤가락(국수까락)'을 '국쑤:가락'으로 발음하는 방송인. 그럼 "손까락(손가락), 발까락(발가락)"도 글자대로 "손:가락, 발:가락"으로 해야 하는가?

– 사극에서 많이 나오는 '저자거리'를 연기자들이 글자대로 발음했는데, '저자꺼리'라고 해야 한다. 요즘은 표기를 '저잣거리'로 고쳤는데도 '저자:거리'로 발음한다. 그럼 작가만의 거리란 말인가?

– 문화방송 「지금은 라디오 시대」 "웃음이 묻어나는 편지" 중 '쌀까마(쌀가마)'를 글자대로 '쌀가마'로 발음했는데, 그럼 "보리가마, 소금가마, 모래가마"도 글자대로 발음해야 한단 말인가? 아니다. "보리까마, 소금까마, 모래까마"로 해야 한다.

– "너 그렇게 주먹구구식으로 할 거야?"에서 '주먹구구'는 '주먹꾸구'로 발음해야 하는데 '주먹:구구'로 발음했다.

- '마음꼬생'으로 해야 하는데 '마음고생'으로 발음했다. 그럼 '몸꼬생(몸고생)'도 글자대로 '몸고생'으로 해야 하는가?

- 십수 년 전에 운전면허시험을 보러 안산 면허시험장으로 갔는데 경찰들이 합격한 사람과 실격한 사람들에게 '합격'은 올바르게 '합격'으로 하면서 '실격'으로 발음해야 할 '실격'자에게는 '실격'으로 발음했다.

- "자연 보존권 지역"을 '보존권'으로 발음했는데 '보존꿘'으로 해야 한다.

- 중앙일보 사설 "신문 고시 왜 서두르나"에서… "무가지(無價紙)와 판촉물을 유료(有料)부수 기준으로 …"라고 쓰여 있는데 '무가지'를 '무까지'로 발음해야 되는데 글자대로 발음한다면 안 된다. 왜? '무가지'로 하면 '가지가 없다'는 뜻이 되니까.

　* 신문고시-신문업에서의 불공정 거래 및 불공정 행위에 대한 유형
　　　　　 및 기준
　　 무가지(無價紙)-돈을 받지 아니하고 공짜로 시중에 공급하는 신
　　　　　 문이나 잡지

- 껀쑤(件數.건수)를 건수라고 발음하는데 그것은 건수(乾水)로 장마 때 땅 속에 스미었던 빗물이 잠시 솟아 괸 물을 뜻한다. 그렇다면 호:쑤(호수.戶數)도 호수로 발음하여 보자, 그 말은 집의 수를 헤아리는 뜻이

아니라 물이 고여 있는 호수(湖水)를 뜻하는 것이다.

  – "이번 문제의 관건(關鍵)은 바로 그거야" '관건'으로 발음했는데 '관껀'이 바른말이다. "현대차 엔진 고장 수십 건 발생했다"에서 '수십 껀'으로 해야 할 것을 '수십 건'으로 발음했다.

  – '전투병과'를 '전투병과'로 발음했는데 '전투병꽈'로 해야 한다. 어느 방송인들은 "인사꽈장(인사과장), 수사꽈장(수사과장), 총무꽈장(총무과장)"도 글자대로 "인사과장, 수사과장, 총무과장"으로 발음하고 있다.

  – "눈이 많이 와서 아리랑고개 미아리고개 추풍령고개에 차량 통제가 됐다"라는 보도를 하면서 방송인들은 글자대로 발음했는데 바른말은 "아리랑꼬개, 미아리꼬개, 추풍령꼬개"라고 해야 한다. 그러나 '진고개'는 '진고개'라고 하지 '진꼬개'라고는 하지 않는다.

'⻐'에 관한 발음

유성음 다음에 오는 무성음이 유성음이 되지 않고 된소리로 나거나 폐색음(파열음이 파열되지 않은 상태) 다음에 오는 평음(平音)(예사소리)이 된소리로 나는 현상을 말한다.

'ㄱ·ㄷ·ㅂ·ㅅ·ㅈ'과 같은 평음(平音)이 'ㄲ·ㄸ·ㅃ·ㅆ·ㅉ'과 같은 된소리, 즉 경음(硬音)으로 바뀌는 음운 현상이며 경음화가 일어나는 조건은 다양하다.

※ 참고 : [답글] 국립국어원
　　　'둑'은 [둑]으로 발음합니다.

[재질문] '둑'은 '둑'으로 발음하는 것이 맞다고 하는데 그렇다면 "강둑, 밭둑, 논둑" 들은 어떻게 발음해야 하나요?

그것도 글자대로 '~둑'으로 발음해야 하나요?

우리 국민은 수많은 세월을 이제까지 '뚝'으로 발음해 왔다. 그것이 표준발음이고 '둑'이 맞다면 언제부터 '둑'으로 발음했으며, 왜 '둑'으로 발음해야 하는지 명쾌하게 답변해 주시기 바랍니다.

[답글] '강둑, 논둑' 등은 사잇소리 현상에 의해 [강뚝, 논뚝]으로 발음하는 것이 맞습니다. 그리고 '밭둑'도 된소리되기에 의해 [받뚝]으로 발음하는 것이 맞습니다. 그러나 '둑'이 단독으로 쓰일 경우에는 [둑]으로 발음하는 것이 맞습니다. 만약 이 경우에도 [뚝]으로 발음해야 한다면 표기도 '뚝'으로 고쳐야 할 것입니다.

'조금'을 [쪼금]으로 발음할 수 없듯이, '둑'으로 적기로 해놓고 [뚝]으로 발음할 수는 없습니다. 다만 다른 말과 합쳐져서 음운 변동 현상에 의해 [강뚝, 논뚝, 받뚝] 등과 같이 발음하는 것은 가능합니다.

※ '조금'을 '쪼금'으로 하면 안 된다. 그리고 '둑'은 '둑'으로 발음해야 한다고 한다. 그럼 '둑방'도 '뚝빵'으로 발음하지 말고 글자대로 '둑방'으로 발음해야 하는가?

'둑'은 어원이지 말이 아니다. 말은 '뚝'이고 헷갈리지 않게 어원을 살려 '둑'이라고 쓰지만 글자를 보고 읽을 때는 원래 말인 '뚝'으로 발음해야 한다.

옛날에는 '장미곶, 장미불휘'로 쓰이던 것이 언중에 발음이 사이시옷 때문에 '장미꽃, 장미뿌리'로 경음화되었다. 나중에 따로 쓰일 때에도 '꽃, 뿌리'로 쓰였다. 그렇듯이 '둑'도 '뚝'으로 쓰든지, 아니면 발음만이라도 '뚝'

으로 해야 한다.

※ 참고 : [답글] 국립국어원

늘 생활 속 우리말에 관심을 두고 의견을 주셔서 고맙습니다. 방송에서의 여러 가지 발음 문제를 지적하셨는데 '암살단'의 표준발음이 [암ː살딴]이니 '암살단'에 '–원'이 결합하여 된 '암살단원'은 한 단어로서 [암ː살따눤]으로 발음하는 것이 맞습니다. 그렇지만 '이번 주말', '이번 주'는 글자 수는 각각 '암살단원'이나 '암살단'과 같지만 모두 단어가 아니므로 각각 [이번주말], [이번주]로 발음해야 합니다.

그리고 '특검 법안'은 '특검 [관련] 법안'으로 볼 수 있으므로 [특껌버반], '특검법'은 [특껌뻡]으로 발음하는 것이 맞습니다만, 귀하께서 말씀하신 대로 본말로 각각 '특별 검사 법안'[특뼐검사버반], '특별 검사법'[특뼐검사뻡]으로 발음할 수도 있겠습니다.

'암살단', '특검법'은 파생어로서 한 단어이나 같은 글자 수라도 '이번 주'는 구이므로 서로 발음 방법이 달라집니다. '다음 달 말'이나 '이번 달 말'도 모두 단어가 아니므로 각각 [다음달말]이나 [이번달말]로 발음해야 합니다.

단어는 단독으로 된 것도 있지만 기존의 단어가 결합하여 새로운 단어로 굳어진 합성어도 있습니다. 구성이 비슷하더라도 그것이 단순히 두 단어가 나란히 있는 것인지 결합하여 두 단어가 결합하여 한 단어가 된 것인지에 따라 발음이 달라질 수 있습니다.

※ 정말 어이가 없네요. '이번주말, 이번주, 다음달말, 이번달말, 특뼐

검사버반'으로 발음하라고 한다. 그런데 문장은 알아보기 쉽게 각 단어대로 띄어 쓰라는 규정을 만들어 놓았다. 글자를 보고 읽을 때에는 쭉 이어서 발음해야 하지만 각 단어대로 발음하라고 하니 참으로 답답하네요. 그러다 보니 대다수 방송인들이 모든 것을 글자대로 발음하고 있지요.

– '이번주말'에 대한 오경자 선생님의 답글

말씀하신 내용 중, '이번주말'의 경우는 '이번+주말'과 '이번주+말'의 두 경우를 상정할 수가 있습니다.

앞의 경우는 '이번에 오는 주말'이라는 뜻으로, 예사소리로 발음해야 합니다. 그리고 뒤의 경우는 '이번주의 말'이라는 뜻이니 된소리 발음이 맞을 테고요. 그러니까 화자의 의도에 따라 발음이 다를 수 있다고 생각합니다.

※ 오경자 선생님의 의견에 동의합니다. 그러나 대다수 방송인들이 '이번쭈:말'로 해야 할 것조차도 '이번:주말'로 발음하고 있다는 것이 문제라고 봅니다. 또한 '이번딸:말'을 '이번:달말'로 발음하는 사람은 아예 없습니다. 그런데 국립국어원에서는 '이번:달말'로 해야 한다고 하니 참으로 답답합니다.

※ 방송인들이 잘못 발음한 사례

– 문화방송 캠페인 중 '일손이 딸리다'를 '일손이 달리다'라고 발음했는데, 이는 잘못된 발음이다.

일손이 달려가나? '달리다'는 마라톤 선수가 '달리다'라고 하는 것이지. 이제까지 부족하다의 뜻으로 사용하던 '딸리다'를 '달리다'로 발음한단 말인가?

– 드라마 '제중원'에서 주인공 남자와 다른 연기자들이 "밀도살은 안 합니다. 정 급하면 밀도살이라도 하든가"라는 말을 하는데 대다수 연기자들이 글자대로 '밀:도살'로 발음했는데 잘못된 발음이다. '밀'이 단음이기 때문에 '밀또살'로 발음해야 한다. 그러나 포청역의 연기자는 '밀또살'로 바르게 발음했다.

그렇다면 "밀쑤입(밀수입,密輸入), 밀쑤출(밀수출,密輸出), 밀까루(밀가루), 밀끼울(밀기울)"도 "밀:수입, 밀:수출, 밀:가루, 밀:기울"로 발음해야 하나?

그러나 "밀국수, 밀기름, 밀반죽"은 장음이기에 "밀:국수, 밀:기름, 밀:반죽"으로 발음해야 한다.

하긴 언젠가 "무엇이든지 물어 보세요"에서 "밀:가루, 고추:가루, 쌀:가루, 콩:가루"라고 글자대로 발음하던데, 이런 식으로 가다가는 모든 것을 글자대로 발음할 날도 멀지 않은 것 같다.

– KBS 「남북의 창」에서 모 기자는 북한 예술단과 북핵 사찰단에 관한 소식을 전하면서 '예술딴, 사찰딴'으로 발음해야 하는 것을 '예술단, 사찰단'으로 발음했다.

우리말에는 같은 글자라도 상황(종성)에 따라서 경음과 연음으로 발음된다는 것을 알고 우리말을 바르게 사용하기 바란다.

- '딴'으로 발음되는 것들 : 예술단, 창극단, 시찰단, 사찰단
- '단'으로 발음되는 것들 : 홍사단, 공연단, 파견단

– "눈도장 찍을려구요"에서 '눈또장'으로 발음해야 할 것을 '눈도장'으로 발음한다. "서류준비를 해야 하는데, 꼭 인감도장이 필요해"에서도 '인감또장'으로 해야 하는데, '인감: 도장'으로 하는 사람들이 아주 많아 졌다.

– 어느 방송인이 '문득문득'의 발음을 '문등문득'으로 했는데, '문뜽문뜩'으로 해야 한다. "문득 떠오르는 생각"도 글자대로 했는데, '문뜩 떠오르는 생각'으로 해야 한다.

※ 참고 : [질문] 국립국어원입니다.
[문등문득]에 대응하는 표기는 '문득문득'이고, [문뜽문뜩]에 대응하는 표기는 '문뜩문뜩'입니다. '문뜩문뜩'은 '문득문득'보다 센 느낌을 주는 말입니다.

– '둑'의 발음 : 옛날에는 냇갈 뚝, 강뚝에서 쌀삐래기를 뽑아 먹었었는데... 지금은 냇갈:둑, 강:둑에서 쌀삐래기를 뽑아 먹는다. 어느 외화에서 김모 성우는 "비보가 둑을 쌓는다"라는 대사에서 '둑'이라고 발음했다.

– 한우 고기집에 손님이 많이 온다는 뜻으로 "손님이 물밀 듯이 들어온다"를 말하면서 '물밀뜨시'라고 발음해야 하는 것을 '물밀드시'라고 잘못 발음했다. 또한 "일관되게, 문득, 다음단계, 외람됩니다만"도 방송인들은 글자대로 발음하는데, 이 또한 잘못된 발음이다. "일관뙤게, 문뜩, 다음딴계, 외람뙵니다만"으로 발음해야 한다.

– SBS TV 오후 8시 뉴스 황장엽 기자회견 시, 아나운서는 "1년 동안 침묵을 지키다 기자회견을 2시간 동안 했다"라는 말을 하면서 '일년똥안, 두시간똥안'으로 발음해야 할 것을 '일년:동안, 두시간:동안'으로 발음했고, MBC에서는 국회 파행 관련 소식을 전하면서 리포터는 '하루 동안 네차례…'를 말하면서 '하루똥안'으로 발음해야 하는 것을 '하루:동안'으로 발음했다.

'~동안'은 '~똥안'으로 발음해야 하는데도 불구하고 방송인들이 글자대로 발음하고 있는 것은 국립국어원에서 모든 것을 글자대로 발음하게 규정을 만들어서 그렇다.

– 반월당(半月堂)의 발음. (최찬식 선생님의 글)

여기 대구에 '半月堂 앞'이란 정거장이 있는데… 안내 방송 녹음 테이프는 늘 '반월당'이라 한답니다. '반월땅'이라 해야 옳은 데 말입니다. 한자(漢字) 음을 한자 한자씩 적으면 '반-월-당'인데, 말할 때는 '반월땅'이라 했지요.

그런데 요새 한자를 안 쓰고, 한글만 쓰니… '반-월-당'이라 발음을 해요… 한글 적기가 자연스런 발음을 변형시켜 버렸어요… !

요새 사람 발음, 한글을 따라 하는 것은 한자(漢字)를 모르니까… 전에도 말했지만. 한자(漢字)의 토로서는 매월당(梅月堂)이 '매월당'이 맞지요. 한 자, 한 자 토를 달면… 그러나 읽을 때는 '매월땅'으로 읽었지요. 요새는 한자는 모르고 토만 아니, '매월당'으로 읽을 수밖에! 한자(漢字) 어원(語源)을 가르쳐야 합니다.

– 전달에 비해서 이번 달에는 어떻다고 비교하는 뉴스에서 '전달(前月)'의 발음을 '전달'로 발음했는데 잘못된 발음이다.

'전:딸'로 발음해야 한다. '전달(傳達)'은 상대자에게 전하여 이르게 한다는 뜻이다. 이 글을 쓰고 있는데 KBS TV 뉴스에서도 서울시 의회활동비 삭감 부결이란 뉴스를 전하며 '이번 달부터 지급' 운운하면서 '이번 딸'로 발음해야 하는 것을 '이번:달'로 발음하니 참으로 한심한 일이로다.

"이번딸 물건깝시 전딸과 다르다"를 글자대로 "이번 달 물건 가비 전달과 다르다"라고 발음해 보라. 얼마나 어색한가!

– 일기 예보 시, 기온이 '칠또(7도)'라고 해야 할 것을 '칠도'라고 발음했는데 참으로 한심한 일이다. 이 또한 '도'를 숫자 뒤에 두고 발음하게 되면 '도'와 '또'로 발음되는 것을 알 수 있는데 글자대로 발음해야 되는 것으로 알고 무조건 '도'로 발음하는 방송인들이라니!

독도를 글자대로 '독도'라고 발음하는 사람이 있냐? '독또'라고 하지.

– 지적하신 말씀에 전적으로 공감합니다. KBS 9시 일기 예보 하는 여자는 기온을 말할 때 칠또 팔또 발음을 안 하는지 못 하는지 병신같이 칠:도, 팔:도 합디다. 우습지요?

– '신설똥'을 '신설동'으로 발음하는 방송인들

'동'을 무조건 '동'으로 발음하는 방송인들이 있는데, 이것 또한 잘못된 것이다.

• '똥'으로 발음되는 것 : 신설동, 명일동, 중곡동, 하월곡동

• '동'으로 발음되는 것 : 비산동, 중동, 문화동

'동'을 수자(數字) 뒤에 두고 발음하면 자연스럽게 경음과 연음으로 발음되는 것을 알 수 있다.

"일똥, 이동, 삼똥, 사동, 오동, 육똥, 칠똥, 팔똥, 구동, 십똥"

"한동, 두동, 석똥, 넉똥, 다섯똥, 여섯똥, 일곱똥, 여덜똥, 아홉똥, 열똥" 등이 그 좋은 예다.

– 밝아 오는 새아침 /농어촌 유통쎈타 김 아무개 대리가 (다른 방송인들도 그렇지만) "농수산물 가격 1500원에서 1600원대"에서 '천육빽원때'를 '천육빽원:대'로 발음하면서 '대'를 어거지로 길게 발음했다. 또한 '전시간때보다(전시간대보다)'를 '전시간:대보다'로 발음하는데, 그렇다면 "장뚝때(장독대), 축때(축대), 갈때(갈대), 펜때(펜대), 장때(장대)"를 글자대로 "장독:대, 축:대, 갈:대, 펜대, 장대"라고 발음해 보라. 얼마나 어색한지를 아시겠는가? 방송인들이여! 제발 우리말을 바르게 사용합시다.

– MBC 「여성시대」 진행자가 '은행똔(은행돈)'을 '은행돈'으로 발음했는데, 그럼 "회사똔(회사돈), 몫똔(몫돈), 개인똔(개인돈), 계똔(계돈), 노름똔(노름돈), 떡쌀똔(떡살돈), 공똔(공돈), 용똔(용돈), 세배똔(세배돈), 푼똔(푼돈)"도 글자대로 "회사돈, 몫돈, 개인돈, 계돈, 노름돈, 떡살돈, 공돈, 용돈, 세배돈, 푼돈"으로 발음해야 하나? 푼돈? 코를 푼 돈인가?

또한 노름판의 돈인 '판똔(판돈)'을 글자대로 '판돈'으로 발음하고 있는데 '판돈'은 물건을 판 돈인 것을….

– 교통방송에서 '고모땍(고모댁)'을 '고모댁'으로 발음했는데 그럼 '삼촌땍(삼촌댁), 숭모땍(숙모댁), 처가땍(처가댁), 외가땍(외가댁), 참판땍(참판댁), 사장님땍(사장님댁), 부장땍(부장댁)'들도 '~땍'이 아닌 '~댁'으로 발음해야 하나?

댁(宅)의 뜻은 댁 댁, 집 택인데 처가댁(妻家宅), 본가댁(本家宅), 외가댁(外家宅), 삼촌댁(三寸宅)과 같이 남을 높여 그의 집이나 가정을 이르는 말과, 김판서댁(金判書宅), 이장관댁(李長官宅)과 같이 벼슬 이름을 붙여서 그 사람의 집을 부르는 이름, 그리고 후처댁(後妻宅), 후실댁(後室宅), 과부댁(寡婦宅), 과수댁(寡守宅), 안성댁(安城宅), 청주댁(淸州宅), 처남댁(妻男宅)과 같이 아내를 이르는 말로서 발음은 모두 '~땍'으로 해야 한다. 그러므로 '고모댁'도 '고모땍'으로 발음해야 한다.

– 뉴스에서 홍제동 화제 사건으로 소방관 10명 사망 보도 시, 박모 기자는 '건물더미'를 앞에서는 3번이나 '건물－더미'라 하고, 나중에는 '건물떠미'라고 바르게 발음했다.

"쓰레기더미. 벽돌더미, 산더미, 흙더미"도 글자대로 발음해서는 안 되며, "쓰레기떠미, 벽똘떠미, 산떠미, 흑떠미"로 발음해야 한다.

어느 방송인은 '울돌목'을 글자대로 발음했는데, '울똘목'으로 해야 한다. 그리고 '엽전다발'도 글자대로 발음하고 있는데, '엽쩐따발'로 해야 한다. 역사스페셜에서 '을밀때'라고 해야 할 것을 '을밀대'로 발음했는데, 언젠가는 '철또(철도)'도 글자대로 '철도'로 발음할 날이 오겠지?

– '한강따리(한강 다리)'를 글자대로 발음한답시고 '한강:다리'라고 발

음하는 방송인들이 많은데 참으로 한심한 일이다.

동작대교는 '동작때교' 고속도로도 '고속또로'라고 바르게 발음하면서 왜 유독 한강다리만 연음으로 발음하는지 정말 딱한 노릇이다.

– MBC 뉴스에서 진행자가 영도따리(영도 다리)를 '영도:다리'로 발음했는데 이는 된소리로 하게 되면 '영돗다리'로 표기를 해야 하니까 그러는 것이 아닐까?

어느 노래 가사에 "영도다리 난간 위에 초생:달만 외로이 떴다"가 있는데, 노래할 때 글자대로 '영도:다리 난간 위에 초생;달만 외로이 떳따'라고 해보라. 얼마나 어색하고 부자연스러운가? '영도따리. 초생딸만'으로 발음해야 한다.

※ 이 글을 쓴 것은 오래전이다. 그런데 요즘 가수들이나 방송인들이 여전히 '영도:다리'라고 하고 있다. 국립국어원에서 만든 '다만'이란 규정 때문에 이제는 모든 사람들이 글자대로 발음하는 것이 국어순화인 줄 알고 있다. 이것이 문제이다.

– 나이를 이야기할 때 "열뚜살(열두살), 열따서쌀(열다섯살), 스물뚜살(스물두살), 스물따서쌀(스물다섯살)"을 "열:두살, 열:다서쌀, 스물:두살, 스물:다서쌀"로 발음하고 있다.

또한 "열뚜명, 열따선명, 스물뚜명, 스물따선명, 열뚜개, 열따섯깨, 스물뚜개, 스물따섯깨, 열뚜번째, 열따섯뻔째"를 "열:두명, 열:다선명, 스물:두명, 스물:다선명, 열:두개, 열:다섯개, 스물:두개, 스물:다섯개, 열:두번째, 열:다섯번째"로 발음하는 방송인들이여! 제발 우리말을 바르게 사용하시기 바랍니다.

– 명절이나 피서철에 교통에 관한 뉴스를 들으면 "어제저녁부터 비구름대가 몰려오더니 오늘은 장대비가 쏟아지고 있습니다. 경부고속도로 하행선 천안 부근에서 승용차와 봉고차가 추돌하여 사고가 났습니다.

승용차 운전수는 목이 꺾여 그 자리에서 사망했는데 목 받침대를 빼놓은 것이 원인이었습니다. 순찰대 차량이 현장에서 사고 수습을 하고 있는데 앞으로 상당한 시간이 걸려야 원할한 소통이 이루어질 것으로 보입니다."

위 문장에서 방송인들은 '어제쩌녁'을 '어제:저녁', '비구름때'를 '비구름:대', '장때비'를 '장대비', '경부고:속또:로'를 '경부고속:도로', '부:근'을 '부근', '사:고'를 '사고', '사:망'을 '사망', '목바침때'를 '목:바침대', '순찰때'를 '순찰대', '현:장'을 '현장'으로 된소리는 예사소리로 긴소리는 짧은 소리로 발음한다. **이 모든 것이 〈표준어 규정〉, 제2부 '표준 발음법, 제6장 제27항' 다만, 끊어서 말할 적에는 "예사소리로 발음한다"는 규정 때문이다.**

– KBS 퀴즈프로 진행자 아나운서는 "다음 단계로 넘어가겠습니다"는 말을 하면서 '다음딴계'라고 할 것을 글자대로 '다음 단계'라고 발음한다. SBS 퀴즈 프로에 남자 성우도 '일딴계'로 해야 하는데 '일:단계'로 말했다. 그렇다면 '팔딴계, 육딴계'도 '팔:단계, 육:단계'로 해야 하는가?

– SBS 퀴즈 프로에서 어느 성우는 '암덩어리'를 글자대로 발음했는데

'암떵어리'로 발음해야 한다. "기름덩어리, 얼음덩어리, 흙덩어리, 돌덩어리"도 "기름떵어리, 어름떵어리, 흑떵어리, 돌떵어리"로 해야 한다.

또한 "돌덩이, 눈덩이"도 "돌떵이, 눈떵이"로 해야 하고, '티켓다방'도 '티켇따방'으로 발음해야 한다.

− 어느 연기자가 "꿀단지를 숨겨 놨나? 왜 그렇게 빨리 가나?"라는 대사를 하면서 '꿀딴지'라고 해야 할 것을 글자대로 '꿀:단지'라고 했다. 마찬가지로 '보물단지, 술 단지'도 '보물딴지, 술딴지'가 올바른 발음이다. 또한 '아파트 단지'도 글자대로 하는데 '아파트딴지'로 해야 한다.

− MBC에서 '보람된(보람뙨)'을 '보람된'으로 발음했다. 또한 방송인들이 참된 사람을 글자대로 발음하는데 '참뙨사람'으로 해야 한다. 마찬가지로 '외람됩니다'도 '외람뙵니다', '잘못된'도 '잘못뙨', '일괄되게'도 '일괄뙤게', '진실된'도 '진실뙨'으로 해야 한다.

− 이 모 성우는 '알 다발'을 글자대로 발음했는데 '알따발'로 발음해야 한다. 그렇다면 '돈다발, 엽전다발'도 글자대로 해야 하나? '돈따발, 엽쩐따발'로 해야 한다.

YTN 신 모 기자도 '현금다발'을 글자대로 발음했는데, 이것도 '현금따발'로 해야 한다.

− 겨우내 밭에 있던 배추를 '봄동 배추'라고 하는데, 어느 방송인은 이것을 글자대로 발음했다. 올바른 말은 '봄똥배추'다. 봄동으로 만드는

음식이 "봄동 겉절이, 봄동 나물, 봄동 된장국, 봄동 요리, 봄동 된장무침" 등이 있는데, 이것들도 '봄똥'으로 하지 않고 '봄동~'으로 발음하면 엄청 어색할 것이다.

— 덕수궁 돌담길이 옛날에 청춘남녀들의 데이트 장소로 유명했다. 그런데 여기서 '돌담길'의 발음을 글자대로 발음하는데 된소리인 '돌땀낄'로 해야 한다. 'ㄹ' 다음에 오는 자음은 된소리로 발음해야 하기 때문이다.

나훈아는 '물레방아' 노래 가사 중 "돌담길 돌아서서 또 한번 보고"에서 '돌땀낄'로 발음했다.

— 어느 방송인은 "이번 추석에 보름달을 볼 수 있을까?"라는 말을 하면서 '보름딸'로 해야 할 것을 '보름달'로 발음했다. '초승달'도 '초승딸'로 해야 하지만 '반달'을 '반딸'로 하는 사람은 없다.

— 요즘 음식 소개하는 프로가 많은데, 어느 여자 해설자는 '밥도둑 게장'을 '밥:도둑: 게장'으로 발음했다. 반드시 '밥또둑게장'으로 발음해야 한다.

'ㅂ'에 관한 발음

앞 음절의 모음이 단모음일 경우와 끝소리가 'ㄹ'일 경우, 뒤에 오는 자음은 된소리로 발음된다. 그럼에도 불구하고 방송인들은 이를 무시하고 글자대로 발음한다. 그것이 곧 국어순화인 줄 알고 있는 모양이다.

'불뻡(不法,불법)'을 '불뻡'으로 발음하지 않고 '불법'이라고 한다. 그럼 술뻡(術法,술법), 율뻡(律法,율법), 검뻡(劍法,검법), 공뻡(空法,공법), 국뻡(國法,국법), 기뻡(技法,기법), 낙뻡(落法,낙법), 입뻡(立法,입법), 육뻡(六法,육법), 모뻡(母法,모법), 문뻡(文法,문법), 민뻡(民法,민법)들도 '~뻡'으로 발음하지 않고 '~법'으로 발음해야 할까? 또한 '술빱(술밥)'도 '술밥'으로 해야 할까?

여기서 법(法)이 글자 뒤에 올 경우, 경음(硬音)과 연음(軟音)으로 발음되는 것들을 더 알아보자.

■ 경음인 '뻡'으로 발음되는 단어들

검법(劍法), 공법(工法.公法), 국법(國法), 권법(拳法), 기법(技法.機法), 낙법(落法), 예법(禮法.例法), 논법(論法), 요법(療法), 육법(六法), 입법(立法), 모법(母法.模法), 문법(文法.聞法), 민법(民法), 병법(兵法.秉法), 불법(不法.佛法) 등이 있다.

혹자는 '불법(佛法)'은 연음으로 발음해야 된다고 하면서 '불:법'으로 길게 발음한다. 그런데 불(佛)짜가 단음이기 때문에 '불뻡'으로 발음해야 한다. '불법(不法)'도 단음으로 '불뻡'으로 발음해야 하는데도 불구하고 국립국어원에서 '불:법'으로 발음하게 만들었기 때문에 '불뻡(佛法.불법)'도 예사소리로 발음하게 된다.

비법(秘法.非法), 상법(商法.常法.相法.像法), 서법(書法.敍法), 설법(說法),세법(稅法), 수법(手法), 악법(惡法), 어법(語法.漁法), 용법(用法), 율법(律法), 작법(作法), 적법(適法), 전법(戰法.傳法.典法.錢法), 정법(正法.政法.定法), 주법(走法), 준법(遵法), 창법(唱法), 탈법(脫法), 편법(便法), 필법(筆法), 항법(航法), 해법(解法)(海法), 헌법(憲法), 형법(刑法), 화법(話法.畵法), 입법화(立法化), 종법사(宗法師), 합법성(合法性), 합법적(合法的), 구구법(九九法), 귀납법(歸納法), 기산법(起算法), 대입법(代入法), 독도법(讀圖法), 발상법(發想法), 변증법(辨證法), 보안법(保安法), 삼분법(三分法), 성문법(成文法), 속독법(速讀法), 십진법(十進法), 정공법(正攻法), 조세법(租稅法), 축지법(縮地法), 특가법(特加法), 표기법(表記法), 현행법(現行法) 등도 같은 맥락의 단어들이다.

■ 연음인 '법'으로 발음되는 단어들

고법(高法)(그러나 고법(古法.鼓法)은 경음이다.), 마법(魔法), 위법(違法), 지법(地法), 대법원(大法院), 대법관(大法官), 대법회(大法會), 사법관(司法官), 사법부(司法府) 등이 있다.

※ [질문] 국립국어원

성우 김 모 씨는 어느 프로에서 슬픈 눈물을 많이 흘린다는 뜻으로 '눈물바람'을 글자대로 '눈물:바람'이라고 발음했는데요. 맞을까요?

[답변] "눈물 바람"은 "눈물 빠람"으로 발음하는 것이 자연스러우나 "눈물 바람"으로 발음하는 것도 가능합니다.

[눈물바람 재질문] '눈물바람'을 '눈물:바람'"눈물빠람' 둘 다 맞다고 하는데 세상에 그런 경우가 어디 있습니까? 어느 하나가 올바른 표준발음이라야 하는 것 아닙니까?

[눈물바람 답변(국립국어원)] 지난번에도 말씀드린 바와 같이 구 구성에서는 뒤에 오는 예사소리는 된소리로도 발음할 수 있고, 예사소리로도 발음할 수 있기 때문입니다.

'눈물 바람'이 만약 한 단어, 즉 '눈물바람'으로 적히는 단어라면 [눈물빠람]으로 읽어야 하지만, 〈표준국어대사전〉을 기준으로 하면 이 말은 한 단어가 아니므로 두 가지 발음이 모두 가능하다고 본 것입니다.

※ 눈물바람이 합성어로서 한 단어임에도 불구하고 각기 다른 단어라고 하는데 그렇다면 뜻이 전혀 달라지는 것이 아닌가? 즉 눈물과 바람이지 어떻게 슬퍼서 흘리는 많은 눈물로 해석이 되겠는가?

우리의 맞춤법은 여러 단어로 된 말을 헷갈리지 않게 이어서 쓰지 않고 띄어 쓰게 한 것이다. 그렇다면 글을 보고 읽을 때는 단어와 단어를 띄어서 읽지 말고 이어서 읽어야 된소리인 바른말을 하게 된다.

− 오경자 선생님의 글

[서울#사람]도 맞고 [서울#싸람]도 맞다는 경우와 똑같습니다. 그렇지 않다고, 그러면 안 된다고 그렇게 알아듣게 말을 하는데도, 그냥 철벽입니다. 국립국어원 사람들은 모르긴 해도 모두 무쇠로 만든 사람들같습니다. 아니면 쇠귀(에 경읽기)든가, 아니면 말귀(동풍)든가.

※ 방송인들이 잘못 발음한 사례

− EBS 다큐 '논' 해설자는 '8월의 불볕더위'를 '팔월의 불볃더위'라고 발음했다. 표준어는 '불뼏떠위'다.

그럼 '해뼏(햇볕), 해삗(햇빛), 별삗(별빛), 달삗(달빛), 핻쌀(햇살)'등으로 발음해야 하는 것들을 글자대로 '햇:볃, 햇:빋, 별:빋, 달:빋, 햇:살' 등으로 발음해야 한단 말인가?

이는 '불뻡(불법)'으로 발음해야 하는 것을 국어순화 운운하면서 글자대로 '불법'으로 발음했기 때문이다.

− 강석, 김혜영이 진행하는 프로 〈신혼일기 코너〉에서 글 쓴 여자는 인터뷰할 때 신랑이 잠꾸러기라는 이야기를 하며 '잠뽀(잠보)'를 '잠보'라고 발음했다. 결국 국민들도 방송인들이 국어순화 운운하며 글자대로 발음하는 것을 보고 글자대로 발음하는 것이 바른말인 줄 알고 따라 하

기에 이르렀다.

– MBC TV 뉴스에서 기자는 '잠실벌'로, 아나운서는 '잠실뻘'로 발음했다. 인터뷰한 서 모 씨는 '대구뻘'을 '대구:벌'로 발음했는데, 그것은 잘못된 발음이다.

그러다 보니 '대구뻘(대구벌), 상암뻘(상암벌)'도 글자대로 '대구:벌, 상암:벌'로 발음하고 있다. 무슨 날아다니는 '벌'인가?

그럼 '뻘밭'도 '벌밭'으로 발음해야 하나?

허긴 얼마 전에 상영된 영화 '황산뻘'도 글자대로 '황산:벌'로 발음했는데 '벌'은 '넓은 들'을 뜻하는 명사로서 발음은 거센소리인 '펄'로 발음된다. 이 경우는 신기철·신용철이 펴낸 〈새 우리말 큰 사전〉에 나와 있다.

그러나 본인은 '펄'보다는 '뻘'로 발음하는 것이 좋다고 생각한다.

– 화재 현장에서 사망한 소방관 3명의 영결식 소식을 전하면서 "영결식장이 눈물바다가 됐습니다"라는 말을 한다. '눈물빠다'라고 해야 할 것을 '눈물:바다'라고 글자대로 발음하는 방송인을 보면서 근 30여 년을 국어순화 운운하면서 글자대로 발음하게 한 것이 이렇게 엄청난 우리말 죽이기가 됐구나 하는 생각에 그저 분통만 터지고 지하에 계신 세종대왕께서 통곡하고 계실 것이라 생각이 드네요.

더욱 한심한 것은 '우슴빠다(웃음바다)'도 글자대로 '우슴바다'라고 하고 있으니….

– 국립국어원의 영향을 받아서인지 서울방송 신 모 기자는 '신빠람

(신바람)'을 '신:바람'으로 발음했는데, 새로운 바람이란 말인가? 그렇다면 '봄바람, 가을바람, 겨울바람'도 '봄빠람, 가을빠람, 겨울빠람'으로 발음하지 말고 글자대로 발음해야 한다는 말이 아닌가?

　

－ 개그맨 배 모 씨가 '겨울삐(겨울비)'를 '겨울비'라고 발음했는데, 그럼 '봄삐(봄비), 쏘낙삐(소낙비)' 등도 글자대로 '봄비, 소낙비'라고 발음해야 하나?

박인수 작사 신중현 노래 '봄비'라는 노래가 있는데, 독자께서 직접 노래를 불러 보시면 '봄삐'로 해야 할지 '봄비'로 해야 할지 판단이 될 것입니다.

　

이슬비 내리는 길을 걸으면

봄비에 젖어서 길을 걸으면

나 혼자 쓸쓸히 빗방울 소리에 마음을

달래도 외로운 가슴을 달랠길 없네

한없이 적시는 내 눈위에는 빗방울

떨어져 눈물이 되었나 한없이 흐르네

봄비 나를 울려주는 봄비 언제까지

내리려나 마음마저 울려주네

봄비 외로운 가슴을 달랠길 없네

한없이 적시는 내 눈위에는 빗방울 떨어져

눈물이 되었나 한없이 흐르네

이슬비 내리는 길을 걸으면

봄비에 젖어서 길을 길으면
나 혼자 쓸쓸히 빗방울 소리에 마음을 달래도
달래도 외로운 가슴을 달랠길 없네
한없이 적시는 내 눈 위에는 빗방울
떨어져 눈물이 되었나 한없이 흐르네
봄비 나를 울려주는 봄비 언제까지
내리려나 마음마저 울려주네

※ 아마 '봄비'로 발음해야 한다면 '비빵울'도 '비방울'로 해야 할 것이다.

－ MBC 김 모 리포터는 "눈발이 휘날리고 있습니다"라는 말을 하면서 '눈빨(눈발)'을 '눈발'로 발음했는데, '눈'에도 발이 달렸나? 그럼 '서리빨(서리발－늦가을에 내리는), 돼지족빨(돼지족발)'도 '서리:발, 돼지족:발'로 발음해야 하나?

안도현 님의 시 '우리가 눈발이라면'이 있다.

우리가 눈발이라면
하늘에서 쭈뼛쭈뼛 흩날리는
진눈깨비는 되지 말자
세상이 바람 불고 춥고 어둡다 해도
사람이 사는 마을
가장 낮은 곳으로

따뜻한 함박눈이 되어 내리자

우리가 눈발이라면

잠 못 든 이의 창문가에서는

편지가 되고

그이의 깊고 붉은 상처 위에 돋는

새살이 되자.

위의 시에서 '눈빨(눈발)'을 '눈:발'로 발음하면서 한번 읽어보세요. 뜻도 달라지지만 과연 시다운 맛이 날까요?

- KBS 아침드라마 '찔레꽃'에서 점이 있는 아주머니가 아들에게 하는 말 중에 '일복이 많은 사람은...'에서 글자대로 '일:복'이라고 발음했는데, 맞는 것일까? 아니다. '일뽁'이라고 발음해야 한다.

그리고 뭐든 잘해서 상을 많이 받는 사람 보고 '상뽁(상복)'이 많다고 한다. 그렇다면 이것도 '상:복'이라고 발음해야 할까? '상복(喪服)'은 상중에 있는 상제나 복인이 입는 예복이다.

- 어느 방송인은 '개:발빠닥(개 발바닥)'을 글자대로 '개:발:바닥'으로 발음하고 '마루빠닥(마루바닥)'을 '마루:바닥'으로 발음했다. 그럼 '발빠닥(발바닥)'도 '발:바닥, 손빠닥(손바닥)'도 '손:바닥', '논빠닥(논바닥)'도 '논:바닥', '땅빠닥(땅바닥)'도 '땅:바닥', '길빠닥(길바닥)'도 '길:바닥'으로 발음해야 하나?

– MBC TV '일요일 일요일 밤'이라는 프로가 있었다. 전에는 분명히 '이료일이료일빰'에라고 발음했었는데, 언제부터인가 '이료일 이료일 밤'에라고 발음하고 있다. 이 또한 글자대로 발음하는 것이 국어순화인 줄 알고 있다. 그러다 보니 요즘은 '오늘빰'도 '오늘:밤' '어제빰'도 '어제:밤'으로 발음한다. '~밤'으로 발음하면 '알밤'과 같이 먹는 밤이 되는데, '일요일의 밤, 오늘의 밤, 어제의 밤'도 있나?

– MBC 생방송 '일요토픽'에서 '어느 형사의 죽음'이란 프로에서 여자 진행자는 '며칠빰(몇일밤)'으로 발음해야 할 것을 '며칠:밤'으로 하고, 어느 리포터는 '이시비릴빰(21일밤)'을 '이십이릴:밤'으로 발음했다.

– '해피투게더' 틀린 가사? 시청자들 항의 "표기야 돌부리가 맞지만 발음은 '돌뿌리'라고 해야 한다. 그걸 '돌부리'라고 발음하라고 하다니 어이가 없다." 그 뒤 방송된 KBS 2TV '해피투게더'가 쟁반노래방의 잘못된 표기 사용으로 시청자들의 빈축을 사고 있다. 이날 쟁반노래방의 도전곡은 '낭랑 18세'. 문제됐던 부분은 2절 첫 부분인 '팔짱을 끼고 돌부리 차며'였다. 이 부분을 담당한 이혁재는 돌부리를 '돌뿌리'로 불렀다. 이에 제작진은 틀렸다고 지적했다. 원래 표기대로 '돌부리'로 불러야 한다는 것이다. 출연자들은 '부'와 '뿌'의 차이가 뭐냐며 항의했지만 제작진은 원래 가사인 '돌부리'만을 인정했다. 심지어 정확한 표준어는 '돌부리'라고 강조하며 자막까지 내보냈다. 결국 출연자들은 '돌뿌리'를 '돌부리'로 발음해야 했다. 이에 대해 시청자들은 제작진이 지나치게 표기에 집중해 잘못된 판단을 한 것이라고 지적했다. 표기는 '돌부리'가 맞지만 발음상

으로는 '돌뿌리'가 맞다는 것이다.

－ 한 시청자(ngc244)는 "사전에 찾아 보니 발음은 '돌뿌리'가 맞다"며 "노래는 발음대로 불러야 하는 것 아닌가"라고 반문했다. 또 다른 시청자(lwh77) 역시 "뒷말의 첫소리는 된소리로 발음하는 게 당연하다"며 구체적인 예까지 들어가며 제작진의 실수를 질타했다. 시청자들의 이런 반응은 작은 실수를 문제 삼는 민감한 반응으로 치부할 수 있다. 하지만 평소 쟁반노래방이 정확한 가사전달과 표준말을 강조해 왔던 점에 비추어 보면, 충분히 가능한 지적이다. (TV리포트 진정근 기자)

1975년 삼성출판사에서 펴낸 신기철·신용철 편저 《새 우리말 큰사전》에도 "돌:－부리(－뿌－) 명사, 묻힌 돌멩이의 땅 위에 내민 뽀족뽀족한 부분"이라고 되어 있다.

'부리'로 발음하면 새나 짐승의 주둥이를 뜻하는 것인데 '돌부리'라고 발음하면 돌의 주둥이가 되는데, 돌에도 주둥이가 있나?

※ 받침 'ㄹ' 다음에 오는 자음은 대체적으로 된소리로 발음된다는 것을 모르기 때문이 아닐까.

－ 법원에서 정치인이나 재계인들이 범법을 했을 때 처벌하는 형량이 보통사람들보다 약하다는 표현을 '솜방망이 처벌'이라고 한다. 그때 글자대로 '솜:방망이 처벌'로 발음하는데, '솜:빵망이 처벌'로 발음해야 한다. 또한 '솔방울'을 '솔:방울'로 발음하는데, 이것도 잘못된 발음이다. '솔:빵울'이 올바른 발음이다. 그럼 '물방울(물빵울)'도 '물:방울'로 발음해야 하는

가? 이뿐이 아니다. 요즘 방송인들이 발음을 보면 무슨 글자대로 발음하기 경연대회라도 하는 것 같다. 참으로 한심하다. 국어순화가 글자대로 발음하는 것으로 착각하고 있으니 말이다.

– SBS 연기시상식에서 모 연기자는 '우정상을 타실 분은…'이라고 하면서 '타실뿐'으로 발음해야 할 것을 '타실:분'으로 발음했다. 이 또한 잘못된 발음이다. '마을분들'도 '마을뿐들', '동네분들'도 '동네뿐들', '이웃분들'도 '이운뿐들'로 해야 하는데, 이것도 글자대로 "마을분들, 동네분들, 이운분들"로 해야 한단 말인가?

– KBS "날개 잃은 천사 솔이"라는 프로에서 해설하는 성우 송 아무개는 "솔이 엄마의 허리병 때문에 운전을 배운다"라는 말을 하면서 '허리뺑'으로 발음해야 하는데 '허리:병'으로 발음했다. 그렇다면 "머리병, 다리병, 상사병"도 "머리뺑, 다리뺑, 상사뺑"으로 하지 말고 글자대로 발음해야 한단 말인가?

무슨 노래인가에 "나를 버리고 가시는 님은 십리도 못 가서 발병난다"라는 가사가 있는데 여기서 '발병'도 글자대로 해야 하나? 아니다. '발뺑'으로 해야 한다. 발병은 발병(發病)으로서 병이 난다는 뜻이다.

또한 '병(瓶)'을 뜻하는 '술병, 맥주병, 소주병, 양주병'도 "술뺑, 맥쭈뺑, 소주뺑, 양주뺑"으로 발음하지 말고 글자대로 "술:병, 맥쭈:병, 소주:병, 양주병"으로 발음해야 하는가?

– MBC 아침드라마 "내 곁에 있어"에서 정 모 연기자는 딸이 물건

을 많이 사왔다고 "또 봄병이 도졌네"라고 했다. '봄뼝'으로 해야 할 것을 '봄:병'이라고 발음했기 때문이다.

– 나 모 연기자는 '사거리 금은방에서'라는 대사를 하는데, '금은방'이라고 글자대로 발음했다. 어느 아나운서는 '솔방울'을 글자대로 '솔방울'로 발음했다. 올바른 발음은 "금은빵, 솔빵울"이다. 그렇다면 "물방울, 이슬방울"도 글자대로 발음해야 하나? 아니다. "물빵울, 이슬빵울"로 발음해야 한다.

어린이들이 좋아하는 비누방울 놀이가 있는데 이것도 '비누빵울'로 하지 말고 '비누방울'로 해야 할까?

– KBS 창사 방송에서 일본에 특파된 여자 방송인은 '온돌방'을 글자대로 발음했지만 '온돌빵'으로 해야 한다.

마찬가지로 "구들방, 모텔방, 호텔방, 머슴방"도 "구들빵, 모텔빵, 호텔빵, 머슴빵"으로 발음해야 한다.

– SBS SOS 프로에서 지체 장애자 모자(母子)를 취재 방송하면서 두 사람을 시설로 옮긴 후 "무엇보다 말벗이 생겨 좋다"라고 방송하면서 '말뻿'이라고 해야 하는 것을 '말:벗'이라고 발음했다.

– '돈뻘네(돈벌레)'라고 발음해야 하는데 '돈:벌네'라고 하는 방송인들이 있다. 그럼 '좀벌레'도 '좀뻘네'라고 하지 않고 '좀:벌네'라고 해야 하나? '돈:벌네' 하면 '돈을 벌 것이냐?'라는 뜻이 되고, '좀:벌네'라 하면 '좀 벌

것이냐?'라는 뜻이 된다.

− 피겨선수 곽민정이 급부상했다고 하면서 '급뿌상'이라고 해야 할 것을 '급:부상'으로 했다. 또한 "일본 야스쿠니 신사 A급 전범 분사론이 급부상"이라는 뉴스를 하면서 '급뿌상'으로 발음해야 하는데 '급:부상'으로 했다. 이는 올바른 발음이 아니다.

− 학생들이나 선생님 다 같이 좋아하는 장면이 있다. 곧 방학이다. 그런데 '여름빵학(여름방학)'을 '여름:방학'으로 발음하는 방송인들이 있다. 그럼 '봄빵학(봄방학), 겨울빵학(겨울방학)'도 봄:방학, 겨울:방학으로 해야 하나? 하긴 '깜빵(감방)'도 '감방'으로 발음하라고 하니 참으로 한심하다.

− 봄이면 산으로 들로 나들이하는 사람들이 많다. 그래서 봄에 산불이 많이 일어난다. 그런데 산불에 관한 보도를 하는 방송인들이 '산불'을 글자대로 발음하고 있다. '산뿔'로 발음하는 것이 올바른 말이다. 여기서 하나 더 '산비탈'도 글자대로 '산삐탈'이 바른말이다.

− 정부에서 잘못하면 국민들이 시위를 한다. 이를 규제하는 집시법이 있다. 그래서 집시법 위반이라고 하는데, 이때 '집시뻡'이라고 해야 할 것을 '집시법'으로 발음한다. 그렇다면 "특별뻡(특별법), 특검뻡(특검법), 검사뻡(검사법), 변호사뻡(변호사법), 조세뻡(조세법)"도, "특별법, 특검법, 검사법, 변호사법, 조세법"으로 발음해야 하나? 하긴 일부 방송인들이 여전히 글자대로 발음하고 있으니 할 말을 잊는다.

– 경제매거진M 진행자 권 모 씨는 "봄바람 부는 봄바다로 가서…"라고 말하는데, '봄빠람, 봄빠다'라고 해야 할 것을 '봄:바람, 봄:바다'로 발음했다.

– 금년에는 장마가 근 한 달 이상이나 지속되면서 지겹게도 비가 내렸다. 방송이나 신문에서 '장마비'의 표기를 '장맛비'로 하고, 발음 또한 '장맏삐'라고 '맛'에 더욱 힘을 주어 된소리로 발음한다. 정말 왜들 이러는지 모르겠다.

올바른 표기는 '장마비'요, 올바른 발음은 '장마삐'이다. 원래 오래 전에는 '장마비'로 표기하고 발음도 '장마비'라고 했었다. '비'가 '삐'라로 된소리로 발음된다. 그래서 '마'에 사이시옷을 넣는다면 이거야말로 우리말, 즉 발음도, 어원도 무시한 참으로 잘못된 처사이다. 무슨 된장 고추장 맛이란 말인가?

특히 '오늘빰(오늘밤)'을 '오늘:밤' 오늘쩌녁(오늘저녁)'을 '오늘:저녁' '여름빵학(여름방학)'을 '여름:방학' 등으로 발음하고 있는데 이것 역시 "빰, 쩌녁, 빵학"으로 발음하게 하려면 표기를 사이시옷을 넣어서 "오늦밤, 오늦저녁, 여름ㅅ방학(름의 ㅁ옆에 ㅅ)"으로 해야 하니까 글자대로 발음하게 하는 것이다.

글자대로 발음하게 하려고 "합성어는 휴지를 두고 각 단어대로 발음해야 한다"라고 해놓고 모든 것을 글자대로 발음하게 하고는 그렇다면 왜 '장마비'는 '장마:비'라고 하지 않는지 이것 또한 이해가 가지 않는 일관성이 없는 처사가 아닌가?

'식사뻡(식사법)'도 글자대로 '식사:법'으로 발음하라든지 '식삿법'으로 표기를 바꿔야 하는 것 아닌가?

– 오경자 선생님의 글

'장마비'처럼 이유 없이 된소리로 발음하고 있는 것들을 예사소리로 바로잡는 것이 국어순화의 내용이고 대상이어야 하는데, 국립국어연구원에서는 그걸 모르는 것 같습니다. 젊은 사람들이라서 그런지 아니면 학문이 달려서 그런지... 그러니 기준이 없고, 그러니 발음이 온통 뒤죽박죽되고 있는 거죠. 한마디로 한심한 양반들이죠.

– 스포츠 서울 클로즈업에 실린 "24시간 돈뼈락 감자탕 인기"라고 쓴 것을 보고 '돈벼락'이 '돈뼈락'으로 표준어가 바뀌었느냐? 바뀌었으면 왜 언제 바뀌었느냐고 질문한 것에 대한 답변입니다.

[답장(국어연구원)] 말씀하신 것처럼 '돈벼락'이 표준어입니다. '돈뼈락'은 소리 나는 대로 적은 잘못된 표기입니다.

※ 언론은 우리말과 글을 바르게 사용해야 한다. 왜냐? 많은 국민이 언론에서 쓰는 것을 올바른 표준으로 알기 때문이다. 이러한 현상은 국립국어원에서 글자대로 발음하고 글자대로 발음이 안 되는 것은 글자를 바꾸었기 때문에 이런 혼란스런 일이 일어났다.

– 오늘 아침에도 SBS 뉴스를 진행하는 아나운서가 "올봄 이사철을 맞이하여…"라는 말을 하는데, '올뽐'으로 발음해야 하는 것을 글자대로

'올:봄'으로 발음했다.

그러다 보니 "올까을(올가을), 올껴울(올겨울)"도 "올:가을, 올:겨울"로 발음하는 방송인들도 있다.

－ 연예인들이 시골에 가서 노는 프로에서 "장작불이 필요한게 아닐까요?"라고 하면서 '장작뿔'이라고 해야 하는 말을 '장작:불'이라고 하는 연예인. 그럼 '짚뿔(짚불)'도 '집불'로 해야 하나? 하긴 '산뿔(산불)'도 '산불'이라고 하고 있으니….

※ 이와같이 된소리로 발음해야 하는 것을 방송인들이 글자대로 발음하고 있는데도 국립국어원이나 해당 관련 부처들은 방관만 하고 있으니 이것은 직무 유기가 아닌가?

'ㅅ'에 관한 발음

방송인들이 '인간썽(인간성.人間性)'을 '인간성'으로, '공정썽(공정성.公正
性)'을 '공정성'으로, '설싸(설사)'를 '설사'로, '창쌀(창살)'을 '창살'로, '효율
썽(효율성.效率性)'을 '효율성'으로 발음한다. 그렇다면 '독썽(독성.毒性)'도
'독성'으로 해야 하나?

여기서 '성'이 같은 한자(漢字)이지만 '성'과 '썽'으로 발음되는 내용을
알아보자.

■ 성(姓)─성 성.
─ 연음인 '성'으로 발음되는 것 : 타성(他姓), 희성(稀姓), 동성(同姓),
개성(改姓).
─ 경음인 '썽'으로 발음되는 것 : 백성(百姓), 복성(複姓).

■ 성(性)-성품 성, 바탕 성, 연음인 '성'으로 발음되는 것

– 가성(假性), 감성(感性), 개성(個性), 건성(乾性), 경성(硬性), 관성(慣性), 근성(根性), 남성(男性), 내성(耐性), 여성(女性), 양성(兩性), 이성(異性,理性), 만성(慢性), 무성(無性), 본성(本性), 산성(酸性), 수성(水性), 심성(心性), 연성(軟性,延性), 오성(悟性,五性), 우성(偶性,優性), 유성(油性,有性), 음성(陰性), 지성(至性,知性), 자성(自性,雌性,資性,磁性), 진성(眞性), 천성(天性), 타성(惰性), 탄성(彈性), 품성(稟性,品性).

– 경음인 '썽'으로 발음되는 것 : 강성(强性)-요즘은 모든 것을 연음으로 발음하다 보니 '강썽'도 '강성'으로 발음하고 있는 것이 현실이다. 급성(急性), 당성(黨性), 덕성(德性), 독성(毒性), 열성(熱性,劣性), 속성(俗性)(屬性), 습성(習性), 식성(食性), 악성(惡性), 적성(適性,敵性), 감수성(感受性), 개연성(蓋然性), 가연성(可燃性,可練性), 공정성(公廷性), 국민성(國民性), 귀소성(歸巢性), 기동성(機動性), 기포성(起泡性), 내향성(內向性), 당위성(當爲性), 도덕성(道德性), 유동성(流動性), 민족성(民族性), 비적성(非敵性), 상대성(相對性), 선천성(先天性), 성실성(誠實性), 수용성(受容性)(水溶性), 수인성(水因性), 안전성(安全性), 외향성(外向性), 유연성(柔軟性), 융통성(融通性), 이중성(二重性), 일과성(一過性), 일회성(一回性), 잡식성(雜食性), 조심성(操心性), 조급성(躁急性), 주체성(主體性), 지속성(持續性), 진실성(眞實性), 출혈성(出血性), 취약성(脆弱性), 타당성(妥當性), 특수성(特殊性), 특이성(特異性), 함축성(含蓄性),

합법성(合法性), 합헌성(合憲性), 허구성(虛構性), 현실성(現實性), 회귀성(回歸性), 후천성(後天性), 효율성(效率性).

■ 그 외의 발음

실소유주=실쏘유주, 경찰서장=경찰써장, 귀곡산장=귀곡싼장, 다음 소식=다음쏘식, 닭살=닥쌀, 면할 수가 없다=면할쑤가없:따, 밀실인 사=밀씰인사, 불꽃속에서=불끋쏘게서, 볼 수가 없다=볼쑤가없:따, 사망자 수=사망자쑤, 사실상=사실쌍, 상대성=상대썽, 순수성=순수 썽, 중요성=중요썽, 증오심=증오씸, 손쓸새도 없이=손쓸째도없:씨, 실수요자=실쑤요자, 역발쌍=역빨쌍, 절실하다=절씰하다, 주가지수= 주까지쑤(지수로 하면 사람이름?), 차례상=차례쌍, 출사표=출싸표, 토시살=토시쌀, 특수성=특쑤썽, 총소리=총쏘리, 풀벌레 소리=풀벌 레쏘리, 학살=학쌀, 화물선=화물썬, 학살=학쌀,

※ 방송인들이 잘못 발음한 사례

－ 일본에서 지진이 일어나자 엄청난 해일이 밀려와 도시 전체가 쓸 려가고 원전이 폭파하여 방사능이 쏟아져 나오고 고농도의 방사성(放射 性) 물질이 검출되어 일본 국민이 공포에 떨고 있다.

이러한 소식을 전하는 방송인들이 '방사성(放射性)'을 발음할 때 어느 방송인은 예사소리인 '방사성'으로 발음하고, 어느 방송인은 된소리인 '방 사썽'으로 발음하여 어느 것이 바른말인지 국민들은 헷갈리고 있다.

'방사성'의 발음은 된소리인 '방사썽'이 바른말이다.

'방사썽'으로 발음해야 할 것을 '방사성'으로 발음해야 한다면 "사회성(社會性), 사치성(奢侈性), 유해성(有害性), 중요성(重要性), 문제성(問題性), 강제성(强制性)과 일관성(一貫性), 연관성(聯關性), 중독성(中毒性), 유행성(流行性)"도 글자대로 발음해야 한다. 그건 아니다.

"사회썽, 사치썽, 유해썽, 중요썽, 문제썽, 강제썽, 일관썽, 연관썽, 중독썽, 유행썽"으로 발음해야 올바른 발음값을 갖게 된다.

더욱 한심한 것은 앞에서는 '방사성'으로 하다가 뒤에서는 '방사썽'으로 하는 경우다.

하나 더 이야기하자면 일본에서 화산폭발이 일어나 화산재가 엄청나게 쏟아지고 있다. 여기서 '화산재'도 된소리인 '화산째'로 발음해야 하는데, 이 또한 예사소리인 '화산재'로 발음하는 방송인들이 더 많다.

그렇다면 이 틀린 발음을 바로잡을 순 없을까? 분명히 바로 잡을 수 있다고 본다.

방송통신심의위원회(방송언어특별위원회)와 국립국어원에서 방송국에 이야기하면 된다고 본다. 그리하여 각 방송국마다 바른말을 알리는 코너가 있는데 그 시간에 '방사성'이 아니고 '방사썽'이 바른말이라고 한다면 방송인들이 바르게 발음하지 않을 리가 없다고 본다.

그리고 방송국 엘리베이터 안 바른말 게시판에도 이와 같은 것을 써 붙인다면 누가 바르게 발음하지 않을 수 있겠는가?

그럼에도 불구하고 그대로 방치하고 있다. 그러니까 방송인 그들은 글자대로 발음하고 있을 수밖에 없다

– MBC 모 프로 진행자에게 보낸 글.

당시 국회의장인 김진표님이 부총리이던 시절 그와 인터뷰에서 진행자 님께서는 '법인세'를 글자대로 '법인세'라고 발음했는데 그건 잘못된 발음입니다. '법인쎄'로 발음해야 합니다. '증여세'는 '증여쎄'로 발음하시더군요. 김 부총리도 '법인쎄, 증여쎄'로 발음했습니다. 국립국어원에서 된소리로 발음해야 하는 것을 "끊어서 말할 때에는 예사소리로 발음하라"고 한다고 모든 것을 글자대로 발음한다는 것은 잘못된 것입니다. 우리말에는 같은 글자라도 상황에 따라서 경음과 연음으로 발음된다는 것을 아시고 우리말을 바르게 사용하시기 바랍니다.

"재산세, 지방세, 교육세, 물세, 증여세, 법인세, 매도세, 매수세, 산세, 자동차세"의 바른 발음은 '~쎄'로 발음해야 맞습니다.

– 다이어트하는 프로에서 어느 방송인이 "배살을 빼야 한다"를 글자대로 '배살'로 발음했는데, '뱃쌀'이 올바른 표준말이다. 그럼 "갈비쌀(갈비살), 목쌀(목살), 닥쌀(닭살)"도 "갈비:살, 목:살, 닥:살"이라고 글자대로 발음해야 하나?

어느 방송인은 "지나친 마케팅 때문에 눈살을 찌푸리게 한다"에서 '눈쌀'로 발음해야 할 것을 글자대로 '눈:살'로 발음하고 '급물쌀(급물살)'도 '급물살'로 발음했다.

– '퇴근 시간'을 '퇴근씨간'으로 발음해야 하는데, '퇴근:시간'으로 발음하는 방송인이 있다. 그럼 '출근 시간'도 '출근:시간' '근무 시간'도 '근무:시간'으로 발음해야 하나? "출근씨간, 근무씨간"으로 발음해야 맞다.

- SBS '순간포착 세상에 이런 일이' 해설자는 맹인이 보일러 등을 수리하고 가게에서 전기줄 같은 것을 팔 때 "본인만의 치수 재는 방법이 있다"라는 말을 하면서 '치쑤'라는 발음을 글자대로 '치수'라고 했는데, '치수(治水)'는 물을 다스린다는 뜻이다.

또한 '회쑤(회수,回數)'도 '회수'라고 하는 방송인이 있는데, '회수(回收)'는 "도로 거두어들인다"는 뜻이다. 그러므로 '회쑤'로 발음해야 한다.

- 해병대 소초 내무반에서 총기 사건을 일으킨 김 모 상병은 해병대의 고질적인 병폐로 꼽히는 '기수 열외'가 이번 사건의 원인이었음을 시사했다. 여기서 '기수(基數)'를 글자대로 발음하는 사람은 없을 것이다. '기쑤'라고 발음해야 한다. '기수'라고 하면 깃발을 드는 '기수(旗手)'나 경마장에서 말 타는 '기수(騎手)'를 뜻한다.

- SBS 부패추방 편에서 전경련 실장 이 모 씨는 공정썽(공정성), 공직썽(공직성), 일관썽(일관성)을 글자대로 "공정성, 공직성, 일관성"으로 발음했다. 이것은 방송인들이 그렇게 발음했기 때문에 그분도 그렇게 발음한 것이라고 본다. 그럼 "인간썽(인간성), 신뢰썽(신뢰성), 필요썽(필요성)"도 글자대로 "인간성, 신뢰성, 필요성"으로 발음해야 하는가?

- 협진 참돔어 CM에서 양 모 성우는 '문쏘리(문소리)'를 '문소리'라고 발음했다. 그럼 '판쏘리(판소리), 물쏘리(물소리)' 등도 글자대로 발음하란 말인가? '문소리'는 여배우 이름이 아닌가. 그런데 요즘에는 '판소리'도 글자대로 발음하는 사람들이 많아졌다. 그렇다면 소리를 판다는 말인가?.

– "제상(祭床)에 올린 제물"에서 '제상(祭床)'은 '제:쌍'으로 발음해야 한다. 그런데 글자대로 '제상'으로 읽으면 얼마나 부자연스러운지 알 것이다. '제쌍'으로 발음된다고 글자를 '젯상'으로 고치려 들지 않을까? 예상한 대로 결국 '젯상'으로 바꾸었다.

– '맛있다'는 '마싯따'로 발음해야 옳다. 그런데 '마디따'로 해야 한다고 주장하더니 아무래도 안 되겠던지 나중에는 두 개 다 표준어라고 했다. 그것은 번복을 하자니 체면이 서지 않으니까 그렇게 한 것뿐이다.

– 어느 방송에선가 방송인이 '옛:사람'으로 발음했는데, '옛싸람'으로 해야 한다.

또한 "우리 문화가 일본사람들의 마음을 사로잡는 이유는…"에서도 '일본싸람들'이라고 발음해야 한다. 그런데 글자대로 '일본:사람들'이라고 발음했다. 애국가를 부를 때 "대한 사람 대한으로 길이 보전하세"를 글자대로 발음해야 하나?

아니다. 우리는 그동안 이렇게 발음해 왔다. "대한싸람 대한으로 기리 보전하세"라고. 그럼 "미국사람, 독일사람, 마을사람, 동네사람, 서울사람, 부산사람, 외국사람, 세상사람"도 글자대로 발음해야 하나? "미국싸람, 도길싸람, 마을싸람, 동네싸람, 서울싸람, 부산싸람, 외국싸람, 세상싸람"으로 발음해야 한다.

– 양 모 성우가 어느 TV프로에서 "노인성 질환을 앓고 있는…"에서 '노인썽'으로 발음해야 할 것을 '노인성'이라고 글자대로 발음했다. 다른

방송인도 '신경썽(신경성)'으로 발음해야 할 것을 '신경:성'으로 발음했다. 이 모두가 글자대로 발음하게 만든 국립국어원의 잘못이다.

– "장마비에 강물의 물살이 세졌다"를 말하면서 '물쌀'로 발음해야 하는데, '물살'로 발음하고, '쎄져따'로 발음해야 할 것도 글자대로 '세겨따'로 발음했다. 어처구니가 없는 노릇이다.

– "순간포착 세상에 이런 일"이서 양 모 해설자는 돌기둥을 만들어 중국의 모 산을 절경으로 만든 사람을 취재 방송하는데, '숲쏙(숲속)'을 '숲:속', '제보쏙의 돌쌍(제보속의 돌상)'을 '제보속의 돌상'으로 발음했다.

그리고 남 모 기자는 '세계 속의 신라, 신라 속의 세계'를 글자대로 발음하고 '결산'도 글자대로 발음했다. 이 또한 '세계 쏘게 신라, 신라 쏘게 세계'라고 해야 하고, '결싼'으로 발음해야 한다. 그렇다면 다음과 같은 것들도 글자대로 '~속'으로 발음해야 하나?

"마음속에, 생활속에, 꿈속에, 물속에, 산속에, 숲속에, 무리속에, 몸속에, 입속에, 코속에, 머리속에, 귀속에, 눈속에, 배속에, 얼음속에, 궁중속에, 세계속에, 책속에, 모래속에, 자갈속에, 돌속에, 가방속에, 장롱속에, 책상속에, 설합속에, 된장속에, 배추속에, 김치속에, 집속에, 안개속, 만두속, 숲속, 땅속, 굴속, 관심속"을…아니다. 모두 '~쏙'으로 발음해야 한다.

– 방송인들이 "북핵 문제 실사단 파견, 평창 동계올림픽 실사단 도착"을 보도하면서 '실싸단'으로 발음해야 하는데, 글자대로 '실사단'으로

발음했다. 참으로 한심한 일이다. 이뿐만이 아니다. 창쌀(창살)도 창살, 중국싸람(중국사람)도 중국:사람, 울싼(울산)도 울산 등으로 발음하고 있다.

그렇다면 "실수(失手), 철수(撤收), 일수(一手), 할 수 있다"도 글자대로 발음해야 하나? 한번 글자대로 발음해 봅시다. 얼마나 어색하고 부자연스러운가? "실쑤, 철쑤, 일쑤, 할쑤잇따"로 발음해야 말의 맛이 살아난다.

– KBS '아침마당' 노래자랑 남자 사회자가 우승한 출연자의 어머니가 우시니까 "어머니께서 눈시울을 적시네요"라는 말을 하면서 '눈씨울'로 발음해야 하는데, '눈시울'로 글자대로 발음하였다. 그렇다면 '눈싸람(눈사람)'도 글자대로 '눈사람'으로 발음해야 하나? 하긴 경상도 사람들은 '눈싸움'도 '눈사움'으로 발음하지만… 그거야 사투리니까 빠져나갈 구멍이라도 있다.

– KBS 1TV 9시 뉴스 기자가 화재(火災)사건 보도시 '방범용 창살'을 글자대로 '창살'로 발음했다. 그러나 '창쌀'이 표준어다.

그럼 무슨 노래 가사인 '창살 없는 감옥인가?'도 '창쌀엄:는 가모긴가'로 하지 않고 '창살엄는 가모긴가?'로 해야 할까?

– 문화방송 라디오 9시 뉴스 "이질에 걸려 설사를 했습니다"에서 '설싸'라고 해야 할 것을 글자대로 '설사'라고 발음했다. 그럼 '실사(實事)를 해야 한다'도 '실싸'로 하지 말고 '실사'라고 글자대로 발음해야 하나?

문화방송 라디오 2시 신생아 사망 관련에서 '설싸(설사)'를 '설사'로 '감염썽(감염성)'을 '가몀성'으로 발음하고, 〈라디오 동의보감〉 동국대 전 아무개 교수도 '설싸(설사)'를 '설샤'로 발음했다.

　－ MBC 아침. 고향 찾아간 연기자 박ㅇㅇ는 "나의 결실을 보여 주겠다"라는 말을 하는데, '결씰'로 해야 할 것을 글자대로 '결실'로 발음했다. 그러나 같이 이야기를 나누던 사람은 바르게 '결씰'로 발음했다. '절실하다'도 '절씰하다'로 발음해야 한다.

'ㅈ'에 관한 발음

　대다수 방송인들이 '체증(滯症)'을 '체쯩'이라 안 하고, '체증'으로 말한다. 그렇다면 통쯩(통증,痛症), 불감쯩(불감증,不感症), 후유쯩(후유증,後遺症), 춘곤쯩(춘곤증,春困症), 중쯩(중증,重症), 불면쯩(불면증,不眠症), 갈쯩(갈증,渴症), 경쯩(경증,輕症), 염쯩(염증,炎症), 협씸쯩(협심증,狹心症), 건망쯩(건망증,健忘症), 수전쯩(수전증,手顫症), 식꼰쯩(식곤증,食困症), 실어쯩(실어증,失語症), 야뇨쯩(야뇨증,夜尿症), 야맹쯩(야맹증,夜盲症), 우울쯩(우울증,憂鬱症), 의사쯩(의사증,擬似症), 의처쯩(의처증,疑妻症), 자폐쯩(자폐증,自閉症), 진폐쯩(진폐증,塵肺症), 채독쯩(채독증,菜毒症), 충농쯩(축농증,蓄膿症), 패혈쯩(패혈증,敗血症), 편집쯩(편집증,偏執症), 합뼁쯩(합병증,合倂症), 현기쯩(현기증,眩氣症), 궁금쯩(궁금증) 들도 글자대로 '～증'으로 발음해야 할까? 특히 요즘 성인병 중 하나인 '뇌졸쯩(뇌졸증)'을 글자대로 '뇌졸증'으로 발음하는 사람은 없다.

　원음방송의 아나운서들이 법어를 낭송하고 '제8장'을 '제팔장'이라고 발음했는데, 그것은 틀린 발음이다. '제팔짱'으로 발음해야 한다.

여기서 한자로는 다르지만 '장'과 '짱'으로 발음되는 것을 살펴보자.

1. 장(帳) — 뒤장 장, 장막 장

   예사소리 : 통장(通帳), 기장(記帳), 대장(臺帳) : 장

   된소리 : 원장(原帳, 元帳) : 짱

2. 장(將) — 장수 장, 장차 장

   예사소리 : 노장(老將), 맹장(猛將), 명장(名將), 소장(小將), 선장(船將), 지장(智將), 무장(武將), 용장(庸將), 웅장(雄將) : 장

   된소리 : 일취월장(日就月將) : 짱

3. 장(長) — 긴 장, 어른 장

   예사소리 : 가장(家長), 계장(係長), 과장(課長), 교장(敎長), 기장(機長), 단장(團長), 이장(里長), 선장(船長), 소장(所長) : 장

   된소리 : 국장(局長), 역장(驛長), 읍장(邑長), 학장(學長), 조합장(組合長) : 짱

4. 장(章) — 글 장, 밝을 장

   예사소리 : 인장(印章), 지장(指章), 훈장(勳章), 규장각(奎章閣) : 장

   된소리 : 국장(國章), 악장(樂章), 일장기(日章旗), 체력장(體力章) : 짱

5. 장(場) — 마당 장, 곳 장

   예사소리 : 개장(開場), 광장(廣場), 교장(敎場), 구장(球場), 등장(登場), 전장(戰場), 형장(刑場), 백사장(白沙場), 무도장(武道場) : 장

   된소리 : 객장(客場), 극장(劇場), 입장(入場), 목장(牧場), 식장(式場), 직장(職場), 출장(出場), 백일장(白日場), 일장춘몽(一場春夢),

일장훈시(一場訓示) : 짱

6. 장(壯) − 장할 장, 굳셀 장

　예사소리 : 건장(健壯), 비장(悲壯), 웅장(雄壯) : 장

　된소리 : 노익장(老益壯) : 짱

7. 장(莊) − 장중할 장, 장엄할 장

　예사소리 : 산장(山莊) : 장

　된소리 : 별장(別莊) : 짱

8. 장(裝) − 꾸밀 장, 차릴 장

　예사소리 : 군장(軍裝), 남장(男裝), 무장(武裝), 위장(僞裝) : 장

　된소리 : 복장(服裝) : 짱

9. 장(掌) − 손바닥 장, 맡을 장

　예사소리 : 관장(管掌), 차장(車掌), 여반장(如反掌) : 장

　된소리 : 합장(合掌), 박장대소(拍掌大笑) : 짱

10. 장(葬) − 장사 장, 장사지낼 장

　예사소리 : 화장(火葬), 사장(社葬), 수장(水葬), 암장(暗葬) : 장

　된소리 : 국장(國葬), 합장(合葬) : 짱

11. 장(狀) − 문서 장, 형상 장

　답장(答狀), 영장(令狀), 면장(免狀), 상장(上狀), 소장(訴狀), 공개
장(公開狀), 연하장(年賀狀), 위임장(委任狀), 초대장(招待狀), 연
판장(連判狀) 등 모든 '장(狀)'은 '짱'으로 발음된다.

또한 '효율쩍(효율적, 效率的)'을 '효율적'으로, '산술쩍(산술적, 算術
的)'을 '산술적'으로, '다음 쭈(다음 주)'를 '다음주', '물쭐기(물줄기)'를 '물

줄기', '공통쩜(공통점, 共通點)'을 '공통점'으로 발음하는데, 이것도 잘못 된 발음이다.

■ 한글로는 같은 글자이나 한자가 달라 경음과 연음으로 발음되는 것들
병적(病的은 병쩍, 兵籍은 병적), 사적(史的,私的은 사쩍, 史籍,史蹟 은 사적), 성적(性的은 성쩍, 成績은 성적), 시적(詩的은 시쩍, 示寂 은 시적), 외적(外的은 외쩍, 外賊,外積,外敵은 외적), 정적(靜的은 정 쩍, 正籍,靜寂,情迹,政敵은 정적), 종적(縱的은 종쩍, 蹤迹은 종적).

■ '적'이 글자 뒤에 있을 때 경음(硬音), 연음(軟音)의 실태
– '적(的)'자 일 때 경음(硬音)인 '쩍'으로 발음되는 것들
광적(狂的), 극적(劇的), 내적(內的), 단적(端的), 양적(量的), 영적 (靈的), 목적(目的), 물적(物的), 법적(法的), 병적(病的), 사적(私的), 성적(性的), 수적(數的), 시적(詩的), 심적(心的), 암적(癌的), 외적 (外的), 정적(靜的), 종적(縱的), 지적(知的), 횡적(橫的), 가급적(可 及的), 개별적(個別的), 거국적(擧國的), 거족적(擧族的), 건설적(建 設的), 우발적(偶發的), 예술적(藝術的), 고식적(姑息的), 고답적(高 踏的), 다목적(多目的), 대국적(大國的), 도덕적(道德的), 맹목적(盲 目的), 미필적(未畢的), 소극적(消極的), 의식적(意識的), 일률적(一 律的), 자발적(自發的), 적극적(積極的), 정책적(政策的), 조직적(組 織的), 종속적(從屬的), 종합적(綜合的), 주목적(主目的), 직업적(職 業的), 파격적(破格的), 추상적(抽象的), 폭발적(爆發的), 피상적(皮

相的), 합법적(合法的), 획일적(劃一的), 천문학적(天文學的), 인적
자원(人的資源), 비조직적(非組織的).

- 연음인 '적'으로 발음되는 것들
가정적(家庭的), 감동적(感動的), 감상적(感傷的), 감정적(感情的),
개인적(個人的), 개방적(開放的), 객관적(客觀的), 거시적(巨視的),
결정적(決定的), 고의적(故意的), 급진적(急進的), 기본적(基本的),
대대적(大大的), 독보적(獨步的), 역사적(歷史的), 이지적(理智的),
미시적(微視的), 미온적(微溫的), 부차적(副次的), 영구적(永久的),
원초적(原初的), 이상적(理想的), 이차적(二次的), 인간적(人間的),
인위적(人爲的), 일방적(一方的), 일시적(一時的), 일차적(一次的),
작위적(作爲的), 잠정적(暫定的), 전면적(全面的), 전체적(全體的),
전향적(轉向的), 점진적(漸進的), 정치적(政治的), 정통적(正統的),
주관적(主觀的), 주기적(週期的), 천부적(天賦的), 초인적(超人的),
치명적(致命的), 필사적(必死的), 필수적(必需的), 항구적(恒久的),
호전적(好戰的), 획기적(劃期的), 비군사적(非軍事的).

■ 한자는 다르지만 '장'으로 발음되는 것들
기장(記帳), 대장(臺帳), 노장(老莊, 蘆場, 老壯, 虜將, 露場, 路
葬), 맹장(盲腸, 猛杖), 명장(明粧, 明匠), 무장(武將, 武裝), 소장
(小腸, 所長, 小腸), 용장(庸將, 勇壯), 가장(假葬, 家長), 계장(係
長), 과장(課長), 교장(敎長), 기장(機長), 단장(團長), 이장(移葬,
里長), 선장(船長), 소장(所長), 인장(印章), 지장(指章), 훈장(訓長)

(勳章), 규장각(奎章閣), 개장(開場), 광장(廣場), 구장(球場), 등장(登場), 형장(刑場), 백사장(白沙場), 무도장(武道場), 비장(飛將, 秘藏, 悲壯, 雄壯), 산장(山莊), 군장(軍葬), 남장(男裝), 무장(武裝), 위장(胃臟, 僞裝), 화장(火葬), 사장(社葬), 수장(水葬), 암장(暗葬),

■ 한자는 다르지만 '짱'으로 발음되는 것들
소장(訴狀), 국장(國葬, 國章, 局長), 역장(逆葬, 力場, 驛長), 읍장(邑長), 학장(學匠, 學長), 조합장(組合長), 악장(樂長, 樂章), 일장기(日章旗), 체력장(體力章), 전장(前場). 후장(後場), 객장(客場, 客將, 客裝), 결장(場缺, 結腸, 決杖), 별장(別莊), 복장(服裝), 합장(合葬).

결론적으로 '장'자 앞글자가 받침이 있어서 '짱'으로 발음되는 것 같지만 절대 그렇지 않다는 것을 알아야 한다. 바꾸어 말하자면 '짱'으로 발음해야 할 것을 '장'으로 발음해 보라. 얼마나 부자연스럽고 힘들게 발음되는가를… 즉 '상짱(賞狀)'을 '상장'으로 발음하면 '상장(上場)'의 뜻이 되지만, '면짱(免狀)'을 '면장'으로 발음하면 '면장(面長)'이 되고, '영짱(令狀)'을 '영장'으로 발음하면 '영장(靈長)'의 뜻이 된다.

※ 참고 [질문(국어연구원)]
생방송 오늘 아침. 군에 간 아들 실어증세에 관한 것을 방송하면서 "선임자들한테 맞아서 그렇다"고 하니까, "아니다. 봉 걸레 자루가 날아가서 그렇다고" 하면서 '봉걸레:자루'라고 말하였는데 옳은 발음인지요?
또 다른 프로에서는 '어머니 전상서'라는 노래를 부르면서 '호미 자루'

를 '호미:자루'라고 발음하던데, 이 또한 바른 발음인지요?

[답변(국립국어원)] 문의하신 단어들은 장음 없이 '봉 걸레 자루'[봉 걸레 자루], '호미 자루'[호미 자루]로 발음하는 것이 맞습니다.

국립국어원 홈페이지 '표준국어대사전'에서는 발음도 안내하고 있으니 참고하시기 바랍니다.

[재질문] 그렇다면 '도끼자루, 쌀자루, 푸대자루' 등도 글자대로 발음해야 하나요?

오래전부터 모든 사람들이 '걸레짜루, 호미짜루, 도끼짜루, 쌀짜루, 푸대짜루'라고 발음해 왔는데, 왜 글자대로 발음해야 하는지 그 이유를 알려 주세요?

[답변(국립국어원)] 합성어인 '도낏자루'와 '쌀자루'는 [도:끼짜루/도:낃짜루], [쌀짜루]로, '푸대'에 '자루'가 이어진 '푸대 자루'는 [푸대 자루]로 읽는 것이 현재 표준 발음입니다.

표준어 규정, 표준 발음법, 제1항에서는 표준 발음을 정할 때 '표준어의 실제 발음을 따르되, 국어의 전통성과 합리성을 고려하여 정함을 원칙으로 한다'라고 설명하고 있습니다. 언중들의 다양한 발음 중 표준 발음의 기준에 부합한 발음을 표준 발음으로 정하여 그렇게 발음하도록 권장하고 있는 것입니다. 언어는 시간의 흐름에 따라 변할 수 있고, 그것이 어문 규정에 반영되기도 하겠지만, 바른 언어 생활을 위해 현행 어문 규정을 준수하려는 노력이 필요하다고 하겠습니다.

* 더 한심한 사실은 답글에서 '언어생활'을 '언어 생활' '어문규정'을 '어문 규정'으로 띄어 썼다는 점이다.

(질문) 참으로 한심한 규정을 만들어 놨군요. 어느 것은 '자루' 어느 것은 '짜루'로 발음하라니…?

푸대자루도 역시 합성어인 것을, 그래서 '푸대짜루'로 발음해야 하는데, 푸대에 자루가 이어진 '푸대 자루'가 도대체 무슨 말인지 모르겠습니다. 잘못된 어문규정은 따를 필요가 없거든요.

그런데 '도끼자루'와 '쌀자루'는 합성어로서 '도끼자루'와 '쌀자루'는 [도:끼짜루/도:낀짜루], [쌀짜루]로, 발음해야 한다고 하면서 '푸대자루'는 어찌하여 합성어가 아니고 '푸대'에 '자루'가 이어진 '푸대 자루'라고 하는데 도대체 저는 무슨 말인지 이해가 가지 않네요.

그리고 지난번 답글에서는 '봉걸레 자루, 호미 자루'라고 발음해야 한다고 답변을 주셨는데, 이것도 합성어로서 '봉걸레짜루, 호미짜루'라고 발음해야 하지 않나요?

님의 말씀대로 언어는 시간의 흐름에 따라 변하는 것입니다.

그러나 지금은 인위적으로 변하게 만들고 있다는 사실이 문제라고 봅니다. 그러므로 현행 어문규정이 잘못된 것이라면 고쳐야 한다는 것이 저의 주장입니다.

예를 들어, '합성어는 휴지를 두고 각 단어대로 발음해야 한다'는 규정은 잘못된 것으로서 없애야 한다고 봅니다.

답변 부탁드립니다.

※ 참고 : 어문 규정을 따라야 한다는 국립국어원의 답변

안녕하십니까?

어문 규범 상담실에서는 현행 어문 규범을 기준으로 설명드리고 있

음을 널리 양지하시기 바랍니다. 사전 담당 부서에 문의하신 내용을 전달하였으며, 2008년까지 진행되는 〈표준국어대사전〉 개정 작업에서 '자루'에 대한 의미와 '자루'가 붙는 합성어 문제를 검토하고 있다는 답변을 드립니다. 그리고 '푸대'는 방언으로, 틀린 말은 아니지만 '부대'를 표준어로 삼고 있음을 추가로 말씀드립니다. 감사합니다.

※ 언중의 발음을 중시한다고 하면서 삭월세는 사글세로 만들고, 푸대는 왜 언중의 발음을 무시하지?

그렇다면 "유리조각, 돌조각, 얼음조각"은 왜 글자대로 발음하는지 이해가 안 간다. 만약 '뼛쪼각'같이 "유리쪼각, 돌쪼각, 얼음쪼각"으로 발음하게 되면 표기도 "유릿조각, 돐조각, 얼음ㅅ조각(받침 ㅁ 옆에 ㅅ을 쓰는 겹받침)"으로 해야 하니까 글자대로 발음하게 하는 것이 아닐까?

– 뼈조각에 대한 오경자 선생님의 답글

잘 읽었습니다. 그리고 무슨 말씀인지도 잘 알겠습니다. 그런데 제 생각과는 다소 다른 부분이 있습니다.

첫째, '뼈쪼각'이라고 발음을 해야 한다면 표기도 '뼛조각'으로 사이시옷을 써야 할 것입니다. 같은 예로 '장맛비'가 있습니다. 전에는 '장마비'라고 했는데, 어느 해부턴가 방송에서 '장마삐'라고 하더군요. 그러니 표기도 '장맛비'라고 해야 했습니다.

둘째, '돌조각', '얼음조각', '유리조각'은 된소리와 예사소리에 의해서 뜻이 분화됩니다.

· 돌로 만든 조각–––>돌조각

- 돌에서 떼어내거나 떨어져 나온 작은 부분---〉돌쪼각
- 얼음으로 만든 조각---〉얼음조각
- 얼음에서 떼어내거나 떨어져 나온 작은 부분---〉얼음쪼각
- 유리로 만든 조각---〉유리조각
- 유리에서 떼어내거나 떨어져 나온 작은 부분---〉유리쪼각

셋째, '돌조각'과 '얼음조각'의 표기는 문제가 되지 않는다고 봅니다.

전에도 앞음절의 받침이 'ㄴ·ㄹ·ㅁ·ㅇ'일 때, 뒤음절의 첫소리를 된소리로 발음한 경우가 있기 때문입니다.

예 : (1) '단적(端的)'---〉단쩍

(2) '물건(物件)' : 〈법률〉 물품 따위의 동산과 토지나 건물 따위의 부동산을 통틀어 이르는 말--〉물껀

(3) '심적(心的)'---〉심쩍

(4) '정적(情的)'---〉정쩍, '동적(動的)'---〉동쩍, '공적(公的)' ---〉공쩍

넷째, 유리에서 떼어내거나 떨어져 나온 작은 부분 '유리조각'만은 사이시옷을 붙여야 할 것입니다.

- 뼈조각 발음에 관한 이봉원 님의 답글 -

그렇지요. '얼음조각'은 얼음 공예품이고 '얼음쪼각'은 얼음 부수러기지요. 마찬가지로 '유리집'은 유리로만 만든 집이고, '유리찝(유릿집)'은 유리를 파는 집입니다. '벽돌집'도 역시 벽돌로 지은 집이고, '벽돌찝'이라 하면 벽돌을 파는 가게지요. '판자집'은 판자로 지은 집이고, '판자찝'이라 하면 판자를 파는 집입니다.

※ 방송인들이 잘못 발음한 사례

– '을지로 6가'의 올바른 발음. '을찌로 육까'라고 발음해야 할 것을 '을지로육까'로 발음하는 사람이 있는데, 그럼 '을찌문덕 장군'도 '을지문 덕 장군'으로 발음해야 하나?

– "경기지방, 충청지방, 호남지방, 영남지방, 서울지역, 인천지역"을 "경기찌방, 충청찌방, 호남찌방, 영남찌방, 서울찌역, 인천찌역"으로 발음 해야 하는데 글자대로 "경기지방, 충청지방, 호남지방, 영남지방, 서울지 역, 인천지역"으로 발음하는 것은 잘못된 발음이다. '~찌역, ~찌방으로 발음하라고 하자면 '장미빛, 장마비'가 '장미삩, 장마삐'라고 발음된다고 하여 '사이ㅅ'을 써서 '장밋빛, 장맛비'로 쓰게 하듯이 '경깃지방'과 같이 써야 하는데, 그렇게 쓸 수 없으니까 '~지역, 지방'으로 발음하고 있는 것 이 아닐까?

– KBS 1R 김 모 아나운서는 계속 '연판장'으로 하다가 나중에 '연판 짱'으로 발음한다. '고소장(告訴狀)'을 '고소짱'으로 발음해야 하는데, '고 소장'이라고 발음했다. '고소장'은 '고씨 성의 소장'을 뜻하는 것이 된다. 그리고 우리 글자로는 '소장'이라고 쓰지만 소송을 하는 '소장(訴狀)'도 소 장'이라고 발음해야 하나? '소장'이라고 발음하면 군인의 계급인 '소장(少 將)'이 된다. 이렇게 발음에 따라서 그 뜻이 달라지는데, 방송인들은 국 어순화 운운하면서 무조건 글자대로 발음하다니 참으로 한심한 일이 아 닐 수 없다.

– 교육방송 "위기의 지구"에서 해설자 윤ㅇㅇ는, '효율쩍(효율적)'은 '효율적'으로 발음하고, '과학쩍(과학적)'은 경음인 '과학쩍'으로 바르게 발음했다. "자발적, 자율적, 총괄적"도 "자발쩍, 자율쩍, 총괄쩍"으로 해야 한다.

– KBS 뉴스 김ㅇㅇ 기자가 학교 점수에 관한 소식을 전하면서 '5점 만점'을 '오점 만쩜'으로 발음해야 하는데, 처음에는 '오점 만쩜'으로 제대로 발음하고, 그 다음에는 '오쩜 만쩜'으로 발음했다. 그러나 "역사에 오점(汚點)을 찍지 않도록…"에서도 '오쩜'으로 발음해야지 '오점'으로 발음해서는 안 된다.

글자로는 '만점'으로 쓰지만 발음으로는 '만쩜'과 '만점'은 뜻이 분명히 다르다. '만쩜'은 '하나도 틀리지 않고 다 맞았다'이고, '만점'은 襪,000'점을 뜻한다. 그러함에도 불구하고 '만쩜'을 '만점'으로 발음하는 방송인들이 있으니 이 얼마나 한심한 일인가?

– 문화방송 라디오 '손석희의 시선집중' 진행자와 기자 모두 '산술쩍(산술적)'이라 발음해야 하는 것을 '산술적'으로 발음하고, 문화방송 〈지금은 라디오 시대〉 여성 진행자는 '등쭐기(등줄기)'를 '등줄기'로 발음했다. 그런데 '물쭐기(물줄기)'는 바르게 발음했다.

– KBS2 저녁뉴스 때 타이완 지진 보도를 하면서 왕ㅇㅇ 기자는 "산사태로 매몰자가 있는지 확인이 안 되고 있습니다"에서 '매몰짜'라고 해야 할 것을 '매몰자'로 발음했다.

– '지금은 라디오 시대' 진행자들이 맹인들이 사용하는 '점짜(점자,點字) 책'을 '점자'로 발음하고, 또한 '손석희의 시선 집중' 진행자도 "시각장애인이 방송을 진행하면서 점자로 된 원고로…"라는 말을 하면서 '점짜'라고 해야 하는데, 글자대로 '점자'라고 발음했다.

그렇다면 '문자(文字)'도 '문짜'가 아니라 '문자'라고 해야 하나? 하긴 십수 년 전에 성우협회 연수회에서 바른말에 대한 토론회를 하는데, 당시 국립국어원 모 연구원이 거침없이 '문짜(문자,文字)'를 '문자'라고 발음했다.

이 글은 '손석희 시선 집중'에 올린 글을 보고 박용민 님의 답글입니다.

요즈음 방송매체 등에서 바르지 못한 표현들을 남용하는 사례가 많습니다. 옳지 못한 표현이라든가, 잘못된 발음, 부정확한 용어나 속어 등이 그것입니다. 오락과 엔터테인먼트 프로그램들이 급증하면서 이러한 문제들이 나타난 것이겠지요. 시청자들은 꾸준히 이러한 문제들을 지적하고 있지만, 정작 지적을 받은 당사자들은 과연 이러한 문제에 귀를 기울이고 있는지 의심스럽습니다. 따라서 개선될 기미도 멀어만 보입니다.

언론은 바른 언어를 사용해야 하는 최일선에 위치한 매체입니다. 그것은 언론이 가진 공공성과 그 영향력 때문입니다.

이번을 기화로 시선 집중 프로그램에서 이러한 문제들을 지적하고, 이를 바로잡을 수 있었으면 좋겠습니다. 올바른 표현은 바로잡고, 연음 현상에 의한 발음 등도 하나씩 개선하는 등 시선 집중이 솔선수범하는 자세를 보여주셨으면 좋겠네요. 방송에서 말씀하시기 전에 원고를 한 번

더 검토하시는 출연자들의 모습을 기대하겠습니다.

　– 신창원에 관한 보도에서 '일기짱(일기장, 日記帳)'을 기자는 '일기
장'으로, 진행자는 '일기짱'으로 발음했는데, 올바른 발음은 '일기짱'이다.
한국어 사전에도 '일기장(日記帳) 발음(--짱)'으로 되어 있다.

　또한 80년대 중반 외화 녹음을 하는데, 모 성우가 '일기장'을 글자대
로 발음하기에 내가 "일기장이 아니라 일기짱이야"라고 하자, 한 선배 성
우가 '일기장'이 맞다고 하여 결국 '일기장'으로 녹음하고, 쉬는 시간에
다른 모 선배에게 "일기장이 맞습니까?"라고 묻자 대답을 못 하기에 "그
럼 '고소장'도 '고소짱'이 아니라 '고소장'으로 해야 하나요?"라고 물었다.
그때서야 '일기짱'이 맞다고 했다.

　– MBC 〈TV 속의 TV〉에서 연예인의 '말짱난'을 '말:장난'으로 발음했다.

　– '지금은 라디오 시대' 여자 진행자는 '보리짜루(보리자루)'로 발음
해야 할 것을 '보리:자루'로 발음하고, KBS 수요기획 '어머니 전상서'에서
'호미자루, 누울자리'를 글자대로 발음했다. 성우 이○○. 앞으로는 반드
시 '호미짜루, 누울짜리'로 발음해야 한다.

　"쌀자루, 붓자루, 삽자루, 괭이자루, 풀자루, 마대자루"도 "쌀짜루, 붇
짜루, 삽짜루, 괭이짜루, 풀짜루, 마대짜루"로 발음해야 하며, "갈자리
말자리, 가야 할 자리 말아야 할 자리"도 "갈짜리말짜리, 가야할짜리말
아야할짜리"로 발음해야 한다.

　– 경떡(敬德)을 경덕, 망짜(忘字)를 망자(亡者)로 발음하는 국악인!

나는 국악을 배우면서 방송인들이 국어순화라 하여 연음으로 발음하는 바람에 국악인들에게도, 아니 모든 국민들에게 엄청난 여파를 끼쳤다는 것을 알게 되었다.

예를 들어 '회심곡'에 "맹인 불러 설경한들 경덕(敬德)인들 입을소냐"라는 대목이 있는데, 여기서 '경떡'으로 발음해야 할 것을 글자대로 '경덕'으로 발음했다. 그렇다 '인떡(인덕,人德)'도 '인덕'으로 발음해야 하는가? 또한 "성명 삼자 불러내니"에서도 이름이 세 글자라는 뜻인 '성명삼짜'로 발음해야 하는데, '성명삼자'라고 한다. 무슨 제삼자라는 뜻인가?

'청춘가'에서 "우연히 든 정이 골수에 맺혀서 잊을 망자(忘字)가 병들 병자(病字)라" 하는 대목에서 '망짜, 병짜'라고 해야 하는데, 이 또한 글자대로 '망자, 병자'라고 발음하는 것을 보았다. '망자(亡者)'는 죽은 사람이고 '병자(病者)'는 환자라는 뜻이다. 원래의 뜻과는 엄청난 차이가 난다는 것을 알 수 있다.

– 문화방송 '여성시대' 프로에서 송○○ 진행자는 청소하는 아주머니의 편지를 읽으면서 "건물 계단에 전에는 신주를 붙였는데"라는 대목에서 '신쭈(신주)'라고 해야 할 것을 글자대로 '신주'라고 계속 발음을 했다. 신주(神主)는 죽은 사람의 위패인 것을… 그런데 다행히 양○○가 '신쭈'라고 정정해 주었다.

연극하고 드라마에도 많이 출연한 송○○ 씨가 글자대로 발음하는 것은 국립국어원에서 80년대부터 시행한 국어순화 때문이라고 보여진다.

– 태극약품의 흉터 자국에 바르는 약 '밴트락스 겔'을 선전하는 CM

에서 남자 출연자는 '흉터:자국'으로 발음하고, 여자 출연자는 '흉터짜국'으로 발음했다. 당연히 '흉터짜국'이 올바른 발음이다. 올바르게 발음하지 않는 출연자도 문제지만 제작 연출자도 문제다. "발짜국(발자국), 발짜취(발자취), 손짜국(손자국), 바퀴짜국(바퀴자국)"도 전부 글자대로 발음하고 있다. 시급히 옳은 길을 걸어야 한다.

– 교육방송 '장학퀴즈'에서 임ㅇㅇ 아나운서는 '친고쬐(친고죄)'를 '친고:죄'라고 발음했는데, 잘못 발음한 것이다. 그렇다면 '살인죄, 폭행죄'도 '살인:죄, 포갱:죄'라고 글자대로 발음해야 하나? '살인쬐, 포캥쬐'라고 발음해야 하고, '~죄'의 발음은 '~쬐'로 발음해야 한다.

– 전두환·노태우 전 대통령에 이어 노무현 전 대통령이 검찰에 출두한다. 방송인들은 이 소식을 전하면서 죄목이 '포괄적 뇌물죄'라고 하면서 '포괄쩍 뇌물쬐'라고 발음해야 할 것을 글자대로 '포괄적 뇌물죄'라고 발음하고 있다.

또한 '진술을 번복할 경우' 운운하면서 '번보ㄱ칼껑우'로 발음해야 하는 것을 이 또한 글자대로 '번보갈 경우'라고 발음하고 있다.

– KBS2 '세상의 아침' 김ㅇㅇ 리포터는 경범죄가 처음 생긴 것부터 시대에 따라 경범죄의 종류를 전하면서 계속 '경범죄'를 글자대로 '경범:죄'라고 발음하더니 마지막에는 '경범쬐'라고 바르게 발음했다.

글자를 보고 읽을 때는 말을 해야 하는데 글자대로 읽어서는 안 된다.

왜냐? 글자는 말을 담는 그릇이므로 글자를 보고 읽을 때는 말을 해야 하기 때문이다. 즉 합성어는 물론이요, 단어와 단어 사이도 쭉 이어서 발음해야 살아 있는 우리말이 되는 것이다. 그런데 마치 국어순화가 글자대로 발음해야 되는 것으로 알고, 합성어는 물론이요, 단어와 단어 사이도 사이를 두고 발음하니 우리말이 엉망이 되는 것이다.

합성어 = 경범죄, 상속세, 산자락, 한강다리, 올가을.(경범쬐, 상속쎄, 산짜락, 한강따리, 올까을)

단어와 단어 = 사랑할 정도로, 100원 가량, (사랑할쩡도로, 백원까량)

– 바둑판의 '화점(花點)'은 된소리로 발음되는데도 불구하고 방송인들은 이 또한 연음으로 발음하는 것이 국어순화인 줄 알고 글자대로 '화점'으로 발음한다.

'쩜'으로 발음되는 것

화점(火點), 화점(花點), 방점(傍點), 장점(長點), 단점(短點), 결점(缺點), 병점(病占).

– KBS "세상의 아침" 리포터 김○○은 행정구역이 둘인 집에 화재나 도둑이 들어 신고를 해도 주소가 둘이라 제대로 찾지 못하고, 우물쭈물하다가 피해를 본다는 소식을 전하면서 "주민들이 밤잠을 설치지 않게 해줘야 한다"라는 말을 하면서 '밤짬'으로 발음해야 할 것을 '밤:잠'으로 발음했다. 그렇다면 '낮잠'도 '낮짬'이 아닌 '낫:잠'으로 발음해야 하나?

– SBS "연탄값 서민 울린다"라는 방송에서 여기자는 '연탄재'를 '연탄:재', '연탄구멍'을 '연탄:구멍', '연탄가격'을 '연탄:가격'으로 발음했는데, 모두 잘못된 발음이다. "연탄째, 연탄꾸멍, 연탄까격"으로 발음해야 한다.

– '진품명품' 진행자 왕○○ 아나운서는 '술주전자'를 글자대로 '술:주전자'라고 발음했다. 이 또한 잘못 발음한 것이다. 올바른 발음은 '술쭈전자'다. 그럼 '술잔'도 '술짠'으로 발음 해야 한다.

– 요즘 많이 방송되는 사극에서 연기자들이 다음과 같은 발음을 모두 연음인 '전'으로 발음하고 있다.

(中宮前 中宮殿 王后前 王后殿 大妃前 大妃殿 王大妃前 王大妃殿 大王前 大王殿)

전(殿)은 큰집 전, 궁궐 전, 천자가 거처하는 집이다. 따라서 '전(殿)'은 '전'으로 발음해야 하고, 전(前)은 앞 전이다. 이때의 '전(前)'은 '쩐'으로 발음해야 한다.

영화 '쌍화점'을 촬영하는데, 임금역을 맡은 연기자가 "인동초를 달여 왕후전에 올리시오"라는 대사에서 '왕후전'을 글자대로 발음하기에 필자가 '왕후쩐'으로 발음해야 한다고 했지만 계속 연음으로 발음하기에 필자는 '왕후쩐'으로 발음하라고 강하게 주문했다. 그러자 감독과 녹음기사가 필자에게 '왕후쩐'으로 발음하지 말고 '전'으로 발음해 달라고 했다. 그래서 '왕후전'은 '왕후가 사는 집'이란 뜻이고 '왕후쩐'은 '왕후 앞'이라는 뜻이다. 그렇기 때문에 '왕후쩐'으로 발음해야 한다고 설득하자, 감독은 그럼 그렇게 하시라고 했다. 그랬는데 나중에 보니 다른 사람들은 모두 '왕후전'으로 발음했다. 그러니 그냥 한번만 '왕후전'으로 발음해 달라고 하여 어쩔 수 없이 그렇게 해줬다.

이와 같은 현상이니 그동안 국립국어원과 방송인들이 국어순화 운운하면서 연음화시킨 것이 이렇게 엄청난 오염된 효과를 보이고 있는 셈이다.

모든 것을 글자대로 발음한다면 과연 어떻게 될 것인가? 아니 멀지 않아 그렇게 될 것이라고 본다. 왜냐하면 이미 40년 전에 필자는 경상도 사람과 외국인이 발음하는 것까지 표준말로 삼을 때가 오리라고 예견했었다.

– 미스코리아 최종 진출자는…에서 '진출자'로 발음하고, 인도의 시골 지역이…에서 '시골지역'으로 발음했는데, '진출짜, 시골찌역'으로 발음해야 한다. 밭침 'ㄹ' 다음에 오는 자음의 발음은 대체적으로 된소리로 발음해야 한다. 그러므로 '불법'도 된소리인 '불뻡'으로 발음해야 한다. '불법'으로 발음하다 보니 "출발점, 시발점, 발자취, 발자국, 율법, 술법, 탈법" 등을 글자대로 발음하고 있다.

– MBC 라디오 '싱글벙글 쇼' 여자 진행자는 "술주정하는 아버지가 싫어서 술 못 먹는 남편을 만났는데, 술주정보다 잔소리가 더 지겹더라"는 말을 하면서, 앞에서는 '술:주정'으로 발음하고, 뒤에서는 '술쭈정'으로 발음했다. 그렇다면 '술자리'도 '술짜리'가 아니라 '술:자리'로 발음해야 하나? 이랬다저랬다 하니 참으로 답답하고 한심한 일이다.

- 방송대학 TV 생활법률 호주제 폐지 프로에서 성우 최○○는 '남계혈족'과 '방계혈족'을 글자대로 '남계혈족, 방계혈족'으로 발음하였는데, 그렇게 발음하는 성우나 지적하지 못하는 연출자나 똑같이 한심한 방송인이다. 바른 발음은 '남계혈쪽, 방계혈쪽'으로 발음해야 한다.

- KBS '6시 내고향'에서 평창의 얼음 조각을 방송하면서 얼음으로 만든 조각은 '얼음:조각'으로 바르게 발음했지만 얼음이 깨진 얼음조각도 '얼음:조각'으로 발음했다. 그것은 '얼음쪼각'이라고 발음해야 한다.

'유리 조각'은 유리로 만든 조각품이고 '유리쪼각'은 깨진 작은 유리 파편이다. 마찬가지로 '돌 조각'은 돌로 만든 작품이요 '돌조각'은 깨진 돌 파편들이므로 '돌쪼각'으로 발음해야 한다. 그리고 교통사고가 나서 차량은 휴지조각 같이 찌그러지고 유리는 산산조각이 났다고 하면서 '휴지조각, 산산조각'으로 발음했다. 이것도 '휴지쪼각, 산산쪼각'으로 해야 올바른 발음이다.

- KBS2 '주부가요 열창'에서 남자 사회자 김○○ 아나운서가 마지막 점수를 발표하면서 '총쩜(총점)'으로 발음해야 하는데, 글자대로 '총점'으로 발음했다. 그러나 여자 사회자는 '총쩜'으로 바르게 발음했다.

'점' 자 앞에 숫자 '1부터 10'까지 넣어서 발음하면 '쩜'으로도 발음되고 '점'으로도 발음되는 것을 알 수 있다. "일쩜, 이점, 삼점, 사점, 오점, 육쩜, 칠쩜, 팔쩜, 구점, 십쩜"으로, 그런데 무조건 글자대로 발음하고 있으니…. 그럼 "일쩜, 육쩜, 칠쩜, 팔쩜, 십쩜"도 "일점, 육점, 칠점, 팔점, 십점"으로 발음해야 하나?

- MBC 드라마 주몽에서 어느 연기자가 '활재간'을 '활:재간'으로 발음했다. 그럼 "발재간, 글재간, 손재간"도 글자대로 발음해야 하나?

또한 "활재주, 글재주, 손재주, 발재주" 등도 글자대로 발음해야 한단 말인가? "활째간, 발째간, 글째간, 손째간, 활째주, 발째주, 글째주, 손째주"로 발음해야 한다.

- 부활절에 관한 오경자 선생님의 글

참 큰일이라는 생각을 합니다. 어제는 기독교에서 지키는 부활절 주일이었습니다. 그런데 기독교 방송 뉴스 담당자가 '부활절'에서 '--절'을 예사소리로 발음했습니다.

작년까지도 안 그랬던 것 같아요. 그리고 요즈음 사람들한테는 음(音)의 장단(長短) 의식이 전혀 없는 것 같습니다.

음의 장단이 분명히 뜻을 구별하는 기능을 가지고 있는데 말입니다. 국어연구원의 이른바 연구원이라는 사람들이 어떤 이들인지 궁금합니다. 도대체 그들은 무슨 일을 한다고 국록을 받아먹는지 모르겠습니다.

- MBC '기분좋은 날' 연기자 정수영 가족 출연. 남자 사회자

"정수영 씨는 부모님의 예술적 재능을 물려 받으셨네요"라고 말하면서 '예술쩍'으로 발음해야 할 것을 글자대로 '예술적'으로 발음했다.

- 경음으로 발음되는 것 : 건설적, 직설적, 실질적, 기술적, 법률적, 산술적, 도덕적, 자율적, 효율적, '~쩍'
- 연음으로 발음되는 것 : 인간적, 시간적,

– 엊그제 여의도 모 빌딩 8층에서 엘리베이터를 탔다. 5층에서 멈추고 짐차를 갖고 타려는 사람이 이미 만원이라 못 타고 머뭇거리고 있는데, 엘리베이터 안에 있던 한 젊은 남자가 그 사람한테 "아저씨! 잊지 말고 송장 갖다 주세요"라고 말했다. 그 순간 나도 그렇고, 주위 사람들이 '웬 시체?' 하며 멍하고 있었다. 뒤에 있던 동료 한 사람이 "송장이 아니라 송짱인데…"라고 하여 모두 웃고 말았다.

송장(送狀)은 짐을 받을 사람에게 보내는 그 짐의 내용을 자세히 적은 문서로서 발음은 된소리로 '송짱'이라고 해야 한다.

– 김정일이 중국에 다녀오자 미국이 북한을 제재하는 뉴스를 한다. '통치자금쭐(통치자금줄)'이라고 발음해야 할 것을 글자대로 '통치자금줄'로 했다. 그럼 "고삐 죄는 미국, 김정일 '돈줄'차단 본격화"라는 신문 기사에서 '돈줄'도 글자대로 읽어야 하나? '돈줄'이라고 하면 누구한테 '돈을 준다'는 뜻이 된다. 그러므로 '돈:쭐'로 발음해야 한다.

– 방송에서 '둘 중 하나'를 글자대로 발음하네요. '(둘쯩하나)'라고 해야 하는데… 저의 글을 보고 '한판어문과학연구소' 소장이신 김구룡 님께서 다음과 같이 답 글을 보내 주셨네요.

[답글] 둘 중 하나? 둘 쯩 하나? 김구룡입니다. 지적하신 어구 '둘 중'은, '둘 쯩'이 옳은 발음입니다. 이러한 예는 '효과'를 '효꽈'로 발음해야 하는 원리와 똑같습니다.

자, 그럼 그 원리를 한번 보겠습니다. 먼저, '효과'부터… '효' 다음에 이어지는 소리가 'ㄱ' 소리인데, 이 'ㄱ' 소리는 혀뿌리와 뒷 입천장이 붙으면서 만들어집니다. 이 두 조음기관이 바짝 붙으면서 터뜨리는 소리를 만들어내야 하니까, 자연스럽게 된소리인 'ㄲ'이 만들어집니다. 그 다음은 '둘 중…' '둘' 발음에서 'ㄹ' 소리를 낼 때, 혀끝이 얕은 입천장에 붙습니다. 얕은 입천장에 붙어 있던 혀끝이 그 다음에 이어지는 소리인 'ㅈ'(터져 스치는) 소리를 만들어야 하므로, 입천장에 바짝 갖다 댈 수밖에 없습니다. 그렇게 했을 때, 입에서는 '된소리'가 만들어질 수밖에 없죠. 현재, 저와 같은 문제를 음성학적으로 얼마든지 증명해 낼 수 있지만, 우리나라에서는 음성학 분야가 돈이 안 된다는 이유로 별로 신경들을 안쓰는 것이 현실입니다. 국어 음성학 쪽에서 발음 문제를 바로잡아 주지 않으니까, 우리는 계속 요상한 발음과 씨름하고 있지 않나 생각합니다."

— '오늘 저녁'을 글자대로 발음하는데 '오늘쩌녁'이 올바른 발음이다. "어제저녁, 휴일저녁, 월요일 저녁, 화요일 저녁, 수요일 저녁, 목요일 저녁, 금요일 저녁, 토요일 저녁, 일요일 저녁"도 "어제쩌녁, 휴일쩌녁, 월요일쩌녁, 화요일쩌녁, 수요일쩌녁, 목요일쩌녁, 금요일쩌녁, 토요일쩌녁, 일요일쩌녁"으로 발음해야 하는데, 요즘 방송인들은 거의 모두 글자대로 발음하여 우리말을 엉망으로 만들고 있으니 참으로 한심한 일이다.

— '산찜승'으로 발음해야 할 것을 '산짐승'으로 했는데 죽은 짐승이 아닌 산 짐승이란 말인가? 그렇다면 '들찜승(들짐승)'도 '들짐승'으로 해야 하나?

- 일기예보를 하는 방송인들이 "안양천이 범람할 정도로 비가 내릴 전망입니다"라는 말을 하면서 "범람할:정도, 내릴:전망"으로 발음했는데 잘못된 발음이다. 글자대로 발음했기 때문이다. "범람할쩡도, 내릴쩐망"으로 해야 올바른 말이다. "엄살을 피울 정도, 이사까지 왔을 정도"도 "피울쩡도, 와쓸쩡도"로 발음해야 한다.

- '이뤼짜리(일위자리)'라고 해야 하는 것을 '이뤼:자리'라고 하는 방송인들. 그렇다면 "이위짜리(이위:자리), 삼위짜리(삼위:자리), 사위짜리(사위:자리), 오위짜리(오위:자리), 유귀짜리(육위:자리), 치뤼짜리(칠위:자리), 파뤼짜리(팔위:자리), 구위짜리(구위:자리), 시뷔짜리(십위:자리), 술짜리(술자리)"도 글자대로 발음해야 하는가? 또한 "사장자리, 과장자리, 총리자리, 총재자리, 당수자리, 리더자리, 부장자리, 총무자리, 돗자리"도 글자대로 발음해야 할까?

- 김 모 기자 = '2010 밴쿠버 동계올림픽 스피드스케이팅 10,000m 금메달리스트 이승훈(22. 한국체대)이 "쇼트트랙 훈련을 병행하고 있지만 쇼트트랙 국가대표 선발전에는 출전하지 않을 것이다"라는 보도를 하면서 '선발쩐'으로 발음해야 하는 것을 '선발전'으로 했다.

- 조평통은 청와대에 보내는 통지문에서 "전방부대들에서 우리의 최고 존엄과 체제, 우리 군대를 심히 모독하는 구호들을 내걸고 극단적 반공화국 적대감을 고취하고 있다"며 "남측은 이번 도발 행위에 대해 당장 사죄하고 주모자들을 엄벌에 처하며 불순한 구호들을 모두 철거하고

도발적 광란을 즉시 중지해야 할 것"이라고 밝혔다. 이런 보도를 하면서 '도발쩍'으로 발음해야 하는 것을 글자대로 '도발적'으로 발음했다.

– 금리가 높아지자 다음과 같은 보도가 나온다. "이자 늘고 원금도 나눠 갚고… 대출자 부담 이중으로 커져"라고 말하면서 '대출짜'라고 해야 할 것을 '대출자'로 발음했다. 그러다 보니 '해설짜(해설자)'도 '해설자'라고 잘못 발음하고 있다.

– 중증환자 경정맥영양 언제 해야 좋을까? 여기서 '중쯩환자'라고 해야 할 것을 '중증환자'라고 글자대로 발음해야 할까?

– "집주인 바뀌더니 전세보증금 올려달라면…"이라는 보도를 하면서 '집쭈인'이라고 해야 할 것을 글자대로 '집주인'으로 발음했다.

– 어느 연기자가 '미칠 지경'을 '미칠찌경'으로 발음해야 하는데 '미칠ː지경'으로 발음했다.

– "열애설이 났을 당시는 친한 선후배 관계였다. 이후 사이가 급진전된 것으로 알고 있다"고 보도하는 기자가 '급찐전'으로 발음해야 할 것을 글자대로 '급ː진전'으로 잘못 발음했다. 이뿐이 아니다. '급쌍승(급상승), 급뿌상(급부상), 급껑사(급경사)'도 '급ː상승, 급ː부상, 급ː경사'라고 띄우고 글자대로 발음하고 있다.

– 엄청난 장마비가 내려 물에 빠져 실종된 시신 인양 26일 오전 11시

10분께 청주시 흥덕구 문암동 문암생태공원 인근 무심천에서 중학생 A군(14)이 숨져 있는 것을 수색 중이던 경찰과 119구조대가 발견 시신을 인양했다. A군은 전날 오후 2시께 이곳으로부터 약 4㎞ 상류인 무심천 제2 운천교 돌다리 부근서 바지 주머니에서 떨어진 물건을 주우려다 급류에 휩쓸려 실종됐었다.

이 기사를 보도한 기자는 '바지쭈머니'라고 해야 할 말을 '바지:주머니'라고 했다.

'ㅎ'에 관한 발음

방송인들이 '취임시ㄱ카고(취임식하고)'를 '취임시가고', '궁새ㄱ칸(궁색한)'을 '궁새간', '모ㅅ타도록(못하도록)'을 '모다도록', '황니ㅂ파여(확립하여)'를 '황니바여', '부ㄱ칸(북한)'을 '부간', '도차ㄱ캐씀니다(도착했습니다)'를 '도차개씀니다', '선태ㄱ카라(선택하라)'를 '선태가라', '비로ㅅ탄(비롯한)'을 '비로단', '부ㄱ조칸(부족한)'을 '부조간', '거드ㅂ패꼬(거듭했고)'를 '거드배꼬', '용나ㅂ파지(용납하지)'를 '용나바지', '생가ㄱ카고(생각하고)'를 '생가가고', '엄껴ㄱ카다(엄격하다)'를 '엄겨가다'로 발음하고 있다.

그렇다면 "체유ㄱ퀘(체육회), 구ㄱ쾨의원(국회의원), 사껀지ㄱ쿠(사건직후), 트ㄱ케(특혜)" 등도 "체유궤, 구궤의원, 사건지구, 트게"라고 해야 한다. 이것만 보더라도 발음하기가 얼마나 힘든지 알 것이다. 또한 '대통령 각하(閣下)', '소송을 각하(却下)한다'도 '가ㄱ카'로 하지 말고 '대통령가가, 소송을가가한다'라고 예사소리로 발음해야 될까?

이러한 현상은 김대중 대통령 시절부터 시작됐다.

"저는 이 자리에서 북한에게 당면한 3원칙을 밝히고자 합니다.

첫째 우리는 북한에 의한 어떠한 무력 도발도 결코 용납하지 않겠다는 것을 확실히 선언하는 바입니다."

위의 글은 김대중 전 대통령의 취임사 중 일부다. 당시 '북한'을 '부간', '용납하지'를 '용나바지'로 발음했다.(그 다음부터는 누군가 지적을 해줬는지 북한을 부ㄱ칸으로 바르게 발음했다.)

그런데 당시 주말이면 인기리에 방송됐던 '가족 오락관'에 두 남자와 한 여자가 이상하게 노래를 부르면 제목을 맞히고 노래를 부르는 '불협화음'이라는 코너가 있었는데 전에는 '부려ㅂ파음'으로 발음하던 진행자가 어느 날부터 '부렵:화음'으로 발음하기 시작하더니 그 후부터 대다수 방송인들이 'ㅎ'을 탈락하여 예사소리로 발음했고, 그 영향으로 지금은 거의 모든 사람들이 그렇게 발음하고 있다.

그러던 중 국립국어원에서 아주 묘한 규정을 만들었다.

2008년 4월 한국방송 한국어연구회에서 "'생각하건데'에서 지금까지, 또는 표준발음법상 'ㅎ'이 생략되면 '생각컨대'로 발음해 왔는데 이는 틀린 발음이다. '생각건데'로 발음해야 한다"라고 방송국 게시판에 붙여 놓았다. 그래서 국립국어원에 질의하였더니 다음과 같은 답글을 보내왔다.

[참고] [답글] 어미 '-건대'는 '하다'가 붙은 동사와 결합할 때에는 줄여 쓸 수가 있습니다.

일반적으로 '하' 앞의 어근이 안울림 소리(무성음) 'ㄱ(k)·ㄷ(t)·ㅂ(p)'로 끝날 때는 '하' 전체가 떨어지지만, 그렇지 않은 경우에는 'ㅏ'만 떨어짐니다. 그러므로 '생각건대'가 맞는 표기입니다. 예를 들어 '생각건대, 의심 컨대'로 적습니다. 따라서 '하' 앞의 어근이 안울림 소리인 '생각하건대'는 '생각건대'가 됩니다.

이 규정은 결국 'ㅎ'탈락음인 전라도 방언을 합리화시킨 것이라고밖에 볼 수 없다. 왜냐하면 '생각하건데'에서 지금까지, 또는 표준발음법상 'ㅎ' 이 생략되면 '생각컨대'로 발음해 왔기 때문이다. 그러므로 이것은 "틀린 발음이다"라는 뜻이다. 그렇다면 지금까지는 표준발음법에 의해 '생각컨 데'로 발음하게 했지만 그것이 잘못됐으니 '생각건데'로 바꾸겠다는 것이 아닌가?

특히 울림소리 안울림소리에 따라 '하' 전체가 떨어지기도 하고, 'ㅏ' 만 떨어지기도 하는 것이 아니라, -하건-이 합쳐지면 필요 없는 홀소리 'ㅏ'가 떨어져 나가 -컨-이 된다. 즉 종성 'ㄱ' 다음에 'ㅎ'이 오면 'ㅋ'으로 발음되기 때문에 '생각컨대, 의심컨대'가 바른 말이다.

이러다 보니 '어떠케(어떻게)'도 '어떠게'로 '어떠캐(어떡해)'도 '어떠개'로 발음하고 있는데, 그렇다면 '삼각켱(삼각형)'도 '삼가경'으로 발음해야 한 단 말인가?

여기서 정확한 발음을 알아보자.

– 받침이(종성) 'ㄱ' 다음에 'ㅎ'이 올 때는 'ㅋ'으로 발음된다.

예 : 급속히=급쏘ㄱ키, 급격히=급껴ㄱ키, 공격하라=공겨ㄱ카라, 정확 한=정화ㄱ칸, 시작한=시자ㄱ칸, 즉흥무대=즈ㄱ킁무대, 불식하 려는=불씨ㄱ카려는, 밝히면서=발키면서, 의식한듯=의시ㄱ칸듯, 극복하고=극뽀ㄱ카고, 약속한=약쏘ㄱ칸, 과학화=과하ㄱ콰, 급

박하다=급빠ㄱ카다, 임박했다=임바ㄱ캐ㅅ따, 한적한=한저ㄱ칸, 뾰족한=뾰조ㄱ칸, 길쭉한=길쭈ㄱ칸, 보도록 하겠습니다= 보도로ㄱ카게씀니다, 청약해=청야ㄱ캐, 양극화=양그ㄱ콰, 투약한=투야ㄱ칸, 미국행=미구ㄱ캥,

‒ 'ㄷ' 다음에 'ㅎ'이 올 때는 음운 현상이 아닌 구개음화로 인해 'ㅊ'으로도 발음된다.

예 : 닫히다=다티다=다ㅅ치다, 받히다=바티다=바ㅅ치다, 굳히다=구티다=구ㅅ치다, '맏형'='마ㅅ텽'

‒ 'ㅂ' 다음에 'ㅎ'이 올 때는 'ㅍ'으로 발음된다.

예 : 용납하지=용나ㅂ파지, 급하다=그ㅂ파다, 도입했으며=도이ㅂ패쓰며, 언급하지=언그ㅂ파지, 궁핍한=궁피ㅂ판, 졸업한=조러ㅂ판, 답해봐=다ㅂ패봐, 갑갑하니까=갑까ㅂ파니까.

‒ 'ㅅ' 다음에 'ㅎ'이 올 때는 'ㅌ'으로 발음된다.

예 : 잘못한=잘모ㅅ탄, 또렷한=또려ㅅ탄, 비롯한=비로ㅅ탄, 금치못한다=금치모ㅅ탄다, 깨끗하다=깨끄ㅅ타다.

‒ 'ㅊ' 다음에 'ㅎ'이 올 때는 'ㅌ'으로 발음된다.

예 : 꽃한송이=꼬ㅅ탄송이

※ **참고** : '생가ㄱ카고, 답따ㅂ파고'와 같이 받침을 적은 것은 발음할 때 분명히 그와 같은 소리값이 살짝 얹히기 때문이다. **국립국어원**에서는 '북한'을 '부칸'으로 발음한다고 하는데, '부ㄱ칸'으로 발음하는 것이 맞는 발음이다.

※ 방송인들이 잘못 발음한 사례

– '박켝거세(박혁거세)'라고 해야 하는데, 교육방송국의 최○○ 아나운서가 진행하는 어린이 퀴즈 프로그램에서 모 여자 성우는 '바격꺼세'라고 발음했는데, 과연 그것이 올바를까?

– '손석키(손석희)'를 '손서기'로 발음해도 되나? MBC 라디오 '손석희 시선집중'에서 손석희 씨는 '시자카게씀니다(시작하겠습니다)'를 '시자가게씀니다'라고 발음하였는데, 그것은 잘못된 발음이다. 그렇다면 '손석희'를 '손서ㄱ키'로 발음하지 않고 '손서기'로 발음하면 어떨까?

– 방송인 김○○는 바ㄱ카나만(박하나만)을 글자대로 발음하려고 (박:하나만)으로 발음했다. 박명수 개그맨은 자기 이름을 '박:명수'로 발음하는가 하면, 모든 'ㅎ' 발음을 글자대로 발음하려고 단어와 단어를 끊어서 읽고 있다. 박명수는 방명수로 발음해야 옳은 발음이다.

– 라디오 문화방송에서 연천 군인 총기사고를 보도했다. 거기서 "우발적 사고"를 알릴 때 '우발적'으로 발음했다. "태연히 집합했다가"에서는 '지바배따가'로 발음하는 방송인도 있다. 이 역시 '우발쩍, 지파ㅂ패따가'로 발음해야 한다. 또한 기자회견 당시 군인도: '긴박한 상황, 급박한 상황'을 '긴바간상황, 급빠간상황'으로 발음 했다. 반드시 "긴바ㄱ칸 상황. 급빠ㄱ칸 상황"으로 발음해야 한다.

- KBS1 황ㅇㅇ기자

'결배ㄱ카고(결백하고)', '포차ㄱ캐따고(포착했다고)' AI 전 국토에 '잠보ㄱ카는(잠복하는)' '거드ㅂ패씀니다(거듭했습니다)' 상황이 '급빠ㄱ카니(급박하니)' 등을 모두 "결배가고, 포차개따고, 잠보가는, 거드배씀니다, 그빠가니"로 발음하는데, 그렇다면 '본격화, 급격히(본껴ㄱ콰, 급껴ㄱ키)'도 '본겨과, 급겨기'라고 발음해도 될까?

- MBC 아침 드라마 '내곁에 있어' 민 회장 역의 최ㅇㅇ는 "지혜한테 연락 오면 나한테 직접 연락하라고 해. 니가 연락하지 말고"라는 대사를 '열라ㄱ카라고 해, 열라ㄱ카지 말고'라고 발음해야 하는데, '열락:하라고 해, 열락:하지 말고'라고 글자대로 발음하기 위해 끊어서 발음했다. 그러다가 요즘은 아예 '열라가라고해, 열라가지말고'라고 발음하고 있다. 이제 웬만한 연기자들도 이렇게 글자대로 발음하는 경향이 많아졌는데, 정말 큰일이다.

- 추노에서, 참 딱하시구면유-'딱카시구먼뉴'라고 해야 할 것을 '따가시구먼뉴'로 발음하고 똥꼬가 찌릿찌릿하구면- '찌릿찌리ㅅ타구면'으로 발음해야 하는데, '찌릿찌리다구면'으로 했다.

- 김길태가 이 양을 성폭행한 사건을 보도하면서. '성포ㄱ캥'으로 발음해야 하는 것을 '성포갱'으로 하는 방송인도 있었다.

사이 'ㅅ'에 관한 발음

이 조항도 문제가 있다.

옛날에는 "최대값, 장미빛, 처가집, 등교길."로 표기하고 발음은 "최대깝, 장미뻗, 처가찝, 등교낄"로 했던 것을 지금은 한자와 순우리말이 합쳐져 한 낱말이 될 때 사이시옷을 넣어줘야 한다면서 "최댓값, 장밋빛, 처갓집, 등굣길"로 표기하고 "최댇깝, 장믿삗, 처갇찝, 등굗낄"로도 발음하게 어문규정을 만들었는데 이것은 잘못이다.

왜냐하면 뒤소리가 된소리로 발음된다고 하여 사이시옷을 넣어 평음으로 발음되는 가운데 소리를 더 강하게 발음하게 하기 때문이다.

그리고 뒤에 오는 낱말이 된소리[ㄲ·ㄸ·ㅃ·ㅆ·ㅉ]나 거센소리[ㅊ·ㅋ·ㅌ·ㅍ]이면 사이시옷을 쓰지 않는다는 규정을 만들어 '최고치'는 '최곳치'가 아니라 '최고치', '대가(代價)'는 '댓가'가 아니라 '대가'가 맞다고 해놓고, 왜 다른 것에는 사이시옷을 쓰는지 도무지 이해가 안 된다.

그러느니 아예 사이시옷을 쓰지 말고 세종대왕의 뜻대로 소리글인 "최대깝, 장미삗, 처가찝, 등교낄"로 쓰는 것이 합당하지 않을까?

– 다음은 SNS에 올린 글이다.

2009. 11. 10 MBC 생방송 오늘 아침. 자막. "북엇국이 미용식? 일본 열도 북엇국 열풍."에서 '국'이 '꾹'으로 발음된다고 하여 이와같이 '어'자에 '사이시옷'을 써서 '북엇국'으로 표기하였다. 이것은 어원을 무시하고, 특히 세종대왕의 소리글에 반하는 짓이다.

세종의 소리글대로 쓴다면 '부거꾹'으로 표기해야 옳다. 그러나 기왕에 한글 맞춤법 규정에 의해 어원을 살려서 써야 한다면 '북어국'으로 표기하고, 발음은 '부거꾹'으로 발음하면 된다.

또한 '종갓집, 처갓집, 등굣길, 하굣길, 장맛비, 장밋빛'도 '종가찝, 처가찝, 등교낄, 하교낄, 장마삐, 장미삗'으로 쓰던지, 아니면 '사이시옷'을 쓰지 말고 '종가집, 처가집, 등교길, 하교길, 장마비, 장미빛'으로 쓰고 발음은 '종가찝, 처가찝, 등교낄, 하교낄, 장마삐, 장미삗'으로 하면 된다.

얼마 전까지만 해도 사이시옷을 이렇게 남발하여 쓰지는 않았다. 그런데 웬 규정을 만들어 된소리로 발음해야 할 것을 글자대로 발음하게 했는데, 위 단어들의 발음도 글자대로 '북어:국, 종가:집, 처가:집, 등교:길, 하교:길, 장마:비, 장미:빗'으로 해야 한단다. 그런데 아무래도 어색하니까 '사이시옷'을 넣어 쓰게 한 것으로밖에 볼 수 없다.

('장맛비'는 '장마비'로 쓰고 발음도 '장마비'로 해야 하는 것을 '장마삐'로 발음하더니 표기조차 '장맛비'로 하고, 발음은 '장맏삐'로 하여 된장맛인지 고추장맛인지 그 뜻마저 변질시키고 있다.)

[답글] 김용석 〈ysk94@.kr〉

귀하의 '바른말'을 잘 읽었습니다.

한글 맞춤법 제4장 제4절 제30항의 엉성한 '사잇소리' 규정을 함부로 적용한 결과라고 봅니다. 원래 '맞춤법'의 취지는 글의 가독성(readability)을 높이고자 하는 것일진대, 제시하신 어휘들의 표기는 오히려 역효과를 가져올 수도 있습니다. 특히 '장맛비' 등은 경우에 따라서는 그 뜻조차 훼손시키는 결과를 초래하는 수가 있습니다. 이것이 문제입니다. 우리 '한글 맞춤법'을 손볼 기회가 있으면 같이 한번 나서 봅시다.

[답글] 김승환 〈swkim@.kr〉

그동안 안녕하셨습니까? 너무 사이시옷을 남용하여 붙이는군요. 예쁜 우리 말소리를 밉게 만드네요. 말소리는 세종이 아름답게 만들었건만 왜들 그러는지 모르겠네요. 국문학자들이 아직도 일을 저지르고 있군요. 우리말에도 4성을 해야 하고 표기도 해야 하는데, 말소리를 그 원리도 모르면서 제멋대로 규정하고 있습니다. 이렇게 나라 말이 나랏말로 변해서야 되겠습니까? 보내신 의견에 동의합니다

[답글] 채서영(서강대 영문과 교수)

요즘 사이시옷 사용이 부쩍 헷갈린다. 어째서 '최소값'이 아니고 '최솟값'이며, '홧김'은 옳은 말인데 왜 '홧병'은 '화병'으로 써야 할까? 특히 '등굣길', '북엇국' 같은 단어는 낯설기까지 하다.

사이시옷은 1988년 맞춤법 개정안에서 한자어-한자어 결합에는 6개의 예외(숫자, 툇간, 횟수, 셋방, 곳간, 찻간)를 제외하고는 사이시옷을 쓰지 않도록 되어 있다. 고유어-고유어 및 한자어-고유어(고유어-한자어) 합성어에는 사잇소리가 날 경우에만 사이시옷을 쓰도록 하고 있다. 이런 새 규정은 1999년 표준국어대사전 편찬에, 2009년부터는 초·중·고 교과서에 적용됐다. 개정은 22년 전에 됐지만 정작 학교에선 작년부터 반영돼 급작스런 변화로 느껴지게 된 것이다.

그런데 이 규정은 애초부터 모호했다. 이를테면 표준국어대사전 '인사말'이 나오지만 대부분 '인삿말'로 발음한다. 반면 사전에 실린 '장맛비'는 '장마비'와 발음이 완연히 다르다. 극단적으로 말하면 합성어의 사잇소리는 그때그때 달리 말하고 쓸 수 있다는 얘기다. 실제로 1999년판 표준국어대사전에는 '종자돈'이, 현재 인터넷판에는 '종잣돈'으로 실려 혼돈을 준다.

또 맞춤법 규정을 따르려면 단어의 구조 분석을 해야 한다. 초점, 전

세방, 피부병처럼 한자어로만 합성된 경우는 사이시옷을 쓰면 안 된다. 그러나 '하굣길', '고양잇과'같이 한자어와 고유어로 합성된 단어는 사이 시옷을 어떤 경우에 써야 할지 혼란스럽다.

이런 혼란은 소리 나는 대로 써야 한다는 것과 한자 원형을 유지해야 한다는 것을 모두 만족시키려 해서 생긴 것이다. 하지만 발음에는 변화 가 있고, 한자 어원에 대한 인식도 희미해졌다. 더구나 맞춤법 개정 전에 는 한자어에도 사이시옷을 넣어 '촛점', '욋점', '칫과'로 썼고, 합성어에 대 한 인식도 지금과 달라 '최대값', '등교길'로 썼다. 그런데 이젠 어원 분석 까지 해서 사이시옷을 써야 하는 셈이 됐다.

분명한 것은 표기 규정을 학술적인 문제가 아닌 언어정책의 문제로 다루어야 한다는 점이다. 이런 혼란스런 사이시옷 문제를 보면 우리의 언어정책이 누구를 위한 것인지 반문하게 된다. 일단 결정됐으니 따르라 고 하기에는 규정이 지나치게 복잡하므로 단순화해야 한다. (채서영 서 강대 영문과 교수)

요즘 표준어 표기를 보면 "장맛비" "장삿속" "홍밋거리" "장밋빛" "김 칫국" 등으로 쓰고 있다. 이것은 장마비, 장사속. 홍미거리. 장미빛. 김 치국 등으로 쓰고, 발음은 장맛뻬. 장삿쏙. 홍미꺼리. 장미뻿. 김칫꾹과 같이 경음(硬音)으로 했다. 이것을 빙자로, 표준어는 소리 나는 대로 써 야 한다는 그들의 주장에 의해 사이스을 써야 한다고 해서 글자까지 바 꾸게 된 것이다.

그 밖에 "장맛비, 장삿속, 홍밋거리, 장밋빛, 김칫국" 등도 사이스을 넣어 쓰고 있다. 이것은 "장마비, 장사속, 홍미거리, 장미빛, 김치국"으로 쓰고, 발음은 "장마삐, 장사쏙, 홍미꺼리, 장미뻿, 김치꾹"처럼 경음(硬音)으로 발음됐다. 이것을 빙자로, 표준어는 소리대로 써야 한다는 그들의 주장에 의해 사이스을 써야 한다고 하며 글자를 바꾸기까지 했다.

이 사이시옷을 쓰게 만든 것은 2006년에 교육부 국어원의 것을 교육인적자원부에서 통일시켰는데 국어학자들의 탁상공론이라고나 할까?

한 나라의 말을 시류에 따라, 권력에 따라 바꾸는 집단과 학자들이라니 참으로 통탄할 일이다.

– 한양대 국어학 김정수 교수 게재 글

※ 사잇소리 따위의 본바탕

"올봄"을 [올봄]으로 읽어야 하나, [올뽐]으로 읽어야 하나? "효과"를 [효과]로 읽어야 하나, [효꽈]로 읽어야 하나? "동영"이란 사람을 [동영]이라 불러야 하나, [동녕]이라 불러야 하나?

'문교부 표준어 규정'(1988)에서 "옷 입다"는 [오딥따]라 하면 안 되고 [온닙따]라 해야 하고, "송별연"은 [송벼]라 해야지 [송별련]이라 해서는 안 된다고 한다.

이런 시비는 사잇소리, 된소리 되기, ㄴ 덧나기, ㄹ 덧나기 등에 대해서 잘못된 지식이 널리 퍼져 있기 때문에 괜히 일어나는 현상이다. 국어학계에서는 이 문제가 오래도록 논쟁을 일으켜 왔지만 대다수가 합의할 만한 명석한 결론은 아직 나오지 않은 형편이다.

이런 현상이 주로 두 낱말이 합쳐 한 낱말을 이룰 때 그 사이에서 일어나고 더러 ㅅ 받침으로 적혀 왔기에 '사이시옷 현상'으로도 불러 왔고, 음운 현상의 하나로 치고 '사잇소리 현상'이라고도 불러 왔다.

꽤 많은 사람들이 일치되게 인정하는 것은 이 사이시옷, 또는 사잇소리가 뒷말을 꾸미는 관형격 기능이 있다는 점 정도다.

무슨 기능이 있다면 당연히 이것은 문법 기능이다. 또한 언어적인 의미에 속하는 것이다. 따라서 그 기능, 즉 의미를 표현하는 형식의 사잇소리 등은 형태소로 인정해야 한다. 그런데 거기까지 이르지 않는 것이 도무지 이상한 노릇이다.

한 가지 현상 가운데 일부에는 맞고 일부에는 맞지 않는다는 가설은 버려야 한다. 사잇소리가 뒷말을 꾸민다는 가설은 맞는 경우보다 안 맞는 경우가 더 많은 잘못된 가설인데도 이것이 통설에 가깝게 퍼져 있다.

'문교부 표준어 규정'의 제28항 "표기상으로는 사이시옷이 없더라도, 관형격 기능을 지니는 사이시옷이 있어야 할(휴지가 성립되는) 합성어의 경우에는, 뒤 단어의 첫소리 'ㄱ·ㄷ·ㅂ·ㅅ·ㅈ'을 된소리로 발음한다." 하면서 "문-고리(문꼬리), 눈-동자(눈똥자), 신-바람(신빠람), …" 등을 본보기로 들었는데, 이것은 권위 있는 국어학자들의 일치된 연구 결과다. 그러나 두 낱말 사이에는 사이시옷이 들어가지 않아도 앞말은 뒷말을 꾸미도록 되어 있다.

이것은 언어 일반의 보편적 현상이다. "바람결에 흔들리는 갈대와 같이 …"라고 노래할 때 [바람껼레]라고 발음하지 않아도 지장이 없다.

자고 난 자리를 [잠짜리]라 하지 않고 [잠자리]라 하는 사람도 결코 적지 않다. 그렇게 말해도 오해할 염려가 전혀 없기 때문이다.

젊은 사람들은 대개 "김밥(김빱)"이라 하지만 중년 이상 되는 사람들은 대개 [김밥]이라 한다.

이것은 어떤 권위 있는 학설이나 명문화한 규범에도 선행하는 사실이다. 이것은 어느 쪽이 옳으냐 그르냐 하고 다툴 문제가 아니다. 이런 현상은 한 낱말 속에서만 일어나는 것이 아니고, 관형격 기능을 말할 수 있는 자립적인 두 낱말 사이에만 있는 현상도 아니다.

〈표준 발음법〉제6장 '경음화'와 제7장 '음의 첨가' 현상으로 예시된 자료만 자세히 보아도 드러나는 일이다. "신을 신고(신:꼬), 나이가 젊지(점:찌)" 등은 낱말만 아니라 줄기와 씨끝 사이에도 같은 현상이 일어난다는 사실을 보여주는 것이다.

"영업-용(영엄뇽), 식용-유(시굥뉴)" 등은 낱말과 뒷가지 사이에서, "검열(검:녈/거:멸), 금융(금늉/그뮹)" 등은 낱말도 못 되는 한자말 뿌리 형태소 사이에서 같은 현상이, 그것도 수의적으로 일어난다는 것을 잘 보여 주고 있다.

"너 문 열어(문녀러)! 빨리 안 열어(안녀러)?" 여기 ㄴ이 덧나는 것은 낱말이 합성되어서도 아니고, 관형격 기능이 있어서도 아니다.

"하는 일(하는닐) 없이 돈만 버리네."라 할 때 "하는"은 관형격 표지가 따로 필요하지 않은 관형어인데도 ㄴ이 덧날 수 있다. 이 현상은 예외 없이 표현을 강화하는 문법 행위이다.

형태소의 앞이나 뒤나 그 사이나 어디서나 언 중이 행할 수도 있고, 행하지 않을 수도 있는 수의적인 언어 행위이다.

[고추] 대신 [꼬추]라 하는 것은 앞에서, [고추 잎] 대신 [고춘닙]이라 하는 것은 사이에서, [여보] 대신 [여봇]이라 하는 것은 뒤에서 표현을 강화하는 것이다.

훈민정음이 창제되기 이전부터 오늘날까지 앞으로 더욱 활발하게 일어나는 언중의 행위이기에 아무도 막을 수 없고 섣부른 노력과 순화라는 명분으로 교정할 수도 없다.

토박이말이나 한자말이나 갓 들어오는 서양 외국말이나 가리지 않고 음절의 수가 많든 적든 상관하지 않기 때문에 '문교부 한글 맞춤법'(1988) 제30항에서 두 음절짜리 한자말 여섯 개에만 사이시옷을 적게 한 것은 한자말도 잘 모르는 한자 혼용주의자들이 국가 규범을 주장한 탓이다.

요새 일부 방송인들이나 일부 국어학자들이 어떤 말에는 된소리 되기나 ㄴ 덧나기 현상이 있다 하고, 어떤 말에는 없다 한다. 그러면서 [효과]라 하고 [올봄]이라 하고 [동영]이라 해야 한다는 것은 언중의 권한을 침범해 가며 자기들의 시야가 좁은 것을 자랑하는 셈이다.

[효과], [올봄], [동영]은 기본형이고, [효꽈], [올뽐], [동녕]은 그 강세형인 만큼 언중이 선택하는 대로 다 쓸 수 있다.

다만 언중 다수가 강세형을 택한 것으로 보이면 그쪽을 따르고, 기본형을 쓰는 사람이 남아 있으면 기본형을 쓰는 것도 무난하다. 그러나 억지로 강세형을 버리고 기본형만 쓰자는 것은 헛수고에 지나지 않는다.

누가 "머리말"은 안 되고, "머릿말"이어야 한다고 하던가? 유식한 표현을 [문자]라 하고, 글자를 [문짜]라 하는 것은 기본형과 강세형이 오랜 세월을 거쳐 서로 다른 말로 분화한 꼴이다.

[하릴없다]와 [할 릴 없다], "점잖다"[점잔타]와 "젊지 않다"[점찌안타], "무녀리"[무녀리]와 "문 열 이"[문녀리] 등도 마찬가지다. 서울 사람은 "산을 넘고(넘꼬)"라 하고 경상도 어떤 사람은 "산을 넘고(넘고)"라 하는데, 이것도 기본형이 방언 지역에서 보존된 결과다.

이처럼 역사적인 뿌리가 있는 언중의 다양한 언어 행위를 쉽게 판정하고 국가 규범입네 국가 기관입네 하면서 함부로 가위질해서는 안 된다.

앞장서지 말고 그저 뒤나 조심조심 따라가면서 눈치채지 못할 만큼만 다듬고 섬겨 주는 것이 연구자의 분수며 학계의 한계다. (김정수교수 한양대 국어학)

※ 방송인들이 잘못 발음한 사례

− 어느 뉴스 자막에서 안경도수를 '안경돗수'로 썼는데, 이는 안경도수로 써야 맞다. 그렇게 표기하다 보니 발음 또한 '안경도쑤'로 해야 할 것을 '안경돗쑤'로 하여 우리말을 엉망으로 만들고 있다.

− 중앙일보에서 "경의선 철도의 꿈과 현실"에서 지금 어려운 경제 사정을 감안할 때 이 철도에 대한 경제적 평가를 지나치게 장밋빛 일색으로 호도해서는"이라고 했는데, 여기서 '장밋빛'은 잘못된 발음이다. '장미빛'으로 해야 한다. 그러니까 '장미삗'으로 해야 하는데, '장믿삗'으로 발음하는 셈이다.

− 조정래의 소설 《한강》을 보면 여유돈을 여웃돈, 화제거리를 화젯거리, 백리길을 백릿길, 제상을 젯상으로, 상아빛을 상앗빛, 활개짓거리를 활갯짓거리, 신부감을 신붓감으로, 모자리를 못자리로 쓰고 있다. 참말로 안타까운 일이다.

− MBC TV 전파견문기 퀴즈 순수의 시대에서 꼬마 마술사 홍ㅇㅇ가

연필을 휘게 한다면서 이ㅇㅇ에게 콧끼름 좀 발라 달라고 한다. 그러자 이ㅇㅇ 씨는 콧끼름이 아니고, 코기름이라고 했다. 어쩌면 어린이보다도 표준어를 못 하고, 나아가 코기름이라고 가르쳐 주는지 딱하기 그지없다.

어린이는 자연스럽게 우리말을 제대로 발음하지만 어른들은 아니 방송인들은 연음화라 하여 모든 것을 의식적으로 글자대로 발음을 합니다. 제발 우리말을 제대로 발음하면 좋겠어요.

– 2005. 6. 23. 조선일보 사설. '美의 北 자극발언, 北에 핑곗거리 줄 수 있다.' 라는 제목에서 '핑계거리'를 '핑곗거리'라고 썼다. 발음에 있어선 '거리'가 '꺼리'라고 된소리로 발음된다고 하여 '계'자에다 사이 'ㅅ'을 넣었다. 하지만 그것은 잘못되었다. 그것은 어원을 무시한 셈이다. '장미(薔薇)빛'을 '장미삣'으로 발음된다고 해서 '장밋빛'으로, '장마비'가 '장마삐'로 발음된다고 해서 '장맛비'로, '종가(宗家)집'이 '종가찝'으로 발음된다고해서 '종갓집'으로 썼다. 그렇게 되면 '장마'가 '장맛'이 되고, '장미(薔薇)'는 '장밋'이 되고, '종가(宗家)'는 '종갓'이 된다. 이것이야말로 어원을 헷갈리게 만드는 일이요, 우리 말글을 엉망으로 만드는 짓이다. 글자를 바꾸려면 아예 발음되는 대로 "핑계꺼리, 장미삣, 장마삐, 종가찝"으로 하면 어떨까? 합성어일 경우, 그 어원을 살려 쓰고 발음만 된소리로 하면 된다.

– SBS 모 프로에서 '애교덩어리'의 표기를 '애굣덩어리'라고 썼다. 그런데 '애교떵어리'로 발음된다고 하여 '교'자 밑에 사이시옷을 썼는데, 이는 참으로 한심한 일이다.

요즘 된소리가 나는 글자 앞에는 무조건 사이 'ㅅ'을 쓰는데, 그것은 정말 잘못이다. 그렇다 보니 "부자집, 북어국, 조개국, 선지국, 등교길, 하교길"도 "부자찝, 북어꾹, 조개꾹, 선지꾹, 등교낄, 하교낄"로 발음된다. 그리하여 어원을 무시하고 "부잣집, 북엇국. 조갯국. 선짓국, 등굣길, 하굣길"로 표기를 한다. 이것은 우리말을 너무 모르는 무지의 소치라고밖에 할 수 없다.

'처가댁(처가땍)'도 '처갓댁' '처가집(처가찝)'도 '처갓집' 등으로 표기한다. 그러다 보니 '백원때(백원대)'라고 발음해야 하는데, '백원:대'로 발음하게 된다. 그것을 '때'로 발음하게 되면 '사이시옷'을 '원'자 밑에 넣어야 한다. 그런데 그럴 수가 없으니까 글자대로 발음하게 된다.

특히 1988년 맞춤법 개정안에서 "사이시옷은 한자어-한자어 결합에는 6개의 예외(숫자, 툇간, 횟수, 셋방, 곳간, 찻간)를 제외하고는 쓰지 않도록 되어 있다"고 했다. 그런데도 불구하고 이렇게 마구 남발하고 있다. 국어순화 운운하면서 글자대로 발음하게 하고, 글자대로 발음이 안 되면 글자를 바꾸기까지 한다.

― 2009. 11. 10 MBC 생방송 오늘 아침. 자막에 "북엇국이 미용식! 일본열도 북엇국 열풍." '국'이 '꾹'으로 발음된다고 하여 이와 같이 '어'자에 '사이시옷'을 써서 '북엇국'으로 표기하는 것은 어원을 무시하고 특히 세종대왕의 소리글에 반하는 짓이다.

세종의 소리글대로 쓴다면 '부거꾹'으로 표기해야 올바른 일이다. 그러나 기왕에 한글 맞춤법 규정에 의해 어원을 살려서 해야 한다면 '북어꾹'으로 표기해야 할 것이다. 더욱 합리적인 것은 '북어국'으로 표기하고, 발음은 '부거꾹'으로 하면 된다. 얼마 전까지만 해도 사이시옷을 이렇게

까지 남발하진 않았다.

　그런데 글자대로 발음하게 하려는 의도에서 "합성어는 휴지를 두고 각 단어대로 발음해야 한다"라는 규정을 만들었다. 그렇게 되면 위와 같은 단어들의 글자대로 '북어:국, 종가:집, 처가:집, 등교:길, 하교:길, 장미:빗, 장마:비'로 발음해야 한다. 한데 그건 아무래도 어색하니까 '사이시옷'을 넣어 쓰게 한 것으로밖에 볼 수 없다.

숫자에 관한 발음

> 방송인들이 불뻡(불법.不法)을 불법, 효꽈(효과)를 효과, 오늘빰(오늘밤)을 오늘밤 등으로 글자대로 발음하더니 이제는 숫자 발음까지도 글자대로 발음하고 있다.

예를 들어 교통사고가 나서 사망자 12명, 부상자 115명이 발생한 소식을 전하면서 '열:두명, 백:열:다선명'으로 발음했다. 하지만 바른말은 '열뚜명, 뱅녈따선명'이다.

숫자의 올바른 발음을 더 살펴보자.

"11·12·13·14·15·16·17·18·19·20"의 발음은 "여라나, 열뚤, 열쎗, 열넷, 열따섯, 열녀선, 열닐곱, 열녀딜, 여라훕, 스물, 아니면 시빌, 시:비, 십쌈, 십싸, 시보, 심뉵, 십칠, 십팔, 십꾸, 이십"이라 한다. 그런데 방송인들은 "열:하나, 열:둘, 열:셋, 열:넷, 열:다섯, 열:여섯, 열:일곱, 열:여덜, 열:아홉, 스물, 아니면 십:일, 십:이, 십:삼, 십:사, 십:오, 십:육,

십·칠, 십·팔, 십·구, 이십"으로 한다. '111, 112, 113, 114, 115, 116, 117, 118, 119'의 발음은 "뱅녈하나, 뱅녈뚤, 뱅녈쌛, 뱅녈넷, 뱅녈따섯, 뱅녈녀섯, 뱅녈닐곱, 뱅녈녀덜, 뱅녈아홉"인데, 방송인들은 "백·열하나, 백·열둘, 백·열셋, 백·열넷, 백·열다섯, 백·열여섯, 백·열일곱, 백·열여덜, 백·열아홉"으로 발음하고 있다.

북한에서 당 창건 70돐 행사를 하면서 북한 방송인들은 '당창건 일흔 돌'이라고 발음하는데, 우리나라 방송인들은 '당창건 칠십돌'이라고 한다.

또한 "최근 5년간 철도건설 사고 총 80건"이라는 소식을 전하면서 '여든껀'으로 발음해야 하는 것을 '팔씹껀'으로 발음하고 있다.

"10·20·30·40·50·60·70·80·90"의 발음은 두 가지가 있는데, "열, 스물, 서른, 마흔, 쉬흔, 예순, 일흔, 여든, 아흔"은 일반적으로 쓰고, "십, 이십, 삼십, 사십, 오십, 육씹, 칠씹, 팔씹, 구십"은 군대에서 사용한다.

군대에서 점호를 할 때 "삼소대 삼십명중 휴가 이명 외출 삼명 현재 이십오명입니다"라고 하지 "삼소대 서른명중 휴가 두명 외출 세명 현재 스물다섯명"이라고 하진 않는다.

백 단위가 넘을 때는 흔히 120개를 백이십개, 130개를 백삼십개, 140개를 백사십개, 150개를 백오십개, 160개를 백육십개, 170개를 백칠십개, 180개를 백팔십개, 190개를 백구십개로 발음하는데, 그것은 잘못된 발음이다. 그렇다면 110개를 백십개로 해야 하는데, 그렇게 발음하는 사람은 없고 모두 백열개로 한다. 그러므로 "열 개, 스무 개, 서른 개, 마흔 개, 쉬흔 개, 예순 개, 일흔 개, 여든 개, 아흔 개"로 해야 한다.

단 주택을 가리키는 '호'가 수자 뒤에 있을 때는 "일 호, 이십 호, 백삼십 호"로 발음한다.

숫자 뒤에 "명·개·놈·척·말·마리·동·평·가마·장" 등이 있을 때는 "한명, 두개, 세놈, 네척, 다선말, 여선마리, 일곱동, 여덜평, 아홉까마, 열짱, 열한명, 열뚜개, 열쎄놈, 열네척, 열따선말, 열녀선마리, 열닐곱동, 열녀덜평, 여라옵까마, 스무장"으로 해야 한다.

또한, '되'가 있을 때에는 "한되, 두되, 석되, 넉되, 다섯되"로 하고, '개국'이나 '개사'가 있을 때는 "일개국, 이개국, 십개국, 이십개국, 일개사, 이개사, 십개사, 이십개사"로 해야 한다.

골프장과 같이 장소를 지칭할 때는 "한곳, 두곳, 열곳, 스무곳"으로 하고, '가구'가 있을 때는 "한가구, 두가구, 열가구, 서른가구"로 하고, '여 개' 때는 십여개, 이십여개로 하면 된다.

- 1개사단, 2개사단, 10개사단은 일개사단, 이개사단, 십개사단
- 1차례, 14차례, 30차례, 50차례는 한차례, 열네차례, 서른차례, 쉬흔차례
- 1건, 2건은 한건, 두건에서 '건'은 물론 발음은 '껀'으로 해야 한다.
- 1~2명은 한두명, 2~3명은 두세명, 4~5명은 네다선명, 5~6명은 대여선명, 6~7명은 예닐곱명, 7~8명은 칠팔명, 8~9명은 팔구명으로 한다.
- 관련 20개 단체회원 100여명은, 관련 이십개 단체회원 백여명, 한 개 단체, 두 개 단체로 한다.
- 10대, 20대 가장은 '십때, 이십때'로 발음한다.
- 차량을 지칭할 때는 '열때, 스무대'로 하면 된다.
- 1,250명은 '천이백쉬흔명'으로 해야 한다.

그러나 요즘 방송인들은 '천이백오십명'이나 '천이백쉰명'으로 발음하

시위를 벗어난 화살은
10, 9, 8, 7, 6, 5, …가 적힌
과녁에 꽂히죠.
숫자에 관한 발음은 올바르게 해야죠.
그런데 숫자의 발음까지도 글자대로 발음하고
있어 한심 찬란하기 이를 데 없죠.

고 있다. 이 역시 옳지 않은 발음이다.

특히 나이를 말할 때 87를 '팔십일곱', 45를 '사십다섯', 77을 '칠씹일곱'으로 발음하는데, 바른말은 "여든일곱, 마흔다섯, 일흔일곱"이다.

※ 방송인들이 잘못 발음한 사례

– 롯데 가스보일러 CM 중 '일흔두시간(72시간)'으로 발음해야 할 것을 '칠씹이시간'으로 발음했는데, '칠씹이시간'은 군대에서 사용하는 발음이다.

– 진행자 정ㅇㅇ은 '928점'을 '구백이십팔점'으로 발음하였는데, 이것도 '구백이십팔쩜'으로 발음해야 한다.

– KBS2 '스폰지'라는 프로에서 해설자가 "서로 다른 12개의 음으로 88개의 음을 만들 수 있다"라는 발음을 "서로 다른 열:두개의 음으로 팔씹팔개의 음을 만들 수 있따"라고 했다. 이것의 올바른 발음은 "서로 다른 열뚜개의 음으로 여든여덟깨의 음을 만들 수 있따"이다.

방송인들이 이렇게 연음으로 발음하게 된 이유는 표준어 규정 제2부 '표준발음법, 제6장 제27항 "관형사형 '–(으)ㄹ' 뒤에 연결되는 'ㄱ·ㄷ·ㅂ·ㅅ·ㅈ'은 된소리로 발음하기 때문이다.

할 것을(할꺼슬), 갈 데가(갈떼가), 할 바를(할빠를), 할 수는(할쑤는), 할 적에(할쩍에), 갈 곳(갈꼳), 할 도리(할또리), 만날 사람(만날싸람)으로 발음해야 한다.

"이것은 끊어서 말할 적에는 예사소리로 발음한다"라는 규정 때문이다.

그런데 다만이란 전제 아래 규정을 만든 것이 문제다. 하지만 방송인들이 선행규정을 잘못된 것으로 취급하고, 다만 규정으로만 즉 글자대로 발음한다는 것이 문제다.

외래어 발음

> '딸라(DOLLAR, 달라)'를 '달라/달러'로 '뻐쓰(BUS, 버스)'를 '버쓰'로 '까쓰(GAS, 가스)'를 '가쓰'로 '께임(GAME, 게임)'을 '게임'으로 발음하는데, 이 역시 크게 잘못된 것이다. 그렇다면 '껌(gum, 검)'도 '검'으로 하라는 것인데, '롯데껌, 해태껌'도 '롯데검, 해태검' '껌값, 껌딱지'도 '검값, 검딱지'로 발음해야 한다. 그런데 이렇게 발음하는 사람은 아무도 없다.

된소리(경음硬音)를 내지 말라고 하니까 이미 토착화되어 써오던 외래어를 딴에는 '버쓰, 가쓰'로 발음하고 있다. 그렇다면 '쓰(S)'도 '스'로 하지 왜 된발음인 '쓰'로 발음하는지 도저히 이해가 가지 않는다.

여기서 문세영 사전의 외래어 표기를 인용해 보자.

된소리(경음硬音) 발음의 실태, "까쓰, 께임, 꼴, 따블, 딸러, 딱터, 땐쓰, 뻐쓰, 뽀이, 땜. 뽈, 싸이렌" 등이다. 이말들은 이미 해방 전에 일본인들로부터 받아 써오던 단어들이다. 언중(言衆)의 현실 발음도 그렇고 해방 후에 들어와 쓰인 외래어 중에 "부리핑, 부라보, 부라우스, 부레이크 등을 뿌리핑, 뿌라보, 뿌라우스, 뿌레이크" 등으로 발음하지는 않는다.

이 예만 보더라도 버쓰니 달라니 가쓰니 게임이니 하고 발음해서는 안 된다는 것을 분명히 알 수 있다.

스포츠 중계를 하면서 꼴인을 골인, 꼴문을 골문, 꼴때를 골때로 발음하는 방송인들을 너무나 쉽게 접한다. 그렇다면 한꼴, 두꼴도 한골, 두골로 해야 하는데, 그렇게 발음하는 방송인들은 없다.

그런데 지금은 '골'로 발음하는 방송인들이 꽤 있다. 또한 싸인(sign 사인)도 사인으로 해야 할 것인가? 그러면 死因(죽음의 원인)으로 해석되면 어떻게 되는가?

몇 가지 예를 더 들어보자.

"Shakespeare(쎅쓰피어). sepia(쎄피아). setting(쎄팅). set(쎄트). sex(쎅쓰). sexy(쎅씨). sensor(쎈서). sensation(쎈세이션). sense(쎈쓰). center(쎈터). selleryman(쎌러리맨). self(쎌프)"도 "섹스피어. 세피아. 세팅. 세트. 섹스. 섹시. 센서. 센세이션. 센스. 센터. 세러리맨. 셀프"로 발음해야 한단 말인가? 그렇다면 축구 중계시 쎈터링(centering)을 센터링으로 해야 할까?

조정래의 《한강》 4권 261~262쪽에 보면 이런 구절이 나온다.

"오우 싸진 초이, 나이트메어? '이봐 최병장, 악몽 꿨냐?' 건너편의 화이트가 침대에 걸터앉아 담배를 피우며 물었다. 미군들은 choi로 표기되는 최를 '초이'라고 발음했다. 아무리 최라고 고쳐주어도 그들은 그 발음을 하지 못했다."

이 글에서 보듯이 미국인들이 우리말을 제대로 발음하지 못하고, 그들 식으로 발음하듯이 우리들이 영어를 그들과 똑같이 발음한다는 것은 있을 수 없는 일이다. 그렇게 그들 식으로 발음하라고 하는 것은 사대주의 발상이며 주체성이 없는 한심한 작태이다.

연변을 옌벤, 연길을 옌지, 강택민을 장쩌민, 등으로 발음을 하고 쓰고 있는데, 일본도 한자나 영어를 쓰지만 그들은 그들 식으로 쓰고 발음하고 있다.

– 고려대 독문학과 명예교수이신 박찬기 교수의 글

역사와 문헌이 있는 나라는 관례에 따라 외국 고유명사를 표기하고 발음한다. 우리는 한자(漢字)를 받아들여 쓰기 시작하면서 중국어의 한자음을 우리 국음으로 발음해 왔다. 우리 국어에서 '양자강(揚子江)'은 '양쯔강'이 아닌 '양자강'으로 발음해야 하는데도 최근 신문이나 방송에서는 오랜 관례를 깨고 중국 현지음으로 표기하거나 발음해 큰 혼란과 불편을 야기하고 있다. 단순한 불편과 혼란쯤이면 참고 있을 수도 있겠지만 우리의 역사와 문헌. 그리고 전통의 혼선 등 언어 혼란으로 인한 후유증은 이루 헤아릴 수 없다.

독일 라인강변에 '쾰른'이라는 도시가 있다. 프랑스 사람들은 그 도시를 '꼴로뉴'라고 부른다. 그 도시가 옛날에 라틴민족의 식민지였기 때문이다. 독일 사람들로서는 자존심이 상할 수 있는 명칭인데도 프랑스 말로 소개할 때는 자신을 '꼴로뉴' 사람이라고 말하는 것을 자주 들을 수 있다. 독일 사람들이 영어를 배울 때 이를 '뮤니크'라고 발음한다. 영국과 미국 사람들이 그렇게 부르기 때문이다.

어느 나라고 외국 고유명사를 발음하는 나름대로의 원칙이 있고 외국도 그 관례를 존중해준다. 독일이나 프랑스 등은 몇 백 년의 전통을 존중해서 이렇게 외국의 관례를 따라준다. 우리는 몇백 년간 '양자강'으로 불러왔고, 문헌상 표기도 대부분 '양자강'이다. 또 중국의 남쪽 지방에서는 '양쯔강'이라 발음하지 않고, 극히 일부에서만 이렇게 부른다. 게다가 우리의 발성 능력으로는 중국의 실제 발음에 가깝게 발음하지 못한다.

우리는《삼국지연의》등을 통해 이미 우리 나름대로의 중국 인명과 지명을 많이 알고 있다. 그런데도 굳이 현지음 원칙을 고수할 경우 가령 귀중한 역사기록인《조선왕조실록》에 나오는 인명과 지명이 생소해지고 뜻의 혼선을 가져올 수 있다. 역사와 문화가 있는 민족의 귀중한 문헌들을 무색하게 만들고 후손들과의 정신적 단절을 가져올 수도 있는 이런 변혁을 어떤 기준으로 누구를 위해 강행하고 있는 것인지 알 수가 없다. 우선 신문 표기부터 강택민(江澤民)은 '장쩌민'이 아닌 '강택민'으로, 주용기(朱鎔基)는 '주룽지'가 아닌 '주용기'로 시급히 바로잡아 주길 바란다. (한국어문회 회원 박찬기 교수)

필자는 여기에 덧붙여 그렇다면 중국(中國)은 왜 그들의 발음인 '중구어'로 하지 않고 '중국'이라고 하는지 이해가 가지 않는다. 즉 원칙이 없고 막말로 너무나 즉흥적이라는 것이다. 그렇다면《삼국지》나《수호지》도 새로 번역해야 하지 않을까? 유비·관우·장비 조조는 물론이요, 지명도 모두 중국어로 바꾸어야 하고, 또한 사자성어들도 모두 중국어로 바꾸어야 한다는 말인데, 이게 말이나 되는 일인가? 정말 한심한 일이 아닐 수 없다. 유비 관우 장비가 도원에서 의형제를 맺은 도원결의는 뭐라고 해야 하나?

※ 방송인들이 잘못 발음한 사례
- 스포츠 뉴스 아나운서는 '더블 게임 메이커'로 발음하고 최○○ 기자는 '떠블께임메이커'로 한다.

- 게잡이 보도 시, '한 바게스'라고 했는데, '한빠께쓰'로 해야 한다.

- MBC TV 뉴스 아나운서와 유○○ 기자는 '버쓰'로, 시민은 '뻐쓰'라고 발음했다.

- 원음방송에서 '쎄미나(세미나)'를 글자대로 '세미나'로 발음했다.

- 강석·김혜영이 선전하는 '델코빳데리'를 '델코배터리'라고 했다가 '델코빠떼리'라고 했다.

- KBS 스포츠 기자는 "골때를 맞꼬 나온 공이 골이냐 노꼴이냐"로 발음을 했는데, 정말 한심하다.
  왜? 아예 "골대를 맞고 나온 골이 골이냐 노골이냐"라고 하시지!!

4

바늘맘이 힘이다

국립국어원 표준어
규정의 문제점

4

■ 표준어(標準語)의 잘못된 정의

요즈음 방송인들이 사용하고 있는 표준어가 아무런 원칙도 없이 무조건 글자대로 발음하고 있다. 이것은 된소리(경음硬音)를 잘못하는 경상도 출신 전직 대통령 집권 시, 지금의 국립국어원 전신인 국어연구원이 국어순화라는 명목하에 의도적으로 경상도 언어를 표준어로 삼으려는 의도가 있었다. 이제부터 그 잘못된 점을 지적하고자 한다.

우선 그들이 주장하기를 된소리(경음硬音)로 발음하면 사람의 심성이 사나워지고 격해진다고 한다. 그렇다면 된소리(경음硬音)를 못 하는 경상도 사람인 전두환·노태우 등 전직 대통령은 왜 12·12사태와 5·18 광주사태를 일으켜 수많은 사람들을 죽였는가? 그러므로 그 이유는 천부당만부당 말도 안 되는 소리다. 그러나 그들의 주장대로 우리말을 무조건 연음화(軟音化,)시켜야 한다면 표준어의 정의를 다음과 같이 고쳐야 할 것이다.

"표준어란, 국립국어원에서 주장하는 것을 방송인들이 글자대로 발음하는 언어를 원칙으로 하고, 그 규범으로는 경상도의 중류사회에서 교양 있는 사람들이 쓰는 언어와 특히 외국인이 쓰는 우리 언어를 표준 모델로 삼아야 한다"라고.

여기서 《동아세계대백과사전》에 정의된 표준어를 살펴보면 필자의 주장을 쉽게 이해하게 될 것이다.

– 표준어(標準語 standard language.)

한 나라의 공용어(公用語)로서 쓰이는 규범으로서의 언어. 대개 각국의 수도에서 쓰는 말을 기초로 하여 성립되며 우리나라에서는 현재 서울의 중류사회에서 쓰는 언어를 가리킨다. 일반적으로는 한 나라의 공통어에 일정한 규제를 가한 이상적인 언어를 말한다. 한 나라의 국어에는 대개 많은 방언(方言)이 있으므로 교육·정치·문화 등의 공용어로서는 그 가운데 가장 규격이 바른 방언을 택하여 대표적인 국어로 인정하고, 그 언어체계를 표준어라 한다.

표준어는 자연히 발생하여 성립되는 경우도 있지만, 인공적으로 제정하는 것이 원칙이다. 이런 경우, 수도나 문화 중심지의 교양 있는 사람들이 쓰는 언어가 표준어의 기반이 되는 일이 많다. 영국의 런던어, 프랑스의 파리어, 일본의 도쿄어, 한국의 서울말 등은 모두 이런 예에 속한다. 여러 방언 가운데 가장 큰 세력을 가진 문자나 언어가 표준어의 기반이 되는 일도 있다. 예를 들면, 독일에서는 종교개혁으로 유명한 루터의 독일어가, 그리고 이탈리아에서는 단테·페트라르카·보카치오 등이 작품에서 사용한 피렌체시(市)의 상류사회 언어가 표준어의 위치를 점유하고 있다.

위의 글에서 살펴보건대 그들(국립국어원과 방송인들)의 주장대로라면 우리의 표준어는 "문화 중심지의 교양 있는 사람들이 쓰는 언어를 기반으로 하지 않고, 가장 큰 세력을 가진 경상도 언어를 표준어의 기반으로 삼아야 한다"고 해야 한다.

그들은 여기서 그치지 않고 글자대로 발음이 안 되는 것은 발음이 되는 대로 글자를 고쳐서라도 표준어를 바꾸는 잘못을 범하여 모든 서적을 다시 출판하게 하여 국가적으로 엄청난 손실을 보게 하였으며, 국민들로 하여금 보통 헷갈리게 만드는 것이 아니었다.

그것도 어디 한꺼번에 고치는 것도 아니고, 시도 때도 없이 생각나는 대로 고치니 한심하기 짝이 없다.

했읍니다를 했습니다, 됐읍니다를 됐습니다, 몇일을 며칠, 삯월세를 사글세 등으로… 같이 말이다.

■ 한글 맞춤법 표준어 규정 개정안에 반대한다!

국어심의회(위원장 허웅許雄)는 국립국어원(원장 이익섭)이 마련한 [한글 맞춤법−표준어 규정(개정안)]을 승인 6월쯤 공청회를 거쳐 문화관광부 고시로 발표된다고 한다. 또한 외래어 표기도 일부 수정된다고 한다. 그중 사이시옷이 없어야 하는 '화병(火病)' '대가(代價)' 소수(素數)' 등을 현실적으로 사이시옷을 넣어 사용하는 점을 고려해서 "홧병, 댓가, 솟수"로 바꾼다고 하는데, 그것은 절대로 잘못됐다고 본다.

왜냐하면 "현실적으로 사이시옷을 쓰고 있는 점을 고려해서"라고 한다. 그것은 결국 글자를 발음되는 대로 쓰겠다는 것밖에는 안 되는 일이며, 또한 요즘 방송인들이 국어순화 운운하며 된소리(硬音)로 발음되는 표준어를 연음(軟音)으로 발음하고 있듯이, 어쩔 수 없이 된소리로 발음되는 것은 글자를 고치되, 억지로라도 연음(軟音)으로 발음되는 것은 된소리로 발음하지 말라는 뜻이라고밖에 볼 수 없다. 그것은 또한 한자(漢

字)를 쓰지 않다 보니 장(長). 단(短)음을 잘 몰라서 생각해낸 소치로밖에 볼 수 없다.

다시 말해 "대가(代價)"나 "화병(火病)"은 장음(長音)으로서 "대:까" "화:뼝"으로 발음되는 것을 빌미로 "댓가, 홧병"으로, "소수(素數)"는 단음(短音)인 "소쑤"로 발음된다고 "솟수"로 해서 그것을 표준어로 삼겠다는 것이 아닌가?

어찌됐건 "홧병(火病)·댓가(代價)·솟수(素數)"라고 표준어를 고쳐서 쓴다고 치자. 그러면 한자(漢字)를 모르는 사람들은 "火(화)"를 "홧"으로, "代(대)"를 "댓"으로, "素(소)"를 "솟"으로 알게 되는 우를 범하게 되는 것이다. 그리하여 "화재(火災)"를 "홧재"로, "대금(代金)"을 "댓금"으로, "대모(代母)"를 "댓모"로, "대치(代置)"를 "댓치"로 읽게 되지 않겠는가? 또한 "수짜(수자數字)·고까(고가高價)·시까(시가時價)" 등도 된소리로 발음된다 하여 "숫자·곳가·싯가" 등으로 고쳐야 될지 모른다. 왜 아예 "숫짜·곳까·싯까"라고 고치지 그러는가?

여기서 같은 한글이지만 한자(漢字)로 쓰면 뜻이 전혀 다른 아래와 같은 것들은 어떻게 할 것인가도 생각해 보자.

화병 [화뼝(火病), 화병(花瓶)]
대가 [대:가(大家), 대까(代價), 대까(對價)]
소장 [소:장(少將), 소:장(所長), 소짱(訴狀)]
사적 [사:적(史蹟), 사쩍(私的)]
주가 [주가(主家), 주:가(住家), 주까(株價), 주까(酒價)]

이와같이 우리의 말은 한글로는 같은 글자이지만 한자(漢字)에 따라서 발음이 확연히 달라지는 것을 알 수 있다.

가뜩이나 요즘 방송인들(아나운서, 기자 등)이 연음화(軟音化) 운운하며 '체쯩(체증滯症)'을 '체증', '헌뻡(헌법憲法)'을 '헌법', '효꽈(효과效果)'를 '효과', '보름딸'을 '보름달', '돌땀낄'을 '돌담길', '사절딴(사절단使節團)'을 '사절단', '쌈빱'을 '쌈밥', '헤비꿉'을 '헤비급', '일짜리'를 '일자리', '절때적'을 '절대적', '둘쭝하나'를 '둘중하나', '특수썽'을 '특수성', '사껀(사건事件)'을 '사건' 등으로 발음하는 것을 수도 없이 본다. 이러한 것들을 볼 때 위의 주장은 결국 글자대로 발음하라는 것밖에는 안 되는 것이고, 또한 글자대로 발음이 안 되는 것은 글자를 고쳐서라도 글자대로 발음하도록 하겠다는 것이 아닌가?

예를 들어, '달덩이'를 '달떵이'로 발음해야 하는데, 그렇게 되면 현실적 운운하며 '달떵이'라고 표준어를 고쳐야 되니까 된소리 운운하며 '달덩이'로 발음하는 사태가 발생하는 것이다. 반대로 말하자면 된소리로 발음되는 표준어를 모두 고쳐야 된다는 결론이 나온다. 아마도 "됐읍니다, 했읍니다"를 "됐습니다, 했습니다"로 바꾸었던 것도 바로 그런 맥락에서 이루어졌던 것이 아닌가 생각된다. 아니 확실히 그렇게 해서 그렇게 되었다고 확신한다.

또한 외래어 표기법도 일부 수정된다고 하는데, 신문에는 어떻게 바뀐다는 것이 안 나와 있어서 잘은 모르겠지만 요즘 방송인들이 연음화(軟音化) 운운하며 사용하고 있는 외래어를 볼 때 미루어 짐작할 수 있지 않을까?

즉 '까쓰(가스, GAS)'를 '가쓰'로, '뻐쓰(버스, BUS)'를 버쓰로 발음하고 있는데, 왜 '가GA'나 '버BU'는 연음(軟音)으로 발음하고, '스S'는 '쓰'라고 된소리(硬音)로 발음하는지 이해가 가지 않는다. 그런 논리라면 본토 발음인 '가스'나 '버스'로 해야 되는 것이 아닌가? 그러나 이것도 저것도 아닌 어중띤 "가쓰, 버쓰"로 발음하는 것은 한마디로 웃기는 일이며, 바로 그것을 외래어 표기법으로 바꾸자고 할 것이 아닌지 모르겠다. 만약 그렇다면 이것 또한 절대로 안 된다.

왜냐? 첫째,, 위에서 이미 지적한 바와 같고, 둘째, 표준어를 개정하게 되면 교과서는 물론 국어사전 등 수많은 관련 서적들을 다시 고쳐 출판해야 하는데 그 비용은 아마 천문학적인 돈이 될 것이다.

가뜩이나 어려운 이 시대에 그 말도 안 되는 표준어 개정 작업을 꼭 해야 할 필요가 있단 말인가?

정부당국 책임자들께서 깊은 통찰 있으시기를 바란다. 결국 6개의 단어를 개정하고, 몇 개는 개정하지 못했다.

- 개정된 것 : 고간(庫間)-곳간, 세방(貰房)-셋방, 수자(數字)-숫자, 차간(車間)-찻간, 퇴간(退間)-툇간, 회수(回數)-횟수
- 개정하지 못한 것 : 개수(個數), 기점(起點), 대가(代價), 초점(焦點)
  그러나 지금은 거의 모든 것에 사이시옷을 쓰고 있으니 입맛이 신하게 쓰다.

■ 국립국어원의 독선과 말글 일꾼들의 편 가르기

다음 글은 전국국어운동 대학생동문회 회장이신 이봉원 님의 글을 편집한 것이다.

우리 말글을 사랑하기가 이렇게 힘든 줄 예전엔 미처 몰랐습니다. 이리 굽고 저리 뒤틀려 만신창이가 되어 가는 우리 말글살이를 보며 오늘도 우리 가슴은 시퍼렇게 멍이 듭니다.

하지만 더욱 우리 가슴을 쓰리고 아프게 하는 것은, 우리 말글 살리기에 누구보다 앞장서야 할 말글 일꾼들(정부, 말글 모임, 말글 학자들)이 한목소리를 내지 못하고 있는 현실입니다. 우리 말글 살리는 일로 온 겨레가 한 마음으로 무릎을 맞대고 앉아 날밤을 새도 시원치 않을 이때에, 말글 일꾼들이 오히려 편 가르기에 밤낮 다툼으로 삐걱거리고만 있다니요. 그저 우리 말글을 사랑한 죄밖에 없는 우리는 또 한 번 가슴이 찢어집니다. 우리는, 우리 말글은 도대체 어쩌라고 이러십니까?

이제 마음을 열고 함께 손을 맞잡을 때입니다. 무엇보다도 정부와 국민이 먼저 하나로 힘을 합쳐야 합니다. 그렇지 않고 우리는 한 발자국도 나아갈 수 없습니다.

이제껏 국립국어원은 국민과 말글 일꾼들에게 믿음을 주지 못했습니다. 치우침 없는 생각으로 모든 말글 일꾼들을 하나로 아울러야 할 공적인 국가기관입니다. 그런데 어떤 한 학맥·학자들만이 자리를 나눠 가지고, 그들 세력을 불리고, 그들 생각만 힘 있고 올바른 듯이 퍼뜨리는 단체라는 손가락질을 받고 있습니다. 국립국어원은 이제껏 한 대학, 한 학과, 한 학맥, 한 빛깔을 가진 사람들이 독차지해 와서, 이젠 으레 그 자리는 그 대학 그 학과 그 학맥 사람이 맡아 놓은 자리라고 드러내 놓고 말할 지경에 이르렀습니다. 이러한 국립국어원의 닫힌 모습과 치우친 생각 때문에 국민에게 믿음을 얻지 못하고 있습니다. 이래서는 국립국어원과 우리 말글 단체들 사이에 끊임없이 다툼이 일어날 수밖에 없습니다. 이처럼 정부와 국민이 서로 다투는 한 우리 말글은 앞날이 없습니다.

국립국어원은 다시 태어나야 합니다. 지금처럼 어느 한쪽 학맥 사람들을 위한 사사로운 단체처럼 비쳐져선 안 됩니다. 공적인 국가기관답게 닫히고 치우친 인사를 바로 잡고 폭넓게 국민 소리에 귀를 기울여야 합니다.

국민운동으로 키워 가려면, 먼저 정부와 말글 일꾼들이 머리를 맞대고, '바로 오늘 여기에서 무엇을 어떻게 할 것인지' 하나하나 따지고 챙겨야 합니다. 뜬구름 잡는 얘기나 껍데기뿐인 외침이 아니라 실제 국민이 하나하나 실천할 수 있는 방법을 찾아야 합니다. 무엇보다도 먼저, 물밀 듯이 들어오는 다른 나라 말글을 걸러 내고 솎아 내는 일부터 발 벗고 나서서, 물꼬를 돌릴 실마리를 찾아내야 합니다. 그런 다음 정부가 본보기를 보여 국민과 말글 일꾼들 믿음을 얻고, 이를 바탕으로 방송·신문 같은 언론 말글부터 차근차근 짚어 가서, 마침내 모든 국민이 말글 살리기에 나설 수 있는 흐름을 만들어 가야 합니다. (이봉원)

■ 국립국어원에서 주장하고 문화관광부에서 제정한 한글 맞춤법을 보면 저자의 주장이 맞다는 것을 알 수 있다.

> 한글 맞춤법 제1항: 한글 맞춤법은 표준어를 소리대로 적되, 어법에 맞도록 함을 원칙으로 한다. 제2항: 문장의 각 단어는 띄어 씀을 원칙으로 한다. 제3항: 외래어는 '외래어 표기법'에 따라 적는다.

상기 1항에서 보듯이 표준어를 소리대로 적되 어법에 맞도록 글자대로 발음하라고 한다. 글자대로 발음이 안 되는 것은 글자를 고쳐서 발음하라고 한다.

그러므로 방송인들이 글자대로 발음하고 국립국어원과 문화관광부에서는 '했습니다'를 '했습니다', '됐습니다'를 '됐습니다', '수도물'을 '수돗물', '장마비'를 '장맛비', '장미빛'도 '장밋빛' 등으로 소리 나는 대로 글자를 바꾸고 있다.

■ 오류투성이 국어 교과서, 사필귀정이다.

중학교 교과서가 오류투성이라는 뉴스는 너무 어처구니가 없어 말이 안 나온다. 그것은 사필귀정이다.

왜냐? 1933년에 제정된 한글 맞춤법을 기준으로 1970년대 말까지만 해도 아무런 혼란 없이 잘 써 왔던 것을 전두환 정권 시절 한글학회가 주관하던 국어(표준어)를 국립국어원이 주관하면서 총론 2항을 삭제하고 1항을 근거로 표준어 발음은 글자대로 발음하라고 하고 (예 : 불법. 체증. 사건. 둘중하나 등) 글자대로 발음이 안 되는 것은 글자를 바꾸어(예 : 했읍니다를 했습니다. 됐읍니다를 됐습니다. 몇일을 며칠. 삯월세를 사글세로) 우리의 표준어와 발음을 엉망으로 만들고, 급기야 방송인들을 앞세워 우리말을 외국인이 발음하듯이 혀 빠진 소리를 하고 자기들도 앞에서는 "불법, 체증, 사건, 둘 중 하나"라고 발음하다가 뒤에 가서는 "불뻡, 체쯩, 사껀, 둘 쭝하나"라고 함으로써 모든 국민을 헷갈리게 하고 있다.

그러니 편수관 수가 줄어든 것이 문제가 아니라, 그 수가 아무리 많아도 그들조차 어느 것이 표준어인지 헷갈리기 때문에 그리 된 것은 당연지사라고 본다.

아울러 조선어학회에서는 3년여에 걸쳐 십수 명의 전문가들이 심사 숙고하여 제정했는데 국립국어원에서는 시도 때도 없이 그것도 졸속으로 바꾸어 대니 표준어가 헷갈리고 잘못되는 것은 물론이다. 그때마다 다시 출간하는 서적들로 인한 엄청난 국고 낭비는 누가 책임질 것인가? 그러므로 본인은 표준어(표준말) 교육을 초등학교 때부터 전문인으로 하여금 가르쳐야 한다고 주장한다.

윗글을 문광부 홈페이지에 올렸더니 아래와 같은 답변의 글을 올려놓았다.

답변 : 이종구 님, 안녕하십니까?
우리말을 아끼고 사랑하시는 귀하의 열정에 경의를 표하면서 표준 발음에 대해 조언해 주서서 감사드립니다.

2002년 9월 23일
문화관광부 장관 김성재

■ **국립국어원은 존재할 이유가 없다**
인터넷 카페에 올려지는 글을 보면 한심하기 이를 데 없다. 일부 간추려 보면 한양대학교 김정수 교수의 글과 일본에 계신 한글사랑에 대한 열정이 크셨던 어느 선생님 글을 보면 두 분 내용이 같다고 볼 수 있는데, 내용 중 일부를 보도록 하자.

들여다보면 볼수록 안타깝고 한심하고 달리 어떻게 해볼 수 없는 부조리가 이모저모로 심각한 것이 우리네 말글살이다. 우선 말의 군더더기가 너무 심하다.

"처갓집, 양옥집, 국화꽃, 무궁화꽃, 전선줄, 철삿줄, 믹서기, 프린터기, 삼국시대 때, 고려시대 때, 늙은 고목나무, 아직 미정이라, 피해를 입어…" 이런 현상은 주로 익숙하게 쓰는 한자말과 그 밖의 외래어에 나타난다. '처가'가 이미 집인 줄 몰라서 '집'을 덧붙이는 것이 아니고, '믹서'가 이미 도구인 줄 몰라서 '기'를 덧붙이는 건 아니다. '피해'가 이미 해를 입음인 줄 몰라서, 또 입는다고 말하는 것은 아니다. 몰라서가 아니라, 직감되지 않기 때문이다.

이 내용을 보면 우리나라 국어교육이 무척 심각하다는 것이다. 과연 국립국어원에서는 이러한 사실을 알고 있을까?

5

바른말이 힘이다

오,

자장면

5

자장면에 대해 각계각층에서 문제점을 제시한 결과로 인해 요즘에 와서야 자장면과 짜장면을 같이 쓰도록 규정을 바뀌게 되었습니다.
우리말의 무지를 달리는 국립국어원에서 규정하는 '효과'라는 것에 대해 더 강력하게 '효꽈'라고 국민운동을 전개해 나아가야겠습니다.

짜장면을 자장면이라고 발음하는데, 그것은 잘못된 발음이다. 왜냐하면 짜장면의 출생지는 인천이다. 1883년에 개항한 인천에는 곧 청국지계가 설정되고, 무역이 성행하면서 중국 무역상을 대상으로 한 중국음식점들이 생겨났다. 중국의 대중음식을 처음으로 접했던 우리 서민들은 신기한 맛과 싼 가격에 놀랐다. 청인들은 청요리가 인기를 끌자 부두 근로자들을 상대로 싸고 손쉽게 먹을 수 있는 음식을 생각하게 되었다. 이렇게 해서 만들어진 것이 볶은 춘장에 국수를 비벼먹는 짜장면이 탄생했다.

그로부터 100여년을 대한민국 국민 남녀노소 모두가 짜장면으로 발음해 왔던 것을 국어순화 운운하며 글자대로 자장면이라고 발음한다. 옛날에도 표기는 자장면으로 하고 발음은 짜장면이라고 했다.

특히 상기해야 할 것은 표준어는 세월이 가면서 변한다는 것이다.

옛날에는 평음(平音 가마귀, 불휘, 석다, 곳, 곳고리, 듯듯하다)이던 것이 경음화(硬音化 까마귀, 뿌리, 썩다, 꽃, 꾀꼬리. 뜻뜻하다)한 것을 지금은 인정하고 표준어로 쓰고 있듯이 말이다.

결국 그것은 언중의 말을 존중하여 옛것을 쓰라고 인위적으로 강요하지 않았으며 표준어를, 즉 글자를 바꾸었다는 사실을 알아야 한다.

현대는 옛날과 달라 방송매체를 이용해 그들의 주장을 전 국민에게 주입시키고 있는데, 그 영향은 엄청나다

위에서도 언급했지만 대다수 국민 모두가 사용하는 언어는 표준말이 아니라 하고, 소수의 방송인들이 사용하는 언어를 표준어라고 한다면 그것은 기득권자들의 횡포이다.

그동안 국립국어원에서는 된소리가 아닌 예사소리 '자장면'이 표준말이라며 '짜장면'으로 소리 내지 말라고 가르쳐 왔다. '짜장면'은 1986년 외래어 표기법이 생기면서 국립국어원이 '자장면'을 표준말로 삼은 것이 화근이 되어 우리 곁에서 사라지는 듯했다. 중국어 표기 원칙에 따라 된소리를 피한다는 명목과 '짜장면'을 굳어진 외래어로 볼 수 없다는 논리였다. 그러나 현실과 동떨어진 결정은 많은 문인과 국어학자들의 반발을 샀다. 일부 누리꾼들은 다음 카페에 '짜장면 되찾기 국민운동본부'까지 결성할 정도였다. 그런 '짜장면'이 무려 25년 만에 복권되었다. 이제 맘놓고 '짜장면'을 먹을 수 있어서 좋다. 그러나 아직도 방송인들은 자장면을 먹고 있으니 한심하다.

그리고 2017년 12월 5일 된소리 개정안에 "불뻡, 효꽈, 관껀, 교꽈서"도 "불법, 효과, 관건, 교과서"와 함께 표준 발음이라고 했는데, 어떻게

표준어가 두 개일 수가 있나? 이는 자기들의 잘못을 인정하지 않으려는 작태라고밖에 볼 수 없다. 그러다 보니 방송인들이 된소리로 하지 않고 "불법, 효과, 관건, 교과서"라고 발음하고 있는데도 불구하고 국립국어원에서는 시정 권고는커녕 자기들 뜻대로 글자대로 발음하니까 자장면과 마찬가지로 방치하고 있는 것이다.

그러다 끝내는 2018년 8월 교육부가 대학 수학 능력 시험에서 말본(문법) 과목을 선택과목으로 처리하여 한글과 한국어의 원리, 한글 맞춤법, 언어 예절 등을 배우지 않아도 되게 만들었다. 이는 1980년대부터 우리말을 글자대로 발음하게 만들고 급기야 1988년 한글 맞춤법을 개정하면서('다만' 규정과 '예외' 규정) 된소리도 없애고 ㄴ덧나기도 없애는 등, 우리 말글을 엉망으로 만들었는데, 그렇게 엉망으로 만든 한글 맞춤법을 가르치게 되면 자기들의 잘못이 드러나기 때문에 아예 가르치지도 말고 배우지도 못하게 한 것이라고밖에 볼 수 없다.

■ 짜장면에 대한 문화관광부 장관의 답변

귀하께서 우리 부 홈페이지에 장관과의 대화방에 질의하신 표준 발음에 대해 다음과 같이 답변드립니다.

음식이 알려지면서 '자장면'이라는 단어도 국어에 차용된 것이므로, 이 단어는 중국어에서 온 단어임에는 틀림없습니다.

중국어에서 국어에 새로운 단어가 차용될 때는 간접차용이라 하여 한국 한자음으로 읽히면서 차용되는 경우가 있고, 직접차용이라 하여 중국 한자음으로 읽히면서 차용되는 경우가 있습니다. 국어사전에는 '자장면'이 '酢醬麵' 또는 '炸醬麵'에서 온 단어로 되어 있으며, 백과사전에는 '짜장면(-醬麵)'과 '차오장몐(炒醬麵)'이 각각 올라 있습니다(동아출판사). '酢', '炸', '炒'의 흄을 字典에서 찾아보면 각각 '작, 초', '작', '초'로 어느 것도 '자'를 흄으로 가진 것은 없습니다. 그러므로 중국어에서 직접 차용된 외래어라는 것을 알 수 있습니다.

이 단어는 먼저 '자장'(중국 된장)과 '면'으로 분석됩니다. 외래어와 한자어가 결합되어 새로운 단어로 국어에 정착된 것으로 볼 수 있습니다. '자장[짜장]'은 백과사전에만 올라 있지만 국어에서 사용되는 단어이므로 앞으로 국어사전에도 올라야 할 단어라고 생각합니다. '자장'이냐 아니면 '짜장'이냐 하는 문제는 먼저 중국어에서 어떻게 발음되는가를 알아볼 필요가 있습니다. 중국어에 국어의 '자장'에 해당하는 단어로 '炸醬'이 있습니다. 이 단어의 중국음은 'zhajiang'이므로(中韓辭典) 외래어 표기법에 따라 표기하면 '자장'이 됩니다. 따라서 이 단어는 '자장면'이라고 쓰고 [자장면]이라고 읽어야 합니다.

그리고 표준어와 표준 발음에 대한 상세한 내용은 표준어 규정을 참조하시기 바랍니다.

2002년 10월 11일

문화관광부 장관 김성재

■ **짜장면에 관한 어느 분의 글**

국어정책과의 해석은 중국에서 들여온 외래어이므로 중국식 발음인 [자장면]으로 표기하는 것이 원칙이다.는 말인데, 국어정책과의 이중성을 드러낸 처사입니다.

그 이유는 본인이 영어의 news라는 낱말을 가지고 우리 외래어 표기법(문교부 고시 제85-11호)에 따라 표기한다면 [뉴-즈] 또는 [누-즈]로 표기하여야 하는데, 어째서 일본식 발음인 [뉴스]로 표기하느냐고 질의한 적이 있습니다. 그 당시의 답변은 원칙적으로는 [뉴-즈] 또는 [누--즈] 중의 하나로 표기하는 것이 옳지만, 외래어 표기법 제1장 제 5항의 "관용을 존중한다"는 조항에 의해서 [뉴스]로 표기한다고 답변했습니다.

그렇다면 [자장면]이라는 표기도 언중이 [짜장면]이라는 말을 100년 이상 써 왔으므로 이 역시 관용을 존중해서 [짜장면]으로 표기해야 그 원칙을 지키는 일이 아닐까요?

중국말은 외래어 표기법에서 관용을 존중하지 않고 일본식 발음은 관용을 존중한다.는 논리는 이유가 어디에 있습니까?

일본식 발음은 관용을 존중해주고 중국식 발음은 관용을 존중해주지 말라는 법 조항이 따로 있는가요?

■ (짜장)을 (자장)이라고 우기는 국립국어원

국립국어원에서 이번에 발간한 《국어대사전》을 보면 여지없이 자장면이라는 표기와 [자장면]이라는 발음이 씌어 있습니다. 하지만 수많은 연구비를 들여놓고도 짜장면보다 불과 몇백 원 정도밖에 차이가 나지 않는 음식 목록인 간짜장에 대해서는 단어조차 없습니다.

정말 어이가 없는 기분이었습니다. 간짜장을 [간자장]이라고 말하기는 아직 어색했던 것일까요? 사전이 컬러판이면 뭐하겠습니까? 그들은 이미 권력의 우산 속에서 오랜 세월을 지낸 사람들인데요 뭐… 이종구 선생님, 즐거운 설날 연휴 보내세요.

■ 짜장면에 관한 어느 님의 글

오늘(11월 4일) 아침 SBS TV 방송에서 "짜장면"이냐 "자장면"이냐 하는 문제에 대해서 깊이 있게 취재된 것을 보고 있는 도중에 정(鄭) 모라는 한 어리석은 국어 학자의 말을 듣고 한숨이 나왔다. 그 정(鄭) 모라는 교수의 말인즉슨 자장면의 "자(炸)"라는 글자의 발음은 "자"의 흐린 소리로서 (ch)의 소리가 아니고 (zh)의 소리라고 했다. (ch)의 소리는 국제음성기호의 (t)로 한글의 (ㅊ)의 소리라는 사실을 모르고 있는 것 같다.

그 양반 말대로라면 "차장면"이 되어야지, 어떻게 "자장면"이라는 소리가 되는가? 또한 취재반은 심도 있게 취재한 노력이 엿보였다.

즉, 이곳에 사는 화교들에게 "炸醬麵"을 실제로 발음해 보도록 하였는데, 한결같이 [짜장면] 으로 발음하였고, 더구나 샹하이(上海)에 가서 현지 사람에게도 "炸醬麵"을 발음해 보도록 하였는데, 그곳 사람들도 한결같이 (짜장면)으로 발음하였다.

여기에서 (짜)의 소리는 (ㅉ)라는 된소리가 아니라 흐린 된소리, 즉 (zzha)로서 (zha)의 소리가 아니었다.

그리고 우리 시민들이나 성우 고은정 씨 같은 사람들의 견해는 [자장면]이라는 말보다는 아무래도 [짜장면]이라고 발음하는 것이 더욱 정감이 간다고 했다.

현재 한글에서는 흐린 된소리를 표기할 글자는 없으나, 대체적으로 (짜)라는 된소리가 우리말 정서에 어울린다는 의견이 지배적이다.

그런데도 현대의 우리말 사전에는 [짜장면]이라는 말은 흔적도 없어지고 [자장면]으로 올라있다. 이것을 보면 우리 국어 학계의 무지를 가

늠할 수 있다.

말이라는 것은 언중들이 우리말답게 편하게 많이 사용하는 말이 되어야 한다고 생각한다. 그런데 (炸)라는 글자의 중국 발음이 (짜)에 가까운 소리임에도 불구하고 굳이 (자)로 발음하라고 하는 이유를 이해할 수가 없다.

중국 현지나 우리나라에 살고 있는 화교들의 (炸)라는 글자의 발음을 들어보면 모두가 (짜)로 발음하는 것으로 보아 (자)라는 음은 우리 방식으로 소리가 변질된 것이지 결코 (자) 의 소리가 아니라는 것이 증명된 셈이다.

북한에서는 [짜장면]으로 쓰고 있는데, 정(鄭) 모 교수는 북한의 외래어 표기는 엉터리라고 비하하고 있다.

중국의 상하이에서조차 한글로 [짜장면]이라 쓰고 있는데, 유독 우리 국어 학자들만 [자장면]을 고집하고 있는 것은 그들이 얼마나 소리에 무지한가를 보여주는 단편이 아니고 무엇이란 말인가?

중국 본토에서조차 [짜장면]으로 표기해서 쓰고 있는 것은 그들이 우리 한글에 대해서 무지하기 때문이며, 북한 역시 한글을 깊이 숙지하지 못하고, 더구나 외래어 표기가 엉터리이기 때문에 [짜장면]으로 쓴다는 말이 된다.

현재 국어 학계에서는 가급적이면 된소리를 쓰지 않고, 순화해서 부드러운 소리로 바꾸려는 경향이 많다. 이러한 경향은 일본말 음운의 영향을 많이 반영시킨 것이다.

애초의 우리말은 된소리가 많이 발달되어 있지 않았을 것으로 추정되며, 차츰 중국의 영향을 받아 된소리가 많이 생겨나고 발달되었다고

"아가야! 넌 지금
자장면이 먹고 싶니?"
"아냐, 아냐!
난 짜장면이 먹고 싶어."

보인다. 오히려 일본말은 옛 우리말의 영향을 많이 받아 된소리가 그다지 발달되어 있지 않은 것으로 보여진다.

일본 사람들의 된소리는 기껏해야 "パ·ピ·プ·ペ·ポ"의 "빠"행의 소리 밖에 없는 것으로 보아도 충분히 가늠할 수 있지 않을까 생각한다.

된소리를 쓰지 못하게 하는 현재의 국어학계는 우리말을 일본 음운에 맞추려고 하는 경향이 짙은데, 그 이유는 현재 국어학자들의 대부분이 일본 제국주의 시대에 일본식 교육을 받은 그룹들이 학계의 세력을 형성하고 있었기 때문이라고 생각한다.

그러므로 분명히 된소리로 발음해야 할 말을 순한 소리로 발음하도록 유도해서 '짜(zzha)'의 소리를 '자(zha)'로 발음하게 하는 것이다.

우리말을 가꾸고 우리말답게 쓰려면 된소리도 자연스럽게 쓸 수 있어야 된다. 특히 그 한 예로 우리는 지금 된소리 (쌍ㄹ)이라는 글자를 쓰지 못하게 하여서 국제 음성기호의 설측음인 (l)과 혀굴림 소리인 (r)의 소리를 분별하지 못해서 아이의 혀를 수술해 주는 어리석은 짓도 하고 있는 실정이다.

이러한 어리석은 행위를 하도록 동기를 부여한 것은 분명히 정(鄭)모 교수와 같이 소리에 둔감한 일부의 국어학자들에게 있다는 사실을 깨달아야 할 것이다.

결론으로 "炸醬麵"이라는 표기는 [짜장면]이 옳은 것이며, [자장면]은 틀린 표기이다. 아울러 발음도 '짜장면'으로 해야 한다.

6

바늘맘이 항이다

육,

보도자료 속
바른말 운동

6

■ 성우 이종구 씨의 한국일보 인터뷰
　서화숙과의 만남(2011. 10. 10. 한글날)

"아나운서가 '효꽈'를 '효과'로 발음… 된소리를 살려야 제대로 된 우
리말"
"된소리를 버리고 글자 그대로 읽어서는 제대로 된 우리말이 아닙니
다. 일관성 없는 표준어 발음법부터 바로잡아야 합니다."

80년대 방송서 잘못된 발음 나오더니
한글 맞춤법 개정안도 그쪽으로 따라가
권력자에 따라 '말'이 바뀌면 곤란
표준말은 한 가지로 정해져야 하는데
덧붙여진 '다만' 규정 자체가 문제…
여기저기 메일 보내지만 바뀌지 않아

　성우 이종구 씨는 어디서 본 듯한 얼굴이다. 스타는 아니지만 인기
드라마와 영화에 꾸준히 얼굴을 비춰 왔기 때문이다. 영화 '추격자'의 심
리분석관, '의형제'의 목사, 드라마 '자이언트'의 박 회장이었고, '제빵왕

김탁구'에서는 심사위원장이었다. 최근에는 문화방송(MBC) 시트콤 '하이킥! 짧은 다리의 역습'에 교장선생님으로 얼굴을 비췄다. 성우로서 그의 목소리는 보다 친숙할 텐데 '검정 고무신'의 강아지 땡구, '드래곤볼'의 계왕이자 해설자, '원피스'의 와포루였다. 88년부터 4년간 인기리에 방송된 한국방송(KBS) 라디오 드라마 '경제실록 50년'에서는 정주영 역할을 맡았다. 막 뒤에서 그는 우리말을 바르게 하자는 운동을 20여 년 동안 펴왔다. 특히 '심성이 거세진다'는 황당한 이유로 사라진 된소리를 살려내기 위해 애쓰고 있다. 한글날을 보내면서 그로부터 올바르게 우리말 발음하는 법을 들어보았다. 내용을 쉽게 전달하기 위해 발음대로 나오는 소리를 [ ]에 넣어서 표시했다.

– 사람들이 우리말을 잘 못 하고 있나요?

"사람들이 아니라 방송이 우리말을 틀리게 발음하고 있습니다. 효과는 [효꽈], 환율은 [환뉼], 밀가루는 [밀까루] 암덩어리는 [암떵어리]여야 하는데, 억지스럽게 글자 그대로 [효과] [화뉼] [밀가루] [암덩어리]로 읽고 있습니다. 방송을 잘 못하니까 틀린 발음법이 일반으로 퍼지고 있어서 문제입니다."

– 왜 이런 잘못이 생긴 건가요?

"원래 세종대왕이 한글을 만들기 전에 우리말이 먼저 있었습니다. 그 말을 담는 그릇으로 한글을 만든 것이니까 글을 보면서 본래의 말을 끌어내야 하거든요. 그런데 글자를 좇아서 말을 하고 있습니다. 우리말은 같은 글자라도 된소리·예사소리·긴소리·짧은소리에 따라 뜻이 달라집니다. 짧게 하는 사과는 먹는 사과이고, 길게 하는 사과는 잘못을 비는 것입니다. [잠자리]는 곤충이지만 [잠짜리]는 침상이고, [볼거리]는 병 이름이지만 [볼꺼리]는 구경거리이고, [판돈]은 물건을 판 돈이지만 [판 똔]은 노름판의 돈입니다. [문구]는 문방구 용품이고, [문꾸]는 글이지 요. [인쩍(人的)]과 [인적(人跡)]은 전혀 다른 말인데, 무조건 된소리를 피하고 예사소리로만 발음하게 하고 있습니다. 80년대에 잘못된 발음이 방송에 처음 등장하더니 1988년 한글 맞춤법이 개정되면서 잘못을 편 들어 주는 규정이 들어갔습니다. 올바른 발음법에 추가해서 달리 발음 할 수도 있다는 규정이 들어갔는데, 덧붙이는 규정이 원래의 발음법을 밀어내고 있습니다."

– 어떻게 이런 문제를 발견하게 되었나요?

"제가 77년에 동양방송(TBC) 성우로 방송 생활을 시작했습니다. 성 우는 우리말을 정확하게 하는 사람이라 한글 맞춤법을 외다시피 했지 요. 고은정, 신원균, 구민, 오승룡 선배 분들이 아주 잘 가르쳐 주시기도 했고요. 70년대만 해도 긴소리와 짧은소리를 혼동하는 경우는 있어도 된소리와 예사소리를 혼동하는 경우는 없었습니다. 그런데 고 전두환 정 권이 들어선 후에 어느 날 방송을 듣다 보니 아나운서들이 [불뻡]을 [불 법], [사껀]을 [사건]이라고 발음하더군요. 이상해서 KBS 아나운서실에 전화를 했습니다. 그랬더니 '된소리로 발음하게 되면 사람 심성이 사나워 지므로 예사소리로 발음해야 한다'고 하더군요. 그래서 곰곰 생각해보니 80년에 고 전두환 씨가 10·26 합동수사본부장으로 방송에 나왔을 때 이분이 경상도 사람이라 된소리를 잘 못 했거든요. 본 [사건]은 [불법]이므로 [엄격]하게 조사해서 [공권력]을 확립하고…' 기억나시나요? 이건 대통령한테 아부하려고 시작된 것인가 하는 생각이 들었습니다."

– 그러니까 경상도 사투리가 표준말 발음법에 침투해서 그런 것이다?

"경상도 사투리만 그런 게 아니라 김대중 대통령 때는 전라도 사투리가 또 방송언어에 스며듭니다. 2009년까지 '가족 오락관'이라는 오락 프로그램이 있었어요. 여기에 '불협화음'이라는 코너가 있는데 진행자인 허참씨가 [부렵좌음]이라고 발음했거든요. 그런데 전 김대중 대통령이 취임하고 얼마 지나서 [부려봐음]이 되는 겁니다. 이걸 언어학에서는 'ㅎ 탈락'이라고 하는데요. 전 김대중 대통령은 호남 사투리의 영향으로 북한을 [부칸]이 아니라 [부간]으로, 생각하지를 [생가카지]가 아니라 [생가가지]로 발음했어요. 그 후에는 방송언어가 답답하고를 [답다파고]가 아니라 [답다바고], 급급하고가 [급그파고]가 아니라 [급그바고], 괜찮다가 [괜찬타]가 아니라 [괜찬다]로 나옵니다. 요즘 방송인들은 어떻게 생각하니를 [어떠케 생가카니]가 아니라 [어떠게 생가가니]로 해요.

– 원래 말이란 것이 권력과 밀접한 연관은 있지요.

"그렇더라도 자연스레 해야지, 이렇게 인위적으로 해서는 안 된다는 거지요. 그렇게 함으로써 말뜻이 달라지고 사라지기까지 한다면…?"

– 원래 맞춤법에는 어떻게 되어 있습니까?

"원래 한글 맞춤법에는 '관형사–[의]ㄹ 뒤에 연결되는 ㄱ·ㄷ·ㅂ·ㅅ·ㅈ은 된소리로 발음한다'고 되어 있습니다. 그런데 '88년 개정안에서 '다만 끊어서 말할 적에는 예사소리로 발음한다'고 붙여 놓았습니다. 할 수는, 갈 곳, 만날 사람은 [할 쑤는] [갈 꼿] [만날 싸람]으로 발음되어야 하는데 끊어서 발음하면 쓰인 대로 읽으라는 규정을 첨가해서 두 가지로 읽을 수 있게 만들었습니다. 원래 말이란 끊어서 하면 대단히 부자연스러운데도 사람들은 [올까을]을 [올가을], [어제빰]을 [어제밤], [산짜락]을 [산자락], [삼년똥안]을 [삼년 동안], [쓰레기떠미]를 [쓰레기더미]로 발음하고 있습니다. 또 사이시옷이 없지만 관형격 기능을 지니는 사이시옷이 있어야 할 합성어에도 뒤 단어의 첫소리 ㄱ·ㄷ·ㅂ·ㅅ·ㅈ은 된소리로 발음하는 것이 정상인데도 이 '다만 규정'을 따라서 예사소리로 읽고 있습니다. [문쏘리] [물똥이] [아침빱] [보름딸] [등뿔] [창쌀] [술짠] [발빠닥]으로 발음되어야 할 것들이 모두 표기법 그대로 발음되는 실정입니다. 또 받침소리 ㄱ·ㄷ·ㅂ 뒤에는 자연스레 된소리가 되는데, 그것도 억지로 안 쓰고 있어요. [책빵]을 [책방]으로, [짚씬]을 [짚신]으로, [넓께]를 [넓게]로 말합니다. [나이깝] [밤낄] [용똔] [물뼁] [기름끼]처럼 다른 말이 앞에 오면 늘 된소리가 되는 글자[값·길·돈·병·기]도 있습니다. 이런 단어들을 한번 읽어보세요. 자연스레 된소리가 나옵니다. 쓰인 대로 읽으려면 굉장히 힘들고 어색합니다. 그런데도 잘못된 발음이 '다만 규정' 때문에 계속되고 있습니다.

─ 아, 그렇네요. '다만 규정'이라는 것은 직접 명명하신 건가요?

"네, 다만이라는 단서를 넣어서 억지로 글자대로 읽는 것을 허용한 규정이라서 이렇게 불러봤습니다. 된소리뿐만 아니라 'ㄴ덧나기'를 없앤 '다만 규정'도 있습니다. 합성어 및 파생어에서 앞 단어나 접두사의 끝이 자음이고 뒤 단어나 접미사의 첫음절이 '이·야·여·요·유'인 경우에는 ㄴ음을 첨가하여 '니·냐·녀·뇨·뉴'로 발음한다고 되어 있습니다. 솜이불은 [솜니불]이고, 홑이불은 [혼니불], 막일은 [망닐], 내복약은 [내봉냑], 색연필은 [생년필], 담요는 [담뇨], 눈요기는 [눈뇨기], 영업용은 [영엄농], 식용유는 [시공뉴]입니다. 그런데 '다만 규정' 때문에 [소미불] [호니불] [마길] [내보갹] [새견필] [다묘] [누뇨기] [영어붕] [시공유]라고 읽지 않습니까."

— 그러니까 원래 발음법이 아니라, '다만' 이후만 따르는 방송인들이 문제군요.

"그렇게 볼 수도 있습니다만 '다만 규정'이 있다는 것 자체가 근본적인 문제입니다. 표준말은 하나로 규정해야 하거든요. 여러 가지 방언이 있어도 표준어는 하나이듯이 말도 표준 발음은 한 가지여야지, 이것도 되고, 저것도 되면 원칙은 없다는 말입니다."

— 바로잡기 위해 애를 쓰셨군요?

"그때부터 방송을 들을 때마다 메모해서는 아나운서실이나 담당 프로듀서에게 인터넷으로 메일을 보냈습니다. 차 안에서 방송 듣고 메모하다가 사고 날 뻔한 적도 여러 번입니다. 국립국어원에 바로잡아 달라는 메일도 꾸준히 보냈습니다."

— 바로잡히던가요?

"아나운서 가운데는 동의하는 분들도 계셨지만 방송이 바뀌지는 않더군요. 국립국어원에서는 아예 '같은 질문이라 더 이상 받지 않겠다'는 말로 외면하거나 심지어는 '사람 이름에는 ㄴ덧나기가 아예 안 일어난다'고 잘못된 유권해석을 내리기도 하더군요. 발음법이라는 것은 이름이든 단어든 똑같은 원칙으로 통용되어야 하는데 말입니다. 정동영은 [정동녕]이고, 기성용은 [기성뇽], 이청용은 [이청뇽] 김연아는 [김년아]인데, 쓴 대로 발음해야 한다는 것이지요. 방송심의위원회 언어특별위원으로도 활동해봤는데 거기서도 문법, 비속어, 외래어, 드라마 내용은 지적하면서도 된소리·예사소리·긴소리·짧은소리는 크게 신경을 쓰지 않습니다. 이게 우리말을 정확하게 발음하는데 가장 근본적인 것인데 말입니다. 결국 2004년에 한글학자와 성우들과 힘을 합쳐 '한국어 바르고 아름답게 말하기 운동본부'를 만들었어요. 요즘도 올바른 우리말 발음법을 담은 '우리말을 살립시다'라는 메일을 1,000여 명에게 보내고 있습니다."

– 그를 통해 짜장면이 표준말이 되게 하는 데 기여도 하셨고요.

"개정된 한글 맞춤법은 글자대로 발음하라고 하면서 글자대로 발음이 안 되는 것은 글자를 바꿨어요. 가령 '몇일'은 '며칠'로, '했읍니다'는 '했습니다'로 바꿨어요. 그러면 '했으니까'는 '했스니까'가 되어야 하는데, 이건 또 아니거든요. 게다가 짜장면은 언중이 모두 이렇게 말하는데, 자장면이 표준말이라고 하고. 이번에 짜장면을 표준말로 받아들이면서도 자장면을 버리지 않았습니다. 제가 2004년에 '민주주의의 의의'는 어떻게 발음하느냐고 국립국어원에 문의했더니 '의는 ㅢ로 소리 내는 것이 원칙이지만 첫음절에서는 늘 ㅢ로 소리 내고, 첫음절 이외의 의는 ㅣ로 소리 내는 것도 허용하고, 조사로 쓰인 의는 ㅔ로 소리 내는 것을 허용한다'고

일러주더군요. 이 원칙을 따르면 '민주주의의 의의'는 8가지로 발음할 수 있어요. 이런 것을 원칙이라고 할 수 있을까요? 또 '예, 례 이외의 ㅖ는 ㅔ로도 발음한다'는 규정도 있어요. 요즘 방송을 보면 '의'라는 복모음을 [으]로 발음하고, [계시다] [혜택] [개폐] 같은 복모음을 제대로 발음하지 못하는 사람들이 많아요. ㅖ와 ㅔ는 분명 다른 발음인데 국립국어원이 나서서 하나로 만들어 버리니 어이가 없습니다. 이 밖에도 문제점을 지적하자면 끝도 없습니다."(한국일보 서화숙 기자)

■ 한국일보 기사 보고 올린 글.

(nowhere103)

이종구 씨 주장이 맞는 말이다. '효과'는 [효꽈]지 무슨 놈의 [효과]냐. 밀가루는 [밀까루]지 무슨 놈의 [밀가루]냐.

'88년 맞춤법 개정안 이후 표준 발음들이 우스꽝스럽게 변해 버린 이유가 '된소리를 발음하게 되면 사람 심성이 사나워지므로 된소리를 내지 말고 예사소리로 발음해야 한다'였다. 지랄한다. 그럼 쌀을 살이라고 하고 똥을 동이라고 하지 그러냐?

수천 년 이어져 온 자연스런 발음을 억지 규정으로 순화시키겠다니 그게 도대체 어느 나라 표준어 정책인가. 한글은 그 말을 담기 위해 만든 거였다. 그런데 이제 글에다 말을 맞추라니 옷에다 몸을 맞추라는 발상하고 다를 게 무엇인가. 몸에 맞지 않는 옷 던져주고 몸을 맞추라는 군대식 발상이 사회 구석구석 들어찼던 것이다. 누가 누구 심성을 교화하겠다고.

지금의 규정대로 하면 효과는 효꽈라 하지 않고 효과라 발음한다 −

의식하지 않고 말할 때 나비효꽈 라 하지 않고 '나비 효-과' 라고 하는 사람이 몇이나 될까.

환율은 환뉼이라 하지 않고 화뉼이라 해야 한다 - 오늘 화뉼이 어떻게 돼? 혀에 쥐 나겠다.

밀가루는 밀까루라 하지 않고 밀가루라 해야 한다 - 밀-가루 반죽 .. 이 얼마나 웃기는 코미디인가.

암덩어리는 암떵어리가 자연스런 발음인데 '암-덩어리'라고 해야 한다. - 수술실에서 의사가 말한다. "자 이제 이 암-덩어리들을 빨리 제거하자고…" 마취된 환자가 웃을 일이다.

문쏘리 - 문소리, 물똥이 - 물동이, 아침빱 - 아침밥, 보름딸 - 보름달, 등뿔 - 등불, 창쌀 - 창살, 술짠 - 술잔, 발빠닥 - 발바닥…

지금의 표준어 규정, 표준발음 규정… 그야말로 발-바닥이 웃을 일이다. 몇 일은 '며칠'로 아예 표기법을 바꿔버린 것은 또 무슨 짓인가. 했읍니다를 했습니다로 바꾸고선 했으니-는 했스니- 가 아니고 그냥 했으니-로 쓰란다.

짜장면을 허용한다고 발표했지만 자장면과 짜장면, 둘 다를 쓰게 한 셈이다. 민주주의의 의의 - 라고 할 때, 의 - 발음은 경우에 따라 여덟 가지로 소리 난단다.

의 에 이…(nowhere103)

- **전문적인 말씀 고맙습니다. (서ㅇㅇ)**

제가 어제 야근해서 오늘에야 메일을 보았습니다. 전문가로서 말씀 보내주신 것 유익하게 읽었습니다. 저도 언제나 '효과' 등으로 발음되는 것이 무척이나 어색했는데, 방송인들은 그것이 바른 발음이라고 애써 하는 것을 보고 그런가 했는데, 이렇게 정확히 지적하신 글을 보니 놀랍습니다.

그런데 방송사에서 이런 말이 바르게 표현되도록 하려면 정말 어떻게 해야 하는 것입니까? 요즘 방송사는 시청률만을 문제 삼을 뿐 다른 문제는 아무것도 문제가 되지 않는다는 태도조차 보이고 있어서 같은 언론인으로서 정말 걱정스럽습니다. 더욱 많은 고견 부탁드립니다. (서ㅇㅇ)

■ 투모로우 잡지 566돌 한글날에 즈음하여(2012. 10. 10. 한글날)

연기자 겸 성우로 활동하는 방송인 이종구의 트위터(twitter.com/goo223)에는 여러 방송 매체에서 잘못 사용한 우리말 표현을 지적하고 바로잡는 글들로 가득하다. 그가 얼마나 우리말을 사랑하고 바로잡으려 애쓰는지 엿볼 수 있는 대목이다. 30년 넘게 우리말 바르게 쓰기 운동에 앞장서 온 그가 제566돌 한글날을 맞아 우리말을 아름답고 올바르게 써 줄 것을 당부하는 편지를 보내왔다. (김성훈, 홍수정, 김현정 기자)

여러분, 만나서 반가워. 나는 연기자 겸 성우로 활동 중인 방송인 이종구라고 해. 평소 영화나 드라마를 즐겨 본 독자라면 영화 〈추격자〉에서 심리분석관, 〈하이킥! 짧은 다리의 역습〉에서 교장 선생님으로 출연한 내 낯이 익을 거야.

영화나 드라마에 자주 얼굴을 내비치다 보니 많은 사람들이 나를 연기자로 생각하지만 원래 난 성우로 방송계에 데뷔했어. 1977년 동양방송(TBC) 성우로 방송 일을 시작했으니 여러분이 태어나기도 전이었지. 여러분이 즐겨 봤을 〈드래곤볼〉, 〈명탐정 코난〉, 〈원피스〉 등이 내가 출연한 작품이야. 〈검정고무신〉에서는 강아지 땡구의 목소리를 연기했는데, 그건 의외로 모르는 사람이 많더라고. 하하.

내게는 본업인 방송인 외에 30년 넘게 매진해 온 일이 하나 더 있어. 그게 뭐냐구? 바로 바른말 쓰기 운동가야. 때마침 좀 있으면 한글날이 잖아. 지금부터 내가 하는 이야기를 잘 듣고 '나는 평소 우리말을 얼마나 올바르게 사용하고 있나?' 깊이 생각해 보는 시간을 가졌으면 해.

된소리는 된소리로 발음해야 우리말이 산다!

우리말은 된소리로 발음하느냐, 예사소리로 발음하느냐에 따라 뜻이 완전히 달라진다는 것쯤은 여러분도 잘 알고 있을 거야. 가령 잠을 자는 곳인 '잠자리'는 [잠짜리]로 소리내야 해. [잠자리]로 발음했다가는 곤충 '잠자리'가 되어 버리니까. '문구'를 [문구]라고 읽으면 문방구 용품이라는 뜻이 되지만, [문꾸]라고 읽으면 글귀라는 뜻이 되잖아.

같은 원리로 효과는 [효꽈], 불법은 [불뻡], 사건은 [사껀]이라고 발음해야 하지. 그런데 1980년대 초 무렵인가? 어느 날부터 방송인들이 이 단어들을 [효과], [불법], [사건]으로 발음하더라고. 방송이란 게 원래 파급효과가 대단하잖아? 그런 만큼 방송언어는 바르고 정확한 표준어를 사용해야 해. 그런데 언어의 모범이 되어야 할 방송에서 된소리로 발음해야 할 단어를 예사소리로 발음하는 것은 우리말을 오염시키는 일이거든.

여기까지 생각이 미친 나는 곧바로 KBS 아나운서실에 전화를 걸어그 이유를 물었지. '왜 된소리로 발음해야 하는 단어를 예사소리로 발음하느냐?'고. 그랬더니 '된소리를 쓰면 사람 심성이 사나워지고 세상이 각

박해지기 때문에 국어순화 차원에서 된소리가 아닌 예사소리로 발음한다는 거야. '된소리를 쓰면 심성이 사나워진다니?' 이해가 가지 않았어. '이건 잘못됐다' 싶었던 나는 그때부터 우리말 바르게 쓰기 운동을 시작했지. 운전 중에 라디오 방송에서 나오는 잘못된 우리말 표현이나 발음이 있으면 그때그때 적어 두었다가 아나운서실이나 해당 프로그램 제작진한테 바로잡아 달라고 건의도 자주하고. 그러다가 사고가 날 뻔했던 적도 부지기수야. 그렇게 시작한 우리말 바르게 쓰기 운동이 벌써 30년이 넘었네.

– 정확한 우리말 발음을 가로막는 '다만 규정[規定]'

내가 막 우리말 바르게 쓰기 운동을 시작한 1980년대 초의 우리말 표준어 규정은, 1933년 조선어학회가 제정, 공포한 이래 사용되고 있던 〈한글 맞춤법 통일안〉이었어. 그런데 1988년 문교부가 〈표준어 규정〉을 개정하면서부터 우리말은 아주 심각하게 오염되기 시작했어.

〈표준어 규정〉이 어떻게 우리말을 오염시키고 있는지 알기 쉽게 예를 들어 설명해주지. 〈표준어 규정〉의 제2부 표준 발음법 제6절 경음화[된소리 되기] 제27항을 보면 다음과 같은 규정이 있어.

– "관형사형 '–[으]ㄹ' 뒤에 연결되는 'ㄱ·ㄷ·ㅂ·ㅅ·ㅈ'은 된소리로 발음한다."

이 규정대로라면 할 것을[할꺼슬], 갈 데가[갈떼가], 할 바를[할빠를], 할 수는[할쑤는], 할 적에[할쩌게]로 발음되는 게 맞아. 그런데 문제가 있어. 바로 그 아래 따라오는 '다만 규정[規定]'이야.

– "다만, 끊어서 말할 적에는 예사소리로 발음한다."

말이라는 것은 원래 자연스럽게 이어서 발음해야지, 끊어서 말을 하면 대단히 부자연스럽다구. 그런데 이처럼 '다만 규정'이 있는 까닭에, 선행 규정대로 된소리로 발음해야 할 것을 거의 모든 방송인들이 예사소리로 발음하고 있는 실정이야. 방송에서 나가는 언어를 국민들이 생각 없이 따라가는 것은 물론이고. 표준어 규정은 한 가지라야 하는데, '이것도 되고 저것도 된다'는 식의 '다만 조항'을 넣어 예사소리로 발음하게 하는 것이지.

문제는 또 있어. "다만, 끊어서 말할 적에는 예사소리로 발음한다"는 이 규정의 적용범위가 넓어지면서 많은 사람들이 합성어나 사자성어까지도 된소리로 발음해야 할 것을 예사소리로 발음하고 있다는 거야. [미국싸람]이라고 해야 할 것을 [미국 사람], [밀까루]라고 해야 할 것을 [밀 가루], [어제쩌녁]은 [어제 저녁]으로 말이지. 심지어 [판쏘리]라고 해야 하는 것을 [판 소리]라고 발음하기도 하더군. 팔긴 뭘 판다는 건지?

– 김연아, [기며나]가 맞을까 [김녀나]가 맞을까?

몇년 전 국민요정 김연아 선수가 밴쿠버 동계올림픽에 나가 금메달을 딴 적 있었지? 그 경기를 지켜보면서 '나이도 어린데 우리 선수가 대단한 일을 했구나' 하는 생각이 들어 아주 기뻤어. 그런데 김연아 선수의 이름을 연호하는 캐스터의 발음을 듣는 순간 기분이 상했어. 발음이 틀렸기 때문이었지.

'김연아'는 [기며나]가 맞을까, [김녀나]가 맞을까? 정답을 알고 싶으면 표준 발음법 제7절 음흡의 첨가 제29항을 보면 돼.

"합성어 및 파생어에서, 앞 단어나 접두사의 끝이 자음이고 뒤 단어나 접미사의 첫음절이 '이·야·여·요·유'인 경우에는, 'ㄴ'음을 첨가하여 [니·냐·녀·뇨·뉴]로 발음한다."

그렇다면 정답은 뭘까? 그래, [김녀니]가 맞는 발음이야. 축구선수 이청용, 기성용도 [이청뇽], [기성뇽]으로 발음해야 해. 식용유는 [시굥뉴], 색연필은 [생년필], 금융은 [금늉]이 올바른 발음이야. 요즘 스마트폰으로 동영상들 많이 보지? 동영상은 [동영상]이 맞을까, [동녕상]이 맞을까? [동녕상]이 정답이지. 이런 것을 'ㄴ첨가 현상'이라고 해.

그런데 문제는 이 'ㄴ첨가 현상'에도 '다만 규정'이 붙는다는 거야. **"다만, 다음과 같은 말들은 'ㄴ'음을 첨가하여 발음하되, 표기대로 발음할 수 있다"**라고 하여 이죽이죽을 [이주기죽], 야금야금을 [야그먀금], 검열을 [거멸]로 발음하는 것을 허용하고 있지. [이중니죽], [야금냐금], [검녈]이 맞는 발음인데 말야.

– 언어는 언중[言衆]에 의해 바뀌는 것이 바람직

지난 1997년 김대중 씨가 대통령에 당선되면서 우리말에는 앞서 이야기한 전두환 대통령 때와는 정반대의 현상이 일어났어. 전라도 사투리가 방송언어에 영향을 끼치기 시작한 거지. 다들 '북한'을 [부칸]이 아닌 [부간], '생각하지'를 [생가카지]가 아닌 [생가가지]로 발음하는 김대중 대통령의 말투를 한번쯤은 들어본 적이 있을 거야. 'ㅎ'을 탈락시키고 발음하기 때문에 일어난 현상이지.

예전에 〈가족 오락관〉이라는 프로그램이 있었어. 거기에 '불협화음'이라는 코너가 있는데, 사회자가 그전까지는 [부려화음]이라고 소개하던 것을, 김대중 씨가 대통령이 되고 나서는 [부려봐읍]이라고 하더라구. 이 같은 'ㅎ탈락'은 본디 〈표준어 규정〉에는 없는 현상이야. 급기야 국립국어원에서는 **"일반적으로 '하' 앞의 어근이 안울림 소리[무성음] 'ㄱ·ㄷ·ㅂ'로 끝날 때는 '하' 전체가 떨어지지만, 그렇지 않은 경우에는 'ㅏ'만 떨어진다"**는 규정을 새로 만들기에 이르렀지. 내가 근무하는 KBS 본관 엘리베이터에도 '생각컨대'가 아닌 '생각건대'가 표준어"라는 내용의 게시물이 붙은 적이 있어. 그걸 본 선배 성우 한 분이 전화를 걸어 주셨어. 아주 통탄을 하시더군.

어떻게 한 나라의 말이 대통령이 바뀔 때마다 바뀔 수 있을까? 세계 공용어인 영어는 어떨까? 미국 대통령, 영국 총리 등 통치자가 바뀌었다고 그 통치자의 언어습관에 따라 주류언어가 바뀔까? 아닐 거야. 바뀌더라도 그 언어를 사용하는 사람들, 이른바 언중言衆에 의해 바뀌지. 그것도 아주 오랜 세월에 걸쳐 서서히 바뀌는 것이 바람직하지, 결코 인위적으로 바뀌어서는 안 되는 거야.

지금까지 짚어본 것들 외에도 우리가 잘못 사용하거나 발음하고 있는 우리말은 참으로 많아. 또 한 가지 흔한 잘못 중의 하나가 '예, 레' 이외의 'ㅖ'를 (ㅔ)로도 발음하는 것이지. 〈표준 발음법〉 제2절 제5항에 이 규정이 나와. 그래서 계시다를 (게시다)로, 시계를 (시게)로, 지혜를 (지헤)로 발음하는 것을 표준어로 인정하고 있어. 이처럼 일부 지역 사람들이 잘못 발음하는 것을 인정하여 표준어로 규정한 것은 잘못된 일이지. '사글세'도 원래는 '삭월세(朔月貰)'가 맞는 말인데, 〈표준어 규정〉 때문에 사글세로 바뀌었어. 혹시 알아? '사글세'가 '삭월세'를 밀어냈듯 '시게'가 '시계'를, '지헤'가 '지혜'를 밀어내는 날이 올지.

꼭 쓰지 않아도 되는 외래어나 줄임말도 얼마나 많이 쓰는지 몰라. '포항제철'이 얼마나 좋은 이름인데 언제부턴가 '포스코'라고 하더군. '동 사무소'는 '주민센터'라고 하고. 우리나라의 국호도 '대한민국'이지, '한국' 이 아니거든. 얼마나 서로 어감이 틀려?

2002년 한일 월드컵 때 관중들이 응원할 때 "대~한민국-짜작~짝 짝짝" 하면서 박수를 쳤는데 만약 "한~국 짜작~짝" 하면 정말 이상하 지 않을까?

우리말에는 "입은 삐뚤어져도 말은 바로 하랬다", "말 한 마디에 천 냥 빚을 갚는다" 등 유난히 말에 관한 속담들이 많아. 그런 속담을 대할 때마다 말의 중요성을 꿰뚫어 본 우리 선조들의 지혜에 새삼 감 탄하곤 해.

그런데 남의 나라 말인 영어는 혀 수술까지 받는 등 기를 쓰고 배우 려고 하면서도 정작 우리말에는 무관심한 세태가 너무도 안타까워. 몇 년 전 방송심의위원회 언어특별위원으로 위촉되어 잠시 활동한 적이 있 어. 그런데 거기서도 문법상의 오류, 비속어나 외래어 사용, 드라마 내용 의 잘못 등은 지적하면서도 된소리나 예사소리의 사용에 대해서는 크게 신경을 쓰지 않더라구. 이게 정확하게 발음하는 우리말 사랑의 첫걸음인 데도 말이야. 그래서 지난 2004년 뜻 있는 한글학자, 성우들과 힘을 모 아 '한국어 바르고 아름답게 말하기 운동본부'를 만들었어. 올바른 우리 말 발음법을 담은 '우리말을 살립시다'라는 메일도 1,000여 명에게 보내 고 있고.

어떤 친구는 내게 이렇게 묻더군. "그냥 세상이 흘러가는 대로 편하 게 살지, 뭣 하러 그렇게 골머리를 싸매가면서까지 우리말 바로쓰기 운

'입은 삐뚤어졌어도 말은 똑바로 하라'
'말 한마디에 천냥 빚을 갚는다' 등
유난히 우리 속담에는
우리 말에 관한 것이 많죠.
앞사람이 걷는 발길을 따라 바르게 걷고 있는
이들의 모습이 아름다운 메시지를 주네요.

동에 매달리느냐?"고 하지만 그건 잘못된 생각이야. 우리 조상들이 가꾸어 온 우리말, 우리글을 누군가는 지켜야 하지 않겠어? 일제강점기 때 우리 국민 모두가 독립을 위해 싸운 것은 아니었어. 독립을 위해 싸운 것은 극소수의 독립운동가들 뿐이었지. 하지만 그 몇몇 분들 덕에 나라가 바로 설 수 있었던 거잖아.

마지막으로 한 가지만 부탁할게. 요즘은 사람들이 스마트폰 같은 디지털기기를 많이 사용하다 보니 마음이 즉흥적, 폭력적, 이기적으로 많이 흘러가는 것 같아. 앞으로는 아름다운 우리말과 글로 된 책을 많이 읽기를 바래. 책을 읽다 보면 그 속에 담긴 양식이 우리 마음속에 쌓이면서 어떻게 사는 것이 올바른 삶인지, 세상살이의 길을 가르쳐 주거든.

그럼 이만.

인터넷 다음카페 '이종구바른말'(http://cafe.daum.net/goo223)에 있는
자료를 이 책에 넣기 위해 처음 준비할 때 A4용지로 무려 1,100쪽 정도
가 되었다.

이 자료를 추릴 때 자료를 삭제하는데 주로 시간을 보냈다. 이 작업
을 하면서 한숨만 계속 나왔다. 이유인즉 국립국어원에 대한 자료를 접
할 때였다.

아마 독자들께서도 느끼셨겠지만 나랏돈으로 운영되는 국립국어원
에서 잘못된 규정을 만들어 지금 모든 국민이 이상한 발음을 하는 것을
보면 더욱 그렇다.

지금 이 글을 쓰는 중에도 방송에서 나오는 소리를 듣고 있노라면 울
화통이 터지니 이 일을 어찌하랴. 그리고 이 많은 자료 중 거의 **방송인
들이 잘못 발음한 사례**'가 차지해서 그 자료를 지우는 것으로 시간이 많
이 소요됐다. 혹, 내용 중에 겹치는 부분이 다소 있을 것 같으나 그런 내
용은 확실하게 주지시키기 위함이 있다고 보면 될 것 같다.

지금 이 시간에도 방송인들이 잘못 발음하고 있는 것을 들어가며 글
로 옮기고 있다. 전에는 메모지에 메모한 후에 번거롭게 컴퓨터를 켜고

인터넷 카페에 들어가서 키보드로 입력했다.

지금은 스마트폰 음성입력으로 '카카오스토리'나 '트위터'twitter.com/ goo223를 통해 그 즉시 SNS에 자료를 올리게 되어 더욱 편리하게 됐다.

독자들께서도 '카톡 010-5305-2042' 또는 다음카페 '이종구바른말' http://cafe.daum.net/goo223 또는 네이버카페 '바른말이 힘이다' https:// cafe.naver.com/archivek에 방송인들이 잘못하는 발음들을 지적해서 올려 주셨으면 하는 바람이다.

우리말 예쁜 말을 후손에게 전하는데 우리 모두 사명감을 가지고 즐겁게 살아갑시다.

이종구

이종구 지나온 길

성우로 배우로 바른말 쓰기 전도사로 살아온 이종구 !

1977년 TBC(동양방송) 공채 성우로 성우활동을 시작. 1980년 KBS로 통폐합. 라디오 드라마, TV 드라마, 영화 등에 출연하여 그 이름이 널리 알려졌다.

경력

74~76. 극단 실험극장, 극단 광장
77~80. 동양방송 성우
85~ 현재. 사단법인 한국성우협회, 한국배우협회 회원, 한글학회 준회원
1998~2001년 국립국악원 경기민요, 판소리 수료.
2009. 10. 21~2010. 10. 20 방송통신심의위원회 방송언어특별위원 역임.

강의

1993~1998 KBS아카데미 성우반 강의,
2013년 헌정회 세종대왕 탄신 616돌 기념 학술 강연회 발표.
2014 한국외국어대학교 통번역 대학원 '바른말이 힘이다' 강연.
2015년 제3공수특전여단 강연.
2020 외솔회 주최 제12회 집현전 학술대회 '방송의 예능 뉴스 등에서 사용하는 말과 글의 문제점' 발표.
2021년 한국성우협회 유튜브 강연.
2022년 보이스 멘토 학원 14회 강의. 비대면 유튜브 강의.

■ 출연 작품

연극

에쿠우스, 심판, 맹진사댁 경사. 유리 동물원, 블랙 코메디, 증언,
전쟁과 평화, 탑꼴, 남촌별곡(국립국악원 경서도 소리극),
티타임의 정사, 도마시의 결혼 외 다수

영화

천재 선언–의원, 잘살아 보세–보건소장, 추격자–분석관, 쌍화점–태사, 인
사동 스캔들–의원, 의형제–목사, 부당거래–고대표. 역린–심환지. 베테랑–
교수. 성난 변호사– 김익태 변호사. 조작된 도시–판사. 특별시민–원로의원.

케이블 티비

TVN 하이애나–노의사, 로맨스 헌터 –영주아버지, 도시괴담 데쟈뷰

CF

주택공사, 원전, KTF, 테크노마트, AIG, 하나로 통신, 기업은행.

외화

인디에나 죤스에서 할아버지 인디에나 죤스 역.
소울 메이트(SOULmates)–윌리엄스 역(빌 콥스)
윌리엄스가 부르는 노래도 자막으로 처리하지 않고 직접 불렀음.
포청청–태사. 대부3–돈 안토베로, 늑대와 춤을–발로 차는 새,
로미오와 줄리엣–로렌초 신부, 바람과 함께 사라지다–미드

만화

검정고무신(땡구), 옛날 옛적에 햇님 달님(호랑이), 슈퍼 마리오(쿠퍼왕), 드
레곤 볼(계왕,해설), 배추도사 무도사, 곰돌이푸(올빼미), 아기사슴 밤비(올
빼미), 치킨리틀(벅), 나니아 연대기(비버), 릴리엔드 스티치(점바), 와일드(베
니), 인사이드 아웃(버럭), 안녕! 오스월드(쟈니 아저싸), 명탐정 코난(정지
로), 원피스(와포루), 채채퐁 김치퐁(부라부), 루돌프(산타), 잠자는 숲속의
공주(휴버트 왕)

▌TV 드라마

MBC

제2공화국-육군 참모 차장, 제3공화국-이승만 비서, 야인시대-전진한. 영웅시대-윤보선, 제5공화국-윤보선, 신돈-인당, 포도밭 그 사나이-교수, 하얀거탑-박회장, 깍두기-마정태, 탐나는 도다-영의정, 호텔킹-윤박사. 대장금-공조참의, 주몽-임둔 태수, 거침없이 하이킥-대근의 친구,

KBS

인생화보-김사장, 해신-중국의원, 드라마씨티(도깨비가 있다-교장, 혹부리영감. 판소리 직접 부름), 미니시리즈 4x4-영등포경찰서장, 황진이-훈장(스승), 아침드라마 아줌마가 간다-학과장,
드라마씨티 우리들의 조용필님-김사장,
드라마씨티 '이웃의 한 젊은이를 위하여'-정상사,
드라마씨티 '이중 살인사건-의원' '얼렁뚱땅 흥신소-집주인,
미우나 고우나-김형석 연구원. 휴먼 카지노- 한회장

SBS

야인시대-전진한, 마녀유희-병원원장, 날아오르다-친정아버지,
그 여자가 무서워-주치의, 우리집에 왜 왔니?-김박사,
식객-심사위원, 바람의 화원-자비대령화원, 일지매-훈도,
가문의 영광-노교수, 찬란한 유산-시설원장, 자이언트- 박회장,

라디오 드라마

특별 수사본부(실장), 경제실록50년(정주영), 아차부인 재치부인(사장), 유쾌한 샐러리맨(사장),외 다수
국군방송과 사회교육방송으로 방송되는 "산하의 숨결" 진행 및 출연.
국악방송 상암골 상사디야 진행.

▌수상

84년 7월 KBS 연기부문 특별상 수상.-라디오 극장의 계응태 역으로
84년 12월 KBS 연기상 수상, -특별수사본부의 실장 역으로.

바른말이 힘이다

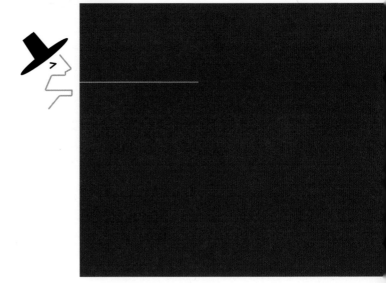

부록

부록 1 : 주요 발음 비교
부록 2 : 국립국어원은 쇠국!

주요 발음 비교

ㄱ 된소리(1)			
고가(古家)	고:가	점입가경(漸入佳境)	점:입까경
고가(高價)	고까	주가지수(株價指數)	주까지쑤
정가(政街)	정가	감가상각(減價償却)	감까상각
정가(正價.定價)	정:까	늦깎이	는깍끼
종가(宗家)	종가	무가지(無價紙)	무까지
종가(終價)	종까	눈엣가시	눈엣까시
단가(團歌)	단가	닭가슴살	닥까슴쌀
단가(單價)	단까	급경사	급껑사
시가(媤家)	시가(남편의집안)	안간힘	안깐힘
시가(市價)	시:까(상품매매가)	도긴개긴	도낀개낀
대가(大家)	대:가	경기(驚氣)	경끼
대가(代價)	대까		
강(江)가	강까	법개정	법깨정
내(川)가	내까	법감정	법깜정
길가(로변.路邊)	길까		
		물고(物故)	물고(죄인을죽이는)
문구(文具)	문구(점)	물고	물꼬(물길)
문구(文句)	문꾸		
물건(物件)	물건(물품)	사기글	사기끌
물건(物件)	물껀(매매대상)	해명글	해명끌
경기(競技)	경기	수배 글	수배끌
경기(驚氣)	경끼	글공부	글꽁부
공과(工科)	공꽈	이렇게될 경우	이렇게될경우
공과(功過)	공과	저럴 경우	저럴경우

ㄱ 된소리(2)			
도매가(都賣價)	도매까	산기슭	산끼슭
도매가격(都賣價格)	도매까격	기름기	기름끼
할인가(割引價)	할인까	코기름	코끼름
할인가격(割引價格)	할인까격	물기	물끼
공시가(公示價)	공시까	장난기	장난끼
공시가격(公示價格)	공시까격	아침기온	아침끼온
부동산가격	부동산까격	낮기온	낮끼온
감정가	감정까	밤기온	밤끼온
		봄기운	봄끼운
50m 가량	오심미터까량	인기배우	인끼배우
백미리 가량	뱅미리까량		
3배 가량	세배까량	국보급	국뽀끕
		사장급	사장끕
무리 가운데	무리까운데	재벌급	재벌끕
사람들 가운데	사람들까운데	헤비급	헤비끕
그림 가운데	그림까운데	장관급	장관끕
글 가운데	글까운데	순복음교회	순보금꾜회
시 가운데	시까운데	안양교회	안양꾜회
가족가운데	가족까운데	고추가루	고추까루
친구가운데	친구까운데	쌀가루	쌀까루
		밀가루	밀까루
버들강아지	버들깡아지	새우가루	새우까루
버들가지	버들까지	후추가루	후추까루
나무가지	나무까지	콩가루	콩까루

ㄱ 된소리(3)			
아리랑고개	아리랑꼬개	효과	효꽈
추풍령고개	추풍령꼬개	역효과	역효꽈
미아리고개	미아리꼬개	이과	이꽈
		문과	문꽈
돈가방	돈까방	영문과	영문꽈
책가방	책까방	국문과	궁문꽈
서류가방	서류까방	무과(武科)	무꽈
여행가방	여행까방		
		조선간장	조선깐장
쌀가마	쌀까마	양념간장	양념깐장
소금가마	소금까마		
모래가마	모래까마	구멍가게	구멍까게
		과일가게	과일까게
문고리	문꼬리	답배가게	담배까게
		나물가게	나물까게
길고양이	길꼬양이	채소가게	채소까게
진도개	진도깨		
풍산개	풍산깨	민물고기	민물꼬기
들개	들:깨	바다고기	바다꼬기
똥강아지	똥깡아지	물고기	물꼬기
		불고기	불고기
피아골	피아꼴	군수공장	군수꽁장
산골짝	산꼴짝	연탄공장	연탄꽁장
급강하	급깡하	양말공장	양말꽁장

ㄱ 된소리(4)			
시골길	시골낄	나무결	나무껼
들길	들낄	물결	물껼
오솔길	오솔낄		
산길	산낄	국수가락	국쑤까락
삼청동길	삼청동낄	숫가락	숟까락
해안길	해안낄	손가락	손까락
봄길	봄낄	발가락	발까락
출근길	출근낄		
빙판길	빙판낄	중부권	중부꿘
하늘길	하늘낄	호남권	호남꿘
저승길	저승낄	영남권	영남꿘
		수도권	수도꿘
코구멍	코꾸멍	재정권	재정꿘
똥구멍	똥꾸멍	경찰권	경찰꿘
귀구멍	귀꾸멍	참정권	참정꿘
눈구멍	눈꾸멍	유가증권	유까증꿘
문구멍	문꾸멍	입주권	입쭈꿘
바람구멍	바람꾸멍	취권	취꿘
물구덩이	물꾸덩이	유가증권	유까증꿘
흙구덩이	흙꾸덩이		
불구덩이	불꾸덩이	공권력	공꿘녁
		십삼개권역	십쌈개꿘녁
방구석	방꾸석	실격(失格)	실껵
이집구석	이집꾸석	합격(合格)	합껵

ㄱ 된소리(5)			
땅값	땅깝	명동거리	명동꺼리
물건값	물건깝		
나이값	나이깝	조건(條件)	조껀
담배값	담배깝	무조건	무조껀
고기값	고기깝	관건(關鍵)	관껀
반값	반깝	사건(事件)	사껀
저자거리	저자꺼리	수십건	수십껀

ㄷ 된소리(1)			
사찰단	사찰딴	반월당(牛月當)	반월땅
예술단	예술딴	삼촌댁	삼촌땍
암살단	암살딴	처가댁	처가땍
영재발굴단	영재발굴딴	판서댁	판서땍
집 단장	집딴장	사장님댁	사장님땍
공연단	공연단	안성댁	안성땍
파견단	파견단	처남댁	처남땍
납골당	납꼴땅	보름달	보름딸
		초승달	초승딸
입 다물어	입따물어		
주먹다짐	주먹따짐	이번달	이번딸
입 닥쳐	입딱쳐	다음달	다음딸
돌담길	돌땀낄	전달(傳達)	전달
돌담병원	돌땀뼁원	전달(前月)	전딸

ㄷ 된소리(2)

전시간대	전시간때	바위더미	바위떠미
100원대	백원때	건물더미	건물떠미
을밀대	을밀때	쓰레기더미	쓰레기떠미
비구름대	비구름때	벽돌더미	벽똘떠미
받침대	바침때	흙더미	흑떠미
순찰대	순찰때	산더미	산떠미
꿀단지	꿀딴지	열두살	열뚜살
술단지	술딴지	열다섯살	열따섯쌀
보물단지	보물딴지	열두번째	열뚜번째
아파트단지	아파트딴지	연락두절	열낙뚜절
수출단지	수출딴지		
다음단계	다음딴계	신설동	신설똥
일 단계	일딴계	비산동	비산동
팔 단계	팔딴계	하루동안	하루똥안
전 단계	전딴계	한 시간 동안	한시간똥안
		2년 동안	이년똥안
돈다발	돈따발	100년 동안	뱅년똥안
현금다발	현금따발	연휴동안	연휴똥안
		길동무	길똥무
북어 대가리	북어때가리	봄동 배추	봄똥배추
생선 대가리	생선때가리	물동이	물똥이
눈대중	눈때중	삼척동자	삼척똥자

ㄷ 된소리(3)			
밥도둑	밥또둑	다시마 덩어리	다시마떵어리
눈도장	눈또장	알긴산 덩어리	알긴산떵어리
인감도장	인감또장	탄수화물 덩어리	탄수화물떵어리
출근도장	출근또장	눈 덩이	눈떵이
막도장	막또장		
밀도살	밀또살	강둑	강뚝
울돌목	울똘목	둑방	뚝빵
산등성이	산뜽성이	할 도리	할또리
손등	손뜽	상다리	상따리
발등	발뜽	한강다리	한강따리
팔등신(八等身)	팔뜽신	영도다리	영도따리
		고속도로	고속또로
노름돈	노름똔	외곽도로	외곽또로
판돈	판똔(노름 판돈)	동작대교	동작때교
판돈	판돈(물건을 판돈)		
		문득	문뜩
암 덩어리	암떵어리	물밀듯이	물밀뜨시
기름 덩어리	기름떵어리	다음단계	다음딴계
얼음 덩어리	얼음떵어리	외람됩니다	외람뙴니다
바위 덩어리	바위떵어리	보람된	보람뙨

ㅂ 된소리(1)			
고법(高法)	고법	시장바닥	시장빠닥
고법(鼓法)	고뻡(북치는방법)	할 바를	할빠를
검법(劍法)	검뻡	장바구니	장빠구니
불법(不法)	불뻡	돈벼락	돈뼈락
세법(稅法)	세뻡		
설법(說法)	설뻡	버선발	버선빨
술법(術法)	술뻡	눈발	눈빨
위법(違法)	위법	서리발	서리빨
율법(律法)	율뻡		
준법(遵法)	준뻡	가을비	가을삐
탈법(脫法)	탈뻡	겨울비	겨울삐
편법(便法)	편뻡	봄비	봄삐
항법(航法)	항뻡	소낙비	쏘낙삐
헌법(憲法)	헌뻡	산비탈	산삐탈
형법(刑法)	형뻡		
화법(話法)	화뻡	발상법(發想法)	발쌍뻡
		보안법(保安法)	보안뻡
개발바닥	개발빠닥	삼분법(三分法)	삼분뻡
마루바닥	마루빠닥	정공법(正攻法)	정공뻡
땅바닥	땅빠닥	조세법(租稅法)	조세뻡
논바닥	논빠닥	축지법(縮地法)	축찌뻡
길바닥	길빠닥	특례법(特例法)	특례뻡
손바닥	손빠닥	관련법안	괄년뻐반

ㅂ 된소리(2)			
관련법	괄년뻡	총부리	총뿌리
국제법상	국쩨뻡쌍	새부리	새부리
국제법	국쩨뻡		
민생법안	민생뻐반	봄바다	봄빠다
민생법	민생뻡	여름바다	여름빠다
방지법안	방지뻐반	가을바다	가을빠다
방지법	방지뻡	겨울바다	겨울빠다
특검법안	특껌뻐반	눈물바디	눈물빠다
특검법	특껌뻡	웃음바다	우슴빠다
잠실벌	잠실뻘	대학병원	대학뼝원
대구벌	대구뻘	대형병원	대형뼝원
황산벌	황산뻘	동물병원	동물뼝원
상암벌	상암뻘	문성병원	문성뼝원
벌밭	뻘밭	삼성병원	삼성뼝원
돈벌레	돈뻘레	안양병원	안양뼝원
좀벌레	좀뻘레	요양병원	요양뼝원
돈벌이	돈뻘이	제생병원	제생뼝원
계획범죄	계획뻠죄		
		산봉우리	산뽕우리
나무부리	나무뿌리	말본새	말뽄새
돌부리	돌뿌리	잠보	잠뽀(잠꾸러기)

ㅂ 된소리(3)			
일복	일뽁	몇일밤	며칠빰
상복(祥福)	상뽁		
상복(喪服)	상복	금은방	금은빵
똥배	똥빼	자취방	자취빵
급부상	급뿌상	월세방	월쎄빵
		머슴방	머슴빵
마을 분들	마을뿐들	이슬방울	이슬빵울
이웃 분들	이웃뿐들	비누방울	비누빵울
타실분	타실뿐	솔방울	솔빵울
		물방울	물빵울
산불	산뿔	솜방망이	솜빵망이
모닥불	모닥뿔	봄방학	봄빵학
장작불	장작뿔	여름방학	여름빵학
의식불명	의식뿔명	겨울방학	겨울빵학
		방긋방긋	빵끗빵끗
신바람	신빠람	첫방송	첫빵송
봄바람	봄빠람	사후약방문	사후약빵문
겨울바람	겨울빠람	떡방아간	떡빵아깐
눈물바람	눈물빠람		
		돼지열병	돼지열뼝
오늘밤	오늘빰	상사병	상사뼝
어제밤	어제빰	심장병	심장뼝
일요일밤	일요일빰	열사병	열싸뼝

ㅂ 된소리(4)			
위장병	위장뼝	허리병	허리뼝
일사병	일싸뼝	정신병력	정신뼝력
		술병	술뼝
오전반	오전빤	소주병	쏘주뼝
오후반	오후빤		
		혼밥	혼빱
재선충병	재선충뼝	집밥	집빱
정신병	정신뼝		

ㅅ 된소리(1)			
～성(城)	～썽	감염성	감념썽
～성(性)	～썽	국민성(國民性)	국민썽
～성(成)	～썽	귀소성(歸巢性)	귀소썽
～성(星)	～썽	기동성(機動性)	기동썽
～성(聲)	～썽	당위성(當爲性)	당위썽
강성(強性)	강썽	도덕성(道德性)	도덕썽
당성(黨性)	당썽	공정성(公正性)	공정썽
야성(野性)	야썽	민족성(民族性)	민족썽
여성(與性)	여썽	방사성(放射性)	방사썽
열성(熱性)	열썽	북극성(北極星)	북끅썽
곡성(哭聲)	곡썽	상대성(相對性)	상대썽
감수성(感受性)	감수썽	선천성(先天性)	선천썽

ㅅ 된소리(2)			
안전성(安全性)	안전썽	합헌성(合憲性)	합헌썽
연속성(連續性)	연속썽	허구성(虛構性)	허구썽
외향성(外向性)	외향썽	현실성(現實性)	현실썽
유동성(流動性)	유동썽	효율성(效率性)	효율썽
유연성(柔軟性)	유연썽	후천성(後天性)	후천썽
융통성(融通性)	융통썽	희귀성(稀貴性)	희귀썽
이중성(二重性)	이중썽		
		실사격	실싸격
개연성(蓋然性)	개연썽	실사단	실싸단
보수성향	보수썽향	실소유주(實所有主)	실쏘유주
신뢰성(信賴性)	신뢰썽		
일관성(一貫性)	일관썽	생활상	생활쌍
일회성(一回性)	일회썽	법률상	벌률쌍
조급성(躁急性)	조급썽	몰상식	몰쌍식
조심성(操心性)	조심썽	불성실	불썽실
존엄성(尊嚴性)	존엄썽		
주체성(主體性)	주체썽	~세(稅)	~쎄
지속성(持續性)	지속썽	가산세	가산쎄
진실성(眞實性)	진실썽	간접세	간접쎄
타당성(妥當性)	타당썽	갑근세	갑끈쎄
특수성(特殊性)	특쑤썽	교육세	교육쎄
함축성(含蓄性)	함축썽	누진세	누진쎄
합법성(合法性)	합뻡썽	담배세	담배쎄

ᄉ 된소리(3)			
등록세	등록쎄	양보심	양보씸
매수세	매수쎄	영웅심	영웅씸
방위세	방위쎄	자부심	자부씸
법인세	법인쎄	자존심	자존씸
소득세	소득쎄	적개심	적개씸
유명세	유명쎄	평정심	평정씸
재산세	재산쎄	허영심	허영씸
전기세	전기쎄	호기심	호기씸
주류세	주류쎄	투기심	투기씸
주민세	주민쎄	인내심	인내씸
증가세	증가쎄	노파심	노파씸
증여세	증여쎄	이기심	이기씸
직접세	집쩝쎄		
취득세	취득쎄	사망자수	사망자쑤
특소세	특쏘쎄	기수(其數)	기쑤
확산세	확싼쎄	기수(旗手)	기수
환경세	환경쎄	치수(治水)	치수
부가가치세	부가가치쎄	치수(置數)	치쑤
양도소득세	양도소득쎄	회수(回收)	회수
농어촌특별세	농어촌특뺄쎄	회수(回數)	회쑤
자동차세	자동차쎄	환자수	환자쑤
삭월세(朔月貰)	삭월쎄(사글쎄?)	주가지수	주까지쑤
산세(山勢)	산쎄(산의모양과지세)	옷소매	옷쏘매

ㅅ 된소리(4)			
옷수선	옷쑤선	풀벌레소리	풀벌레쏘리
속시원하다	속씨원하다	문소리	문쏘리
손수건	손쑤건	문소리	문쏘리(배우이름)
수근수근	쑤근쑤근		
		봄소식	봄쏘식
파출소	파출쏘	봄손님	봄쏜님
이발사	이발싸	밤손님	밤쏜님
이발소	이발쏘	밤사이	밤싸이
꿈속	꿈쏙	출근시간	출근씨간
산속	산쏙	퇴근시간	퇴근씨간
숲속	숲쏙		
마음속	마음쏙	한국사람	한국싸람
만두속	만두쏙	옛사람	옛싸람
세계속의	세계쏙에	미국사람	미국싸람
안개속	안개쏙	일본사람	일본싸람
		독일사람	독일싸람
산새소리	산쌔쏘리		
새소리	새쏘리	일솜씨	일쏨씨
물소리	물쏘리	일심동체	일씸동체
종소리	종쏘리	전립선	절립썬
총소리	총쏘리	절실하다	절씰하다
판소리	판쏘리	조개살	조개쌀

ㅅ 된소리(5)			
영림계획수립	영림계획쑤립	주안상(酒案床)	주안쌍
있어서	잇써서	차례상(茶禮床)	차례쌍
		아침상	아침쌍
판세	판쎄(선거)	저녁상	저녁쌍
		젯상	젯쌍
소련	쏘련	배살	배쌀
		창살	창쌀
일삼으며	일쌈으며	볼 살	볼쌀
안스럽다	안쓰럽다		
		혼술	혼쑬
얼굴색	얼굴쌕	말술	말쑬
영국사람	영국싸람	울산	울싼
외국사람	외국싸람	설사	설싸

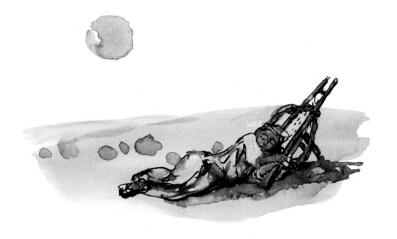

ㅈ 된소리(1)			
~증(症)	~쯩	협심증(狹心症)	협씸쯩
갈증(渴症)	갈쯩	후유증(後遺症)	후유쯩
건망증(健忘症)	건망쯩	신분증	신분쯩
경증(輕症)	경쯩	주민등록증	주민등록쯩
궁금증	궁금쯩		
뇌졸증(腦卒症)	뇌졸쯩	~할정도	~할쩡도
불감증(不感症)	불감쯩	그렇게될정도	그러케될쩡도
불면증(不眠症)	불면쯩	넘칠정도	넘칠쩡도
수전증(手顫症)	수전쯩	미칠정도	미칠쩡도
식곤증(食困症)	식꼰쯩	사랑할정도	사랑할쩡도
실어증(失語症)	실어쯩	얄미울정도	얄미울쩡도
염증(炎症)	염쯩	죽을정도	죽을쩡도
우울증(憂鬱症)	우울쯩		
의처증(疑妻症)	의처쯩	등줄기	등쭐기
자폐증(自閉症)	자폐쯩	물줄기	물쭐기
중증(重症)	중쯩	을지로	을찌로
체증(滯症)	체쯩	을지문덕	을찌문덕
축농증(蓄膿症)	충농쯩		
통증(痛症)	통쯩	개별적	개별쩍
패혈증(敗血症)	패혈쯩	건설적	건설쩍
편집증(偏執症)	편집쯩	기술적	기술쩍
합병증(合併症)	합뼝쯩	도발적	도발쩍
현기증(眩氣症)	현기쯩	법률적	범뉼쩍

	ㅈ 된소리(2)		
산술적	산술쩍	인적자원	인쩍자원
역설적	역썰쩍	독일제	독일쩨
예술적	예술쩍	북한제	북칸쩨
일괄적	일괄쩍	일본제	일본쩨
일률적	일뉼쩍		
자발적	자발쩍	고향집	고향찝
폭발적	폭빨쩍	선술집	선술찝
현실적	현실쩍	시골집	시골찝
획일적	획일쩍		
효율적	효율쩍	5점만점(五點滿點)	오:점만쩜
		오점(汚點)	오:쩜
병적(兵籍)	병적	10000점	만:점
병적(病的)	병쩍		
사적(史的)	사쩍	고소장	고소짱
사적(史籍.史蹟)	사적	공개장	공개짱
성적(性的)	성쩍	기소장	기소짱
성적(成籍)	성적	안내장	안내짱
외적(外敵)	외적	양념장	양념짱
외적(外的)	외쩍	연판장	연판짱
정적(靜的)	정쩍	연하장	연하짱
정적(靜寂.政敵)	정적	위임장	위임짱
종적(縱的)	종쩍(위아래)	일기장	일기짱
종적(踪迹)	종적(자취)	징집영장	징집영짱

ㅈ 된소리(3)			
강간죄	강간쬐	성명삼자	성명삼짜
경범죄	경범쬐	집장만	집짱만
내란죄	내란쬐	집전화	집쩐화
뇌물죄	뇌물쬐	집주소	집쭈소
살인죄	살인쬐	집주인	집쭈인
친고죄	친고쬐	이번주말	이번쭈·말
폭행죄	폭캥쬐	이번주중	이번쭈·중
멍자국	멍짜국	멕주잔	맥쭈짠
발자국	발짜국	물잔	물짠
잉크자국	잉크짜국	소주잔	쏘주짠
피자국	피짜국	양주잔	양주짠
흉터자국	흉터짜국	술주전자	술쭈전자
		술주정	술쭈정
대출자	대출짜		
약탈자	약탈짜	글재간	글째간
피살자	피살짜	발재간	발째간
해설자	해설짜	활재간	활째간
매몰자	매몰짜	발자취	발짜취
진출자	진출짜		
점자(點字)	점짜	글재주	글째주
문자(文字)	문짜	발재주	발째주
문자	사람이름	손재주	손째주

ㅈ 된소리(4)			
도끼자루	도끼짜루	말장난	말짱난
봉걸레자루	봉걸레짜루	목숨줄	목쑴쭐
쌀자루	쌀짜루	물지개	물찌개
칼자루	칼짜루	미칠지경	미칠찌경
호미자루	호미짜루	민물장어	민물짱어
		바지주머니	바지쭈머니
경기지방	경기찌방	병걸릴지경	병걸릴찌경
남부지방	남부찌방	소변줄기	소변쭐기
북부지방	북뿌찌방	시각장애인	시각짱애인
영남지방	영남찌방	완벽주의자	완벽쭈이자
중부지방	중부찌방	일제강점기	일쩨강점기
충청지방	충청찌방	자업자득	자업짜득
호남지방	호남찌방	핵잠수함	핵짬수함
		흠집내기	흠찝내기
남계혈족	남계혈쪽		
방계혈족	방계혈쪽	소장(所長)	소장
		소장(訴狀)	소짱
건축자재	건축짜재	송장	송:장(죽은사람)
급전환	급쩐환	송장(送狀)	송짱(상품명세서)
급진전	급찐전	영장(令狀)	영짱(구속영장)
기술진	기술찐	영장(靈長)	영장(만물의영장)
다음주제	다음쭈제	원장(園長)	원장
마을주민	마을쭈민	원장(原帳.元帳)	원짱

ㅈ 된소리(5)			
나무조각	작품	과장자리	과장짜리
나무쪼각	나무쪼가리	누울자리	누울짜리
돌조각	작품	명당자리	명당짜리
돌쪼각	돌쪼가리	묘자리	묘짜리
산산조각	산산쪼각	사장자리	사장짜리
얼음조각	작품	선자리	선짜리(맞선)
얼음쪼각	얼음쪼가리	선자리	선자리(서있는)
휴지조각	휴지쪼각	술자리	술짜리
갈자리말자리	갈짜리말짜리	식사자리	식싸짜리

ㅎ 된소리(1)			
ㄱ+ㅎ≒ㅋ			
결백하고	결백카고	미국하구	미국카구
계속해서	계속캐서	미국행	미국캥
공격하라	공격카라	민족해방	민족캐방
공략하면	공략카면	바람직하다	바람직카다
구속하다	구속카다	박하나만	박카나만
구축하고	구축카고	박혁거세	박격꺼세
구축함	구축캄	반복했읍니다.	반복캐씀니다
극복하다	극뽁카다	백한점	백칸점
급박하다	급빡카다	부탁한다	부탁칸다
긴박한	긴박칸	분식회계	분식쾨계
깊숙한곳	깁쑥칸곳	삼백회	삼백쾨
깊숙히	깁쑥키	생각하건데	생각카건데
납득하기	납뜩카기	생각하고	생각카고
닭하림	닥카림	선택하고	선택카고
독특하다	독특카다	설득하다	설뜩카다
딱하다	딱카다	성폭행	성폭캥
딱 한달	딱:칸달	소박하게	소박카게
똑똑하니까	똑똑카니까	손석희	손석키
만족하고	만족카고	시작힌다	시작칸다
명확하게	명확카게	신속하게	신속카게
무뚝뚝한	무뚝뚜ㄱ칸	심각하게	심각카게
무식한	무식칸	심상치않다	심상찬타

ㅎ 된소리(2)			
아삭아삭하다	아삭아삭카다	주목했읍니다	주목캐씀니다
압박하고	압빡카고	즉흥무대	즉킁무대
어떡해	어떠캐	쫀득쫀득한	쫀득쫀드ㄱ칸
어떻게	어떠케	짤막하게	찔막카게
어떡하니	어떡카니	착각하다	착깍카다
어떡하지	어떡카지	청약하고	청약카고
엄격함	엄격캄	촉박하게	촉빡카게
없도록한다	업:또록칸다	최숙현선수	최수ㄱ켠선수
역학조사	역칵쪼사	출국했읍니다.	출국캐씀니다.
연락해	열낙캐	침착하게	침착카게
예측했다	예측캐따	파악하다	파악카다
오죽했으면	오죽캐쓰면	편곡하고	편곡카고
욕하지마	욕카지마	폭삭하게	폭싹카게
의식하고	의식카고	학회	학쾨
입학식	이ㅂ팍씩	합작하다	합짝카다
작곡하고	작꼭카고	협박하고	협빡카고
잠복하는	잠복카는	호락호락한	호락코라칸
적막해	정막캐	회복할수	회복칼쑤
정확한	정확칸	흑한점	흑칸점
~+형'의 발음			
개방형	개방ㅎ녕	기업형	기업평
공격형	공격켱	노력형	노력켱
권력형	궐녁켱	무풍형	무풍ㅎ녕

ㅎ 된소리(3)			
~+형'의 발음			
미남형	미남ㅎ녕	이동형	이동ㅎ녕
벌금형	벌금ㅎ녕	이상형	이상ㅎ녕
비굴형	비굴ㅎ녕	자립형	자립평
삼각형	삼각켱	자율형	자율ㅎ녕
수익형	수익켱	종신형	종신ㅎ녕
실속형	실속켱	징역형	징역켱
연금형	연금ㅎ녕	체험형	체험ㅎ녕
연동형	연동ㅎ녕	추진형	추진ㅎ녕
유럽형	유럽평	팔각형	팔각켱
육각형	육깍켱	한국형	한국켱
은둔형	은둔ㅎ녕	호남형	호남ㅎ녕
ㅂ+ㅎ=ㅍ			
갑갑하다	갑깝파다	도입했다	도입팻따
거듭했다	거듭팻따	돌입하고	도립파고
공급했다	공급팻따	모집하다	모집파다
궁핍하다	궁핍파다	몰입하고	모립파고
근접해	근접패	밀접하다	밀쩝파다
급급하다	급끕파다	밥하고국하고	밥파고국카고
급박하다	급빡카다	밥한끼	밥판끼
급하다	급파다	밥한번먹자	밥판번먹자
급한일	급판닐	법집행	법찌ㅂ팽
답습하고	답씁파고	복잡하다	복짭파다

ㅎ 된소리(4)

ㅂ+ㅎ=ㅍ

불협화음	부렵파음	용납하지	용납파지
비겁하다	비겁파다	제압하고	제압파고
사립학교	사립팍꾜	졸업한	졸업판
설립허가	설닙퍼가	집하나	집파나
섭섭하다	섭썹파다	집합하라	지팝파라
성급했어	성급패써	집행하다	집팽하다
수립하고	수립파고	찜찜하다	찜찜파다
수입하고	수입파고	투입했읍니다	투입패씀니다
시급해졌다	시급패젓따	파업하다	파업파다
언급하다	언급파다	혼잡하다	혼잡파다

ㅅ+ㅎ=ㅌ

그럴듯해	그럴뜨태	못하고	못타고
깨끗한	깨끗탄	잘못한	잘못탄
따듯하다	따듯타다	쫄깃하다	쫄깃타다
또렷하다	또렷타다	찌릿찌릿한	찌릿찌릿탄

ㄷ+ㅎ=ㅊ(구개음화) / ㅊ+ㅎ=ㅌ

ㄷ+ㅎ=ㅊ(구개음화)		ㅊ+ㅎ=ㅌ	
맏형	맛텽	꽃한송이	꽃탄송이
		꽃하고	꽃타고

ㄴ,ㄹ 덧나기(1)		
표준어	바른말	틀린말
간염	간ː념	가념
가족여러분	가족녀러분	가족ː여러분
강동윤	강동뉸	강동윤
개입여부	개임녀부	개입ː여부/개이벼부
검열	검녈	거멸
결막염	결망념	결마겸
고급요리	고급뇨리	고급ː요리/고그뵤리
골막염	골망념	골마겸
교환용	교환뇽	교화뇽
구속영장	구송녕짱	구소경짱
구속여부	구송녀부	구속ː여부/구소겨부
군로사령	굴노사령	군노사령
권율장군	권뉼장군	궈뉼장군
그럼요	그럼뇨	그러묘
기각이유	기강니유	기각ː이유/기가기유
김연아	김년아	기며나
김여사	김녀사	기며사
김여정	김녀정	기며정
김유신 장군	김뉴신 장군	기뮤신 장군
기억연대	기엉년대	기억ː연대/기어견대
김봉연	김봉년	김봉연
꽃이름	꼰니름	꼳ː이름/꼬디름
뇌막염	뇌망념	뇌마겸
뇌종양	뇌종냥	뇌종양
능막염	능망념	능마겸

ㄴ, ㄹ 덧나기(2)		
표준어	바른말	틀린말
능률(能率)	능뉼	능율
대동여지도	대동녀지도	대동여지도
동유럽	동뉴럽	동유럽
두달여만에	두달녀만에	두다려만에
만유일력	만뉴일력	마뉴일력
마지막이야기	마지망니야기	마지막:이야기/마지마기야기
뭇남성	문남성	뭇:남성
민유라	민뉴라	미뉴라
민율이	민뉼이	미뉴리
박형민	박켱민	바켱민
박상영	박상녕	박상영
방광염	방광념	방광염
법이야기	범니야기	버비야기
복막염	봉망념	봉마겸
북유럽	붕뉴럽	북:유럽/부규럽
부탁한일	부탁칸닐	부타가닐
불문률(不文律)	불문뉼	불무뉼
밤이슬	밤니슬	바미슬
산야초	산냐초	사냐초
산약초	산냑초	사냑초
사람이야기	사람니야기	사람:이야기/사라미야기
살육	살뉵	사륙
사립유치원	사림뉴치원	사립:유치원/사리뷰치원
삼연패	삼년패	사면패

ㄴ,ㄹ 덧나기(3)		
표준어	바른말	틀린말
삼육두유	삼늉뚜유	사뮥두유
사소한일	사소한닐	사소한:일 사소하닐
색연필	생년필	새견필
생이별	생니별	생:이별
선우용여	서누용녀	서누용여
선유도	선뉴도	서뉴도
선율	선뉼	서뉼
성공율	성공뉼	성공율
솜이불	솜니불	소미불
수색영장	수생녕짱	수색:영짱/수새경짱
수학여행	수항녀행	수하겨행
실업률	실엄뉼	시러뷸
쌍용	쌍뇽	쌍용
썬연료	썬녈뇨	써녈뇨
압박용	압빵뇽	압빠공
양육권	양뉵꿘	양육꿘
연이어서	연니어서	여니어서
열일제쳐두고	열닐제쳐두고	여릴제쳐두고
영양가	영냥까	영양까
영영	영녕	영영
영유아	영뉴아	영유아
옛이야기	옌니야기	옛:이야기/예디야기
오길영	오길녕	오기령
올여름	올녀름	올:여름/오려름

ㄴ,ㄹ 덧나기(4)		
표준어	바른말	틀린말
우리집일이야	우리짐닐이야	우리집ː일이야
위장염	위장념	위장염
위협요소	위혐뇨소	위혀뵤소
윤영호	윤녕호	유녕호
유럽여행	유럼녀행	유려벼행
윤석열	윤성녈	윤서결
음율	음뉼	으뮬
임여인	임녀인	이며인
임영수	임녕수	이명수
임예진	임녜진	이몌진
이문열	이문녈	이무녈
이상용	이상뇽	이상용
이승윤	이승뉸	이승윤
이을용	이을뇽	이으룡
이찬열	이찬녈	이차녈
입막음용	임마금뇽	임마그뭉
작열(灼熱)	장녈	자결
작은일	자근닐	자그닐
장염	장ː념	장염
장영실	장녕실	장영실
장윤정	장뉸정	장유정
장유진	장뉴진	장유진
재활용	재활뇽	재화룡
전열	전녈	저녈
전율	전뉼	저뉼

ㄴ,ㄹ 덧나기(5)		
표준어	바른말	틀린말
점유율	점뉴율	저뮤율
정동영	정동녕	정동영
정여립	정녀립	정여립
정유장	정뉴장	정유장
주택연금	주탱년금	주택:연금/주태견금
즐거운일	즐거운닐	즐거운:일/즐거우닐
증액요구	증앵뇨구	증액:요구
진열	진녈	지녈
집열쇠	짐녈쇠	지별쇠
첫눈썰매	천눈:썰매	첫:눈썰매
첫메달	천메달	첫:메달
첫여성	천녀성	첫:여성
추석연휴	추성년휴	추석:연휴
추억여행	추엉녀행	추억:여행
취업율	취엄뉼	취어뷸
큰일	큰닐	크닐
판유리	판뉴리	파뉴리
한여름밤	한녀름빰	하녀름밤
한유총	한뉴총	하뉴총
함유	함뉴	하뮤
한달여만에	한달녀마네	한다려마네
홍영혜	홍녕혜	홍영해
환율	환뉼	화뉼

외래어					
표준어	바른말	틀린말	표준어	바른말	틀린말
시즌	씨즌	시즌	셀프	쎌프	셀프
타겟	타켓	타겟	빌딩	삘딩	빌딩
가스	까쓰	가쓰	사인	싸인	사인
버스	뻐쓰	버쓰	섹스피어	쎅쓰피어	섹스피어
세미나	쎄미나	세미나	세피아	쎄피아	세피아
가톨릭	카톨릭	가토릭	세팅	쎄팅	세팅
골문	꼴문	골문	세트	쎄트	세트
골대	꼴때	골때	센서	쎈서	센서
골킥	꼴킥	골킥	센세이션	쎈세이션	센세이션
한골	한꼴	한골	센스	쎈쓰	센쓰
결승골	결쏭꼴	결쏭골	센터링	쎈터링	센터링
만회골	만회꼴	만회골	셀러리맨	쎌러리맨	세러리맨
추가골	추가꼴	추가골	더블	떠불	더불
에어쇼	에어쑈	에어쇼	사이렌	싸이렌	사이렌
쇼쇼쇼	쑈쑈쑈	쇼쇼쇼	섹소폰	쎅쓰폰	섹소폰
게임	께임	게임	댐	땜	댐
츄잉검	츄잉껌	츄잉검	헤딩골	헤딩꼴	헤더골
달라	딸라	달라	백그라운드	빽끄라운드	백그라운드
섹스	쎅쓰	섹쓰	샌들	쌘들	샌들
선팅	썬팅	선팅	크리스마스	크리쓰마쓰	크리스마스

장·단음(1)

가결(可決)	가:결	고층빌딩	고:층삘딩
가구(家具)	가구	광주(光州)	광주 (전라도)
가면(假面)	가:면	광주(廣州)	광:주(경기도)
간식(間食)	간:식	구두(口頭)	구:두
간암(肝癌)	간:암	구두(句讀)	구두(신발)
간음(姦淫)	간:음	귀신(鬼神)	귀:신
간증(干證)	간증	금주(今週)	금주
감독(監督)	감독	금주(琴酒)	금:주
감사(感謝)	감:사	기생(妓生)	기:생
갓길	가:낄	기생(寄生)	기생(기생충)
강행(强行)	강:행	눈(雪)	눈: (눈:사람)
개성(個性)	개:성	눈(眼)	눈 (눈물)
개성(開城)	개성	단장(丹粧)	단장(치장함)
거사(居士)	거사	단장(短杖)	단:장(지팡이)
거사(擧事)	거:사	단정(斷定)	단:정(결정하다)
건강(健康)	건:강	단정(端正)	단정(반듯하다)
걸인(乞人)	걸인	대구(大邱)	대구(시)
검사(檢事)	검사	대구(對句)	대:꾸
검사(檢查)	검:사(조사함)	대국(大國)	대:국
경로(敬老)	경:로	대권(大權)	대:꿘
경로(經路)	경로,(지나는 길)	대망(大望)	대:망
고가도로	고:가도로	대면조사	대:면조:사
고사(故事)	고:사	대법원(大法院)	대:법원
고사(枯死)	고사	대전(大戰)	대:전
고소(告訴)하다	고:소하다	대전(大田)	대전(시)
고소하다	고소하다(깨가)	동경(憧憬)	동:경(하다)

장·단음(2)			
동경(東京)	동경(일본수도)	사기(沙器)	사기(그릇)
동화(同化)	동화(되다)	사기(詐欺)	사기(남을 속임)
동화(童話)	동:화(책)	사노라면	사:노라면(삶)
두번은없다	두:번은없:다	사노라면	사노라면(구입)
말(馬)	말(동물)	사면(四面)	사:면
말(言)씀	말·씀	사면(赦免)	사면
모자(帽子)	모자(쓰는 것)	사상자(死傷者)	사:상자
모자(母子)	모:자	사정(事情)	사:정
문자(文子)	문자(사람 이름)	사정(射精)	사정
문자(文字)	문:짜	사주팔자	사:주팔짜
묻다	묻따(땅에 묻다)	산업안전공단.	산:업안전공단
묻다	묻:따(물어 본다)	살기	살:기(삶)
반값	반:깝	살기(殺氣)	살기
배달(配達)	배:달	상처(傷處)	상처(다친자리)
배달민족	배달민족	상처(喪妻)	상:처(처의 죽음'
변덕(變德)	변:덕(변덕쟁이)	새집	새:집(조류)
변론(辯論)	변:론	새집	새집(새로지은집)
보건(保健)	보:건	서리	서리(훔치는장난)
보물(寶物)	보:물	서리(署理)	서:리(직무대리자)
부정(不正)	부정(옳지못함)	서면질의(書面質疑)	서:면질이
부정(否定)	부:정(인정안함)	선(善)을 행하다	선:을 행하다
비례대표	비:례대:표	선물(先物)	선물(선물거래)
사각지대	사:각찌대	선물(膳物)	선:물(선물하다)
사고(事故)	사:고	선수	선:수(운동선수)
사고(思考)	사고	선수	선수(먼저두는자)
사기(士氣)	사:기(기운)	설날	설:날

장·단음(3)			
성적(性的)	성:쩍	장사(壯士)	장:사
성적(成績)	성적(점수)	재탄생	재:탄생
성폭력	성:폭력	전기(前記)	전기
		전기(電氣)	전:기
소식(小食)	소:식	전망(展望)	전:망
소식(消息)	소식(고향소식)	전원이꺼졌다	전:원이꺼졌다
		전원주택	전:원주택
소아마비	소:아마비	정가(政街)	정가
수리여부	수리여:부	정가(正價)	정:까
시각(時刻)	시각	제기(提起)	제기(문제 제기)
시각(視角)	시:각	제기(祭器)	제:기(제사 그릇)
없다	없:따(물건이)	차기정부	차:기정부
없다	업따(아기를)	처벌	처:벌
연기(演技)	연:기(배우의)	처형	처형(처의언니)
연기(煙氣)	연기(연기가매워)	탄핵	탄:핵
영감(令監)	영:감(노인)	한강	한:강
영감(靈感)	영감(문득 생각)	한계(限界)	한:계
오산(烏山)	오산(오산시)	한국(寒國)	한국
오산(誤算)	오:산	한국(韓國)	한:국
운(運)이 좋았다	운:이 조:았따	한돈(韓豚)	한:돈(한국돼지)
		한돈(무게)	한돈
원수(元帥)	원수(장군)	한일(韓日)	한:일
원수(怨讐)	원:수	해명(解明)	해:명
잠시잠간	잠:시잠깐	화병(火病)	화:뼝
장기(將棋)	장:기(장기 두다)	화병(花瓶)	화병
장기(長技)	장끼(특기)	화장	화:장(장례)
장사	장사(사고 판다)	화장	화장(얼굴단장)

어두경음					
가마귀	까마귀	곱빼기	꼽빼기	쇠막대	쐬막때
가마득하다	까마득카다	곱슬머리	꼽슬머리	수세미	쑤세미
가매지다	까매지다	곱추	꼽추	시래기	씨래기
가무러치다	까무러치다	곶감	꽂감	자르다	짜르다
가시	까시	과대표	꽈대표	자투리땅	짜투리땅
가칠하다	까칠하다	구기다	꾸기다	작다	짝따
가탈부리다	까탈부리다	굽다	꼽다	작대기	짝때기
간난애기	깐난애기	그을음	끄름	장구벌레	짱구벌레
감감무소식	깜깜무소식	닦다	딲따	장아찌	짱아찌
감감하다	깜깜하다	당기다	땡기다		
감쪽같다	깜쪽같따	던지다	떤지다	조금	쪼끔.쬐끔
갑갑하다	깝깝파다	도랑	또랑	조끼	쪼끼
강마르다	깡마르다	동그라미	똥그라미	조랑말	쪼랑말
개구리	깨구리	번데기	뻔데기	족두리	쪽뚜리
거꾸로	꺼꾸로	볶다	뽂따	족제비	쪽제비
거리낌	꺼리낌	본때	뽄때	졸장부	쫄짱부
고까옷	꼬까옷	본뜨다	뽄뜨다	좁다	쫍따
고깔	꼬깔	부시다	뿌시다	주꾸미	쭈꾸미
고꾸라지다	꼬꾸라지다	삶다	쌂따	지리다	찌리다
고두밥	꼬두밥	상놈	쌍놈	지린내	찌린내
고불고불	꼬불꼬불	상스럽다	쌍스럽다	집게	찝께
고쟁이	꼬쟁이	성내다	씅내다	헝겊조가리	헝겊쪼가리
고추	꼬추	소나기	쏘나기	힘이달린다	힘이딸린다
곰보	꼼보	소주	쏘주/쐬주	힘이세다	힘이쎄다

이중모음(1)					
첫음절 '의'는 '의'로 발음해야 한다.					
의거	의류	의사	의연금	의정부	의탁
의견	의무	의사당	의외	의정서	의표
의경	의무감	의사록	의용군	의제	의향
의관	의문	의상	의원	의족	의협심
의기소침	의법	의석	의인	의존	의형제
의당	의병	의수	의장	의중	의혹
의도	의복	의술	의장단	의지	의회
의뢰인	의부증	의식	의적	의처증	
의료	의분	의심	의절	의치	
첫음절 이외의 '의'는 '이'로 발음해야 한다.					
각의	동의	병의	심의	주치의	합의
강의	마의	부주의	양의	진의	항의
건의	명의	불가사의	예의	질의	혐의
결의	무의무탁	불의	용의자	창의력	협의
결의형제	무의미	상의	용의주도	충의	호의
경의	문의	성의	의의	탈의장	호의호식
군의관	반신반의	수의	임의동행	토의	회의
귀의	발의	수의계약	쟁의	편의	
농의	백의민족	숙의	정의	품의	
당의정	법의	시의	제의	피의자	
도의	법의학자	신의	주의	하의	

이중모음(2)

조사 '의'는 '에'로 발음해야 한다.

가족의	국민의	미국의	선열들의	역사의	의문의
국군의	대통령의	민족의	세계속의	우리의	질문의

'ㅖ'를 'ㅔ' 로도 발음하라?

계집	게집	계산	게산	한계	한게
계획	게획	계장	게장	지혜	지헤
계가	게가			혜택	헤택

그러다보니 'ㅖ'를 'ㅐ'로 발음하는 것도 방치하고 있다

게맛	개맛	대게	대개	줄께	줄깨
계가	개가	만세	만새	지혜	지해
계산	개산	보낼께	보낼깨	한계	한개
계집	개집	시계	시개	할께	할깨
계획	개획	시원하게	시원하개	혜택	해택
네꿈을 펼쳐라		내꿈을 펼쳐라(DB보험CF)		잘가시게	잘가시개

발음대로 표기

대단하다	대다나다	들켰다	들켜따
착하게살자	차카게살자	그러지마	그르지마
국민남편	궁민남편	공부가뭐니?	공부가머니?
구름이그린달빛	구르미그린달빛	늙은도둑이야기	늘근도둑이야기
기쁨의눈물	기쁨에눈물	몇일	며칠
잘한다	짜란다	했읍니다.	했습니다.
쇠귀에경읽기	소귀에경읽기	됐읍니다.	됐습니다.
너무갔어	너무가써	삯월세	사글세
경훈이	경후니	부자되세요	부자대세요
너무웃긴다	너무우낀다	난리났다	난리나따
민란의 지침서	민란에 지침서		

문어와 구어					
문어	구어	문어	구어	문어	구어
같아	같애.같어	먹고	먹구	이야기	얘기
그곳으로	그곳으루	빼앗긴	뺏긴	이쪽으로	이쪽으루
그래도	그래두	빼앗었다	뺏었다	자고있고	자구있구
그리고	그리구	빼앗은	빼슨	창피하다	챙피하다
나는	난	뺏앗겼다	뺏겼다	하고	하구
너는	넌	사랑하고	사랑하구	하여야	해야
너희들도	너희들두/ 니들두	아기	애기	하여주었다	해줬다
놀랐잖아	놀랬잖아/ 놀랬잖어	아니하고	안하구	하였고	했구
대하여	대해	오기로	오기루	하였다	했다
되어서	돼서	우리도	우리두	헛갈리다	헷갈리다
되었고	됐구	위하여	위해	호랑이	호랭이
되었다	됐다	이곳으로	이곳으루	환경도	환경두

표준어	바른말	틀린말	표준어	바른말	틀린말
			글자대로 발음		
첫아이	처다이	첫:아이	급정거	급쩡거	급:정거
첫눈	천눈	첫:눈	닭농장	당농장	닥:농장
첫여행	천녀행	첫:여행	닭대가리	닥때가리	닥:대가리
첫눈썰매	천눈썰매	첫:눈썰매	닭날개	당날개	닥:날개
첫공연	첫꽁연	첫:공연	너네집일이야	너네짐닐이야	너네지비리야
첫걸음	첫껄음	첫:걸음	밭여기저기	반녀기저기	밭:여기저기
옛영화	옌녕화	옛:영화	입가리개	입까리개	입:가리개
옛이야기	옌니야기	옛:이야기 예디야기	갓넘기고	간넘기고	갓:넘기고
음악이야기	음앙니야기	음악:이야기/ 으마기야기	톱여배우	톰녀배우	톱:여배우/ 토벼배우
책이야기	챙니야기	책:이야기	북유럽	붕뉴럽	북:유럽 부규럽
이것이라고	이거시라구	이것:이라고	박당선인	박땅선인	박:당선인
추억여행	추엉녀행	추억:여행	입닥쳐	입딱쳐	입:닥쳐
극악무도한	그강무도한	그각:무도한	급상승	급쌍승	급:상승
가족면회	가종면회	가족:면회			
가족여러분	가종녀러분	가족:여러분	가마솟밥	가마솟빱	가마솟:밥
			맛어른	마더른	맛:어른
급부상	급뿌상	급:부상	그룹내에서	그룸내에서	그룹:내에서
급마무리	금마무리	급:마무리			

사이시옷(1)			
표준어	바른말	비표준어	틀린말
경계값	경계깝	경곗값	경곈깝
고기국	고기꾹	고깃국	고긷꾹
국수집	국쑤찝	국숫집	국숟찝
김치국	김치꾹	김칫국	김칟꾹
뒤에것	뒤에껏	뒤엣것	뒤엗껏
등교길	등교낄	등굣길	등굗낄
막내동생	망내똥생	막냇동생	망낻똥생
무국	무꾹	뭇국	묻꾹
보리고개	보리꼬개	보릿고개	보릳:고개
북어국	북어꾹	북엇국	북얻꾹
분유값	부뉴깝	분윳값	부늍깝
사이길	사이낄	사잇길	사읻낄
색시감	색씨깜	색싯감	색씯깜
순대국	순대꾹	순댓국	순댇꾹
신부감	신부깜	신붓감	신붇깜
신주단지	신주딴지	신줏단지	신줃:단지
안경도수	안경도쑤	안경돗수	안경돋쑤
앞에것	아페껏	앞엣것	아펟껏
애교덩어리	애교떵어리	애굣덩어리	애굗떵어리
여유돈	여유똔	여윳돈	여욷똔
외가집	외가찝	외갓집	외갇찝
우유값	우유깝	우윳값	우윧깝
이사짐	이사찜	이삿짐	이삳찜
장마비	장마삐	장맛비	장맏삐
장미빛	장미삣	장밋빛	장믿삣

사이시옷(2)			
표준어	바른말	비표준어	틀린말
장사속	장사쏙	장삿속	장삳쏙
조개국	조개꾹	조갯국	조갠꾹
종가집	종가찝	종갓집	종갇찝
죄값	죄깝	죗값	죝깝
처가집	처가찝	처갓집	처갇찝
최소값	최소깝	최솟값	최솓깝
하교길	하교낄	하굣길	하굗낄
하구둑	하구뚝	하굿둑	하굳뚝
혼사길	혼사낄	혼삿길	혼삳낄
화병	화뼝	홧병	홛뼝
휘발유값	휘발뉴깝	휘발윳값	휘발늍깝
흥미거리	흥미꺼리	흥밋거리	흥믿꺼리

사자성어					
표준어	바른말	틀린말	표준어	바른말	틀린말
경국지색	경국찌색	경국:지색	이목구비	이목꾸비	이목:구비
고육지계	고육찌계	고육:지개	이복형제	이복켱제	이복:형재
골육상잔	골늌쌍잔	고륙:상잔	일맥상통	일맥쌍통	일맥:상통
낙락장송	낭낙짱송	낭낙:장송	자격지심	자격찌심	자격:지심
도긴개긴	도낀개낀	도긴개긴	자업자득	자업짜득	자업:자득
동족상잔	동족쌍잔	동족:상잔	절벽강산	절벽깡산	절벽:강산
부국강병	부국깡병	부국:강병	점입가경	점입까경	점입:가경
사주단자	사주딴자	사주:단자	조족지혈	조족찌혈	조족:지혈
			주객전도	주객쩐도	주객:전도
오월동주	오월똥주	오월:동주	포복절도	포북쩔또	포복:절또
오합지졸	오합찌졸	오합:지졸			

겹받침			
바른말	틀린말	바른말	틀린말
발:ㅂ따	밥:따(밟다)	흘글발:ㅂ따	흐글밥따
발:ㅂ꼬	밥:꼬(밟고)	땅을발:ㅂ꼬있따	땅을밥꼬있다
발:ㅂ찌	밥:찌(밟지)	꼬츨발:ㅂ찌마러	꼬슬밥찌마러
널:ㅂ따	넙따(넓다)	바다가널:ㅂ따	바다가넙따
널:ㅂ꼬	넙꼬(넓고)	널:ㅂ꼬널:븐바다까	넙꼬너븐바다까
짤:ㅂ따	짭따(짧다)	다리가짤:ㅂ따	다리가짭따
말:ㄱ따	막따(맑다)	날씨가말:ㄱ따	날씨가막따
굴:ㄱ따	국따(굵다)	팔뚜기굴:ㄱ따	팔뚜기국따
발:ㄱ따	박따(밝다)	방이발:ㄱ따	방이박따
을:ㅍ꼬	읍꼬(읊고)	시:를을:ㅍ꼬시퍼	시:를읍꼬시퍼
을:ㅍ따	읍따(읊다)	시:를 을:ㅍ따	시를읍따 (물건이없다)
말:ㄱ께	막께(맑게)	피를말:ㄱ께	피를막께

올바로 쓰는말	잘못 쓰는 말
3만원입니다. (돈에 즉 사물에 존칭을 쓰면 안된다)	얼마에요? 3만원 되시겠습니다
감사합니다	감사한 것 같아요
결정 되는대로	결정 되시는대로
고맙습니다. 감사합니다	고마움드립니다?. 감사드립니다
고맙다는 말씀 드리고 싶습니다.	고맙다는 말씀 드릴 수 있을것 같습니다.
고맙습니다. 감사합니다. (둘중 하나만 하면 된다)	고맙고 감사합니다
남편의 경우, 아내의 경우	남편같은 경우, 아내같은 경우
다리가 가늘다. 다리가 굵다	다리가 얇다. 다리가 두껍다.
맛있읍니다.	맛있는 것 같아요
밝아요	밝은 것 같아요
벌레에게 물려서 가려워	벌레에게 물려서 간지러워
사랑합니다.	사랑하는 것 같아요
생명이 소중하다는 것을 느끼게 됐읍니다.	생명이 소중하다는 것을 느끼게 된것 같습니다.
오늘도 기분좋게 지내세요.	기분좋은 하루 보내세요
오늘도 행복하게 지내세요	행복한 하루 보내세요
좋아요	좋은 것 같아요
하나도 없다	'1도 없다'라고 표기하고 발음도 '일도 없다'

	경음·연음으로 발음되는 것을 알 수 있는 방법과 숫자 올바른 발음
가	일가, 이가, 삼가, 사가, 오가, 육까, 칠가, 팔가, 구가, 십까
각	일각, 이각, 삼각, 사각, 오각, 육깍, 칠각, 팔각, 구각, 십깍
	한각, 두각, 세각, 네각, 다섯깍, 여섯깍, 일곱깍, 여덟깍, 아홉깍, 열깍
국	일국, 이국, 삼국, 사국, 오국, 육꾹, 칠국, 팔국, 구국, 십꾹
단	일단, 이단, 삼단, 사단, 오단, 육딴, 칠딴, 팔딴, 구단, 십딴
	한단, 두단, 석딴, 넉딴, 다섯딴, 여섯딴, 일곱딴, 여덟딴,, 아홉딴, 열딴
달	한달, 두달, 석딸, 넉딸, 다섯딸, 여섯딸, 일곱딸, 여덟딸, 아홉딸, 열딸
동	일똥, 이동, 삼동, 사동, 오동, 육똥, 칠똥, 팔똥, 구동, 십똥
	한동, 두동, 석똥, 넉똥, 다섯똥, 여섯똥, 일곱똥, 여덟똥, 아홉똥, 열똥
도	일또, 이도, 삼도, 사도, 오도, 육또, 칠또, 팔또, 구도, 십또
되	한되, 두되, 석뙤, 넉뙤, 다섯뙤, 여섯뙤, 일곱뙤, 여덜뙤, 아홉뙤, 열뙤
반	일반, 이반, 삼반, 사반, 오반, 육빤, 칠반, 팔반, 구반, 십빤
	한반, 두반, 세반, 네반, 다섯빤, 여섯빤, 일곱빤, 여덟빤, 아홉빤, 열빤
수	한수, 두수, 세수, 네수, 다섯쑤, 여섯쑤, 일곱쑤, 여덜쑤, 아홉쑤, 열쑤
자	한자, 두자, 석짜, 넉짜, 다섯짜, 여섯짜, 일곱짜, 여덜짜, 아홉짜, 열짜
장	일짱, 이장, 삼장, 사장, 오장, 육짱, 칠짱, 팔짱, 구장, 십짱
	한장, 두장, 석짱, 넉짱, 다섯짱, 여섯짱, 일곱짱, 여덜짱, 아홉짱, 열짱
주	일쭈, 이주, 삼주, 사주, 오주, 육쭈, 칠쭈, 팔쭈, 구주, 십쭈
	한주, 두주, 세주, 네주, 다섯쭈, 여섯쭈, 일곱쭈, 여덜쭈, 아홉쭈, 열쭈
호	일호, 이호, 삼호, 사호, 오호, 육코, 칠호, 팔호, 구호, 십포
일	일일, 이일, 삼일, 사일, 오일, 육일, 칠일, 팔일, 구일, 십일 하루, 이틀, 사흘, 나흘, 닷째, 엿째, 이레, 여드레, 아흐레, 열흘 열하루, 열이틀, 열싸흘, 열나흘, 열닷째, 열엿째, 열이레, 열여드레, 열아흐레, 스무날

	숫자 올바른 발음	숫자 잘못된 발음
개	한개, 두개, 세개, 네개 ,다섯깨, 여섯깨, 일곱깨, 여덜깨, 아홉깨, 열깨, 스무개, 서른개, 마흔개, 쉬흔개, 예순개, 일흔개, 여든개, 아흔개, 백깨	이십깨, 삼십깨, 사십깨, 오십깨, 육십깨, 칠십깨, 팔십깨, 구십깨/ 열개를—십개로 하지 않는다.
개국	일개국, 이개국, 삼개국, 사개국, 오개국, 육깨국, 칠개국, 팔개국, 구개국, 십깨국, 이십깨국, 삼십깨국, 사십깨국, 오십깨국, 육씹깨국, 칠씹깨국, 팔씹깨국, 구십깨국, 백깨국	한 개국, 두 개국, 세 개국, 네 개국, 다섯 개국, 여섯 개국, 일곱개국, 여덜개국, 아홉 개국, 열 개국, 스무개국, 서른개국, 마흔개국, ~아흔개국
수	여라나, 열뚤, 열쎗, 열따섯, 열녀섯, 열닐곱, 열녀덜, 여라홉	열:하나, 열:둘, 열:셋, 열:다섯, 열:일곱, 열:여덜, 열:아홉
명	여란명, 열뚜명, 열쎄명, 열따선명, 열녀선명, 열닐곰명, 열녀덜명, 여라홈명, 뱅녈한명, 뱅녈뚜명, 뱅녈쎄명, 뱅녈네명, 뱅녈따선명, 뱅녈녀선명, 뱅녈닐곰명, 뱅녈녀덜명, 뱅녈아홈명, 백스므명	열:한명, 열:두명, 열:세명, 열:다선명, 열:여선명, 열:일곰명, 열:여덜명, 열:아홉명, 십:일명, 십:이명, 십:삼명, 십:사명, 십:오명, 십칠명, 십팔명, 십:구명, 이심명, 백:열한명, 백:열:두명, 백:열:세명, 백:열네명, 백:열:다선명, 백:열:여선명, 백:열:일곰명, 백:열:여덜명, 백:열:아홉명, 백:이심명, 백:십:일명, 백:십:이명, 백:십:삼명, 백:십:사명, 백:십:오명, 백:십:육명, 백:십칠명, 백:십팔명, 백:십:구명, 백:이심명
순위	시빌위, 시비위, 십쌈위, 삽싸위, 시보위, 심늉위, 십칠위, 시팔위, 십꾸위	십:일위, 십:이위, 십:삼위, 십:사위, 십:오위, 십:육위, 십:칠위, 십:팔위, 십:구위
루	일니루(1,2루), 일쌈루(1,3루)	일:이루, 일:삼루

년	이:천십쌈년(2013년), 이:천십싸:년 (2014년), 이:천십꾸년(2019년)	이천십:삼년, 이천십:사년, 이천십:구년
나이	쉬흔아홉쌀(59살), 예순여덜쌀(68살), 여든아홉쌀(89살), 아흔다섯쌀 (95살)	오십아홉쌀(59살), 육씹여덜쌀(68살), 팔씹아홉쌀(89살), 구십다섯쌀(95살)
※	윗사람 나이를 말할 때는 '〜세'라고 하고 (팔십오세), 본인이나 아랫사람 나이는 '〜살'로 해야한다. (여든다섯쌀)	

2

국립국어원은 쇠귀!

자폭하라! 해체하라! 사라져라!

방송인들이 잘못 발음하는 것을 그때그때마다 SNS에
올린 내용입니다.
굳이 방송인들을 나무라지는 않겠습니다.
국립국어원에서 된소리를 하게 되면 심성이 사나워지니까
예사소리로 발음해야 된다면서 국어순화라는 명목하에
글자대로(예사소리로) 발음하게 만들었고, 방송인들에게
그렇게 발음하게 강요했기 때문에 일어난 결과니까요.

2020년 12월 17일	김재영님의 글. 왜 국립국어원이 이렇게 애매하게 일처리를 하는지 화가 납니다. 뭐 저야 이공계로 우리말에 깊은 지식이 있지는 않지만 적어도 "작열하는 태양"을 "자결하는 태양"이라 읽어야 한다고 절대 생각하지 않거든요. 태양이 자살합니까? 헌뻡도 헌법이라 발음하게 해서 낡은 법으로 들리게 하더니. 외래어 표기도 엉망이지만 우리말조차 이렇게 엉망으로 만들어 버리니...영어는 발음기호까지 배우고 그것도 모자라 원어민 교육까지 시키면서 우리말은 왜 이렇게 소홀히 하나요? 형님! 의식 있는 분들이 올바른 우리말 교육을 해 주셨으면 하는 바람입니다.
2019년 11월 4일	2019년 11월3일 황의조 선수가 뛰고 있는 프랑스 리그 보르도 팀이 유럽축구 최초로 한글 유니폼을 입고 경기를 했다. 한글 만세! 세종대왕 만만세!
2019년 9월 27일	요즘 아프리카 돼지열병 보도를 하는 방송인들 대부분이 '돼지열병'으로 글자대로 발음하는데 바른 말은 '돼지열뼝'이다. 열병은 군대에서 사열할 때 열병이라고 한다. 발병도 발병과 발뼝이 있다. 발병은 병이 일어나는 것이고 발뼝은 발에 나는 병인데 이것도 발병이라고 해야 하나? 하긴 깨진 유리쪼각도 유리로 만든 조각품인 유리조각으로 발음하고 있으니 참으로 한심한 일이다. 이렇게 글자대로 발음하게 만들고 급기야 말본/문법 과목을 대입수능과목에서 선택과목으로 만들어 우리 말글을 배우지 못하게 하는 국립국어원은 해체 시켜야 한다.
2019년 1월 4일	집안에서 발생한 사건. '지반에서'로 발음해야 하는데 글자대로 발음하느라고 '집:안에서'라고 끊어서 발음했다.
2019년 1월 4일	MBC 실화 탐사대. 양육비 안주는 나쁜 아빠들 프로에서 엄마들은 '양뉵삐'라고 바르게 발음하는데 방송인들은 글자대로 '양육삐'라고 발음했다. 이는 ㄴ 덧나기를 없애는 한심한 일이로다
2019년 1월 3일	방송에는 '못 내보냈지만'의 발음은 '몬내보냈지만'인데 '못:내보냈지만'으로 글자대로 발음하는 동물농장 해설자.
2018년 10월 22일	MBC 새로 만든 프로그램 '국민남편'을 발음되는대로 '궁민남편'이라고 쓰다니! 그러더니 급기야 "차카게 살자, 공부가 머니?, 참조은 사람, 들켜따, 대다나다, 너무가써"라고 쓰면서 우리말 글을 엉망으로 만들고 있는데도 불구하고 이것을 그대로 방치하고 있는 국립국어원은 존재 이유가 없으므로 해체시켜야 한다.

2018년 6월 15일	6월 15일 KBS 소비자 리포트 '완치 기적 아토피'해설자는 계속 '부작용'을 '부:작용'으로 길게 발음하여 우리말을 엉망으로 만들고 있다. 바른말은 짧게 발음해야 한다
2018년 5월 16일	지금은 라디오 시대 웃음이 묻어나는 편지에서 둘째 아이를 갖게 된 사연을 전하면서 '백그라운드'를 글자대로 발음했는데 바른말은 '빽그라운드'다. 그럼 '빽업'도 '백업'으로 해야 하나?
2018년 4월 5일	1.2학년의 발음을 글자대로 발음하느라고 '일:이항년'이라고 끊어서 발음했는데 바른말은 '일니항년'이다. 야구 해설자들도 '일니루, 일쌈루'를 '일:이루, 일:삼루'라고 발음하는데 이는 ㄴ 덧나기와 된소리를 없애고 글자대로 발음하게 만들어 우리'말을 엉망으로 만들고 있는것이다.
2018년 2월 7일	"다스 실소유주가 이명박 전대통령이다"라는 소식을 전하는 방송인들이 '다쓰 실소유주'라고 발음했는데 바른말은 '실쏘유주'다. 그렇다면 '다쓰'도 '다스'로 하지 왜 '다쓰'로 하나?
2018년 4월 5일	KBS 가요무대 사회자가 '가족 여러분'의 발음을 글자대로 하느라고 '가족:여러분'이라고 끊어서 발음했는데 바른말은 '가종녀러분'이다.
2018년 1월 29일	동부 화재가 DB 화재로 회사 이름을 바꿨다. 한심한 그리고 멍청한 사람들 꼭 영어로 바꿔야 되나? 얼과 넋이 빠진 사람들!
2018년 1월 15일	김성관의 용인 일가족 살해 사건은 계획범죄라는 소식을 전하면서 글자대로 발음하느라고 '계획:범죄'라고 끊어서 발음했다. 바른말은 '계획뻠죄'다.
2018년 1월 14일	'길꼬양이'를 '길고양이'라고 글자대로 발음하는 동물농장 해설자들. 그렇다면 '길꺼리'도 '길거리'라고 해야 하나?
2017년 6월 2일	MBC 이○○ 아나운서는 국가인권위원회 전화번호 1331을 알려주면서 '일쌈삼일'로 발음해야할 것을 '일삼삼일'로 글자 대로 발음했다. 안내전화 '일닐싸(114)'도 '일닐사'로 발음하고 '뱅녈따섣(115)'도 '백:열다섣'으로 발음하고 있다.
2017년 5월 11일	17.5.12 KBS 연예수첩. '그릅내에서'를 '그릅:내에서'라고 끊어서 글자대로 발음했는데 바른말은 '그름내에서'다. 이뿐이 아니다. 어제는 어느 방송인이 '목꽐리(목관리)'를 '목:괄리'라고 했다. 이는 모든 것을 글자대로 발음하게 만든 국립국어원의 한심한 작태 때문이다

2017년 4월 27일	아침마당에서 어느 방송인이 '마누라가 잠들면 숨소리가 어떻다'고 하면서 '숨쏘리'라고 해야 할 것을 글자대로 '숨소리'라고 발음했는데 명색이 아나운서라는 사람이 이러니 정말 한심하다. 이러니 '문쏘리'도 '문소리' '봄쏘식'도 '봄소식'이라고 발음하는 것이다.
2017년 2월 20일	어느 방송인이 '눈속임'을 글자대로 발음했는데 그렇다면 "눈속, 눈사람, 눈시울'도 글자대로 발음해야 하나? 바른말은 "눈쏘김, 눈쏙, 눈싸람, 눈씨울"이다.
2016년 12월17일	역사저널 그날 신라화랑도의 특징에서 '김뉴신(김유신)'으로 발음해야 할 것을 모든 방송인들이 '기유신'으로 했는데 이는 ㄴ 덧나기를 무시한 발음이다.
2016년 12월17일	요즘 낭만닥터 김사부가 인기리에 방송 중이다. 그런데 '돌땀뼝원(돌담병원)'을 '돌담병원'으로 발음하는 연기자들. 그런데 된소리 '돌땀뼝원'으로 하는 연기자도 있었다.
2016년 9월 22일	드라마 별난 가족에서 공주 큰 엄마가 하는 말이 공주 엄마가 암으로 죽게 됐다고 하면서 '떠날 싸람'을 떠날:사람'이라고 글자대로 발음했다. 그렇다면 "올 사람. 갈 사람. 죽을 사람. 살 사람"도 글자대로 발음해야 하나?
2016년 9월 13일	한가위 명절을 하루 앞두고 방송인들이 '추석연휴'의 발음을 글자대로 발음하느라고 '추석:연휴'라고 끊어서 발음했는데 바른말은 '추성년휴'다.
2016년 9월 13일	벌초하러 갔다가 왕벌에 쏘여 죽었다는 소식을 전하는 방송인이 '왕벌찝'이라고 발음해야 할 것을 '왕벌집'이라고 하더니 '벌집'은 '벌찝'이라고 바르게 발음했다. 글자대로 발음하게 만든 국립국어원을 어찌해야 할까?
2016년 9월 13일	"한가위 명절에 보름달을 볼 수 있을까?"라는 말을 하는 방송인이 '보름딸'이라고 해야 할 것을 글자대로 '보름달'이라고 했다. 그럼 "그믐딸, 초승딸"도 글자대로 "그믐달, 초승달"이라고 발음해야 하나?
2016년 8월 25일	롯데그룹 부회장 이인원이 자살했다는 소식을 전하면서 검찰 조사에 직원들이 묵묵부답이었다고 하면서...'뭉묵뿌답'이라고 해야 할것을 '뭉묵:부답'이라고 했다. 모든 것을 글자대로 하게 만든 국립국어원을 직무정지 가처분 신청을 해야겠다.
2016년 8월 23일	MBN 돼지농장에서 손○○씨는 '쌀껴, 분뇨'라고 발음해야 할 것을 '쌀겨, 부뇨'라고 발음했다.

2016년 8월 8일	바둑해설자가 설상가상이라는 말을 글자대로 발음했는데 바른말은 '설쌍가상'이다. 세종께서는 소리글자를 만드셨는데 국어학자들이 뜻글자를 쓰게 만들더니 이제는 글자대로 발음하라고 하여 우리말을 엉망으로 만들고 있다. 이제라도 세종의 소리글자를 써서 우리말을 살려야 한다.
2016년 6월 25일	톱여배우 김민희와 홍상수 감독의 불륜 소식을 전하는 방송인들이 '톱여배우'의 발음을 '톱:여배우'라고 글자대로 끊어서 발음했는데 바른말은 '톰녀배우'다. '붕뉴럽(북유럽)'도 '북:유럽', '옌니야기(옛이야기)'도 '옛:이야기'로 발음하고 있으니 정말 한심한 일이로다.
2016년 6월 19일	SBS에서 차기 대권자 중 남경필 경기도지사를 초청하여 대담하면서 소개하기를 차기 잠룡 중 한 사람이라고 하는 말을 하는 사회자가 '잠뇽'이라고 해야할것을 '자뭉'라고 했다. 이것도 ㄴ 덧나기를 무시한 것이다.
2016년 6월 19일	몬스터 드라마에서 이복동생한테 당한 형이 '이번 일 절대 못 잊는다'고 하면서 '이번닐'로 발음해야 하는 것을 '이번:일'로 발음했다. 그렇다면 '다음닐(다음 일). 그런닐(그런일)'도 '다음:일. 그런:일'로 해야하나? 이는 ㄴ 덧나기를 무시한 발음이다.
2016년 6월 9일	'고비를 갓 넘기고도'라는 말을 하는 방송인들이 '간념기고도'라고 발음해야 하는데 '갓:넘기고도'라고 글자대로 발음하느라고 끊어서 발음하고 있다.
2016년 6월 2일	연락 두절을 글자대로 발음했는데 바른말은 '열낙뚜절'이다. 또한 '조건이 있다'에서 길게 발음해야 할 '조:껀'을 짧게 발음했다.
2016년 6월 1일	MBC 라디오 신동우의 시선집중. '시:선'을 '시선'으로 짧게 발음했다. 그렇다면 '시:각장애'도 '시각장애'로 짧게 발음해야 하나? 시간장애?
2016년 5월 5일	박준영 당선자를 선거법 위반으로 조사받는다는 소식을 전하는 방송인들이 '박땅선인'이라고 해야 하는데 '박:당선인'이라고 글자대로 발음했다. 이뿐이 아니다. "급썽장, 급뿌상, 급쌍승, 입딱쳐"도 "급:성장, 급:부상, 급:상승, 입:닥쳐"라고 발음하여 우리말을 병신말로 만들고 있다.
2016년 3월 21일	요즘 4.13총선 공천문제로 나라가 온통 시끄러운데 더욱 짜증나는 것은 거의 모든 방송인들이 '의원'의 발음을 '으원'으로 하고 있는 것이다 '삿월세'를 언중의 발음이 '사글쎄'라고 하여 표준어를 '사글세'로 바꾸었듯이 '의원'도 '으원'으로 바꿀것 아닌가? 몇일도 며칠로 만든 국어학자들이니까!

2016년 3월 15일	방송인들이 "그럼요, 정말요?, 그렇군요"의 발음을 "그러묘, 정마료?, 그러쿠뇨"라고 하고 있는데 "그럼뇨, 정말뇨?, 그러쿤뇨"가 바른말이다. 이는 '선뉼, 금늉'을 ㄴ 덧나기를 무시하고 '서뉼, 그륭'으로 발음하는 것과 같은 것이다.
2016년 3월 14일	3월15일 0시 SBS 겨울 소녀의 은빛 소녀의 하반신 마비 보라미 선수에 대한 방송을 하는데 해설자 이○○씨는 '팔똥작'으로 발음해야 할 것을 '팔:동작'으로 글자대로 발음했다. 동작을 파나?
2016년 2월 20일	KBS 드라마 꿀단지에서 차 부사장 엄마가 "내가 개 때문에 내 명에 못살아"라고 했는데 참으로 한심하다. 바른말은 "내가 개때문에 내명에 못죽어"다. 작가가 그렇게 썼다고 해도 연기자는 바르게 발음해야 하지 않을까? '내가 개 때문에 못살아'는 바른말이다.
2016년 2월 2일	피디수첩 싸이의 상가입주자와 다툼 방송에서 박○○피디, 건물주 현실적의 발음을 글자대로 했는데 바른말은 건물쭈 현실쩍이다. 그러나 입주자들은 건물쭈라고 발음했다. 이는 "ㄹ 다음에 오는 자음은 된소리로 발음하는데 끊어서 말할 적에는 예사소리로 발음한다."라는 다만 규정 때문이다.
2016년 1월 30일	KBS1/30/21시뉴스. "일본 홋가이도 추위가 5개월 가량 계속 된다"고 하면서 '오개월까량'으로 발음해야 하는데 '오개월:가량'이라고 끊어서 발음했다. 이뿐이 아니다. 모든 '~가량'을 글자대로 발음하여 우리말을 엉망으로 만들고 있다.
2016년 1월 28일	KBS 스포츠에서 이만수 김봉연 선수의 홈런경쟁 이야기를 하는데 이○○씨는 '김봉년'이라고 하는데 해설자는 '김봉연'으로 발음했다. 사람 이름은 단일어라 ㄴ 덧나기가 안 된다고 하며 모든 것을 글자대로 발음하게 만든 국립국어원! 기성용 이청용도 글자대로하면 어색할걸!
2016년 1월 27일	쪽파를 뽑아가다가 걸린 72세 할머니 소식을 전하는 MBN 방송인이 '뜯어간 할머니'라고 하는가 하면 자막에도 '쪽파를 뜯어간'으로 썼다. 파를 뽑아야지 어떻게 뜯나?
2016년 1월 10일	겨울 산행 중 사고를 전하는 방송인들이 '겨울싼'이라고 발음해야 하는데 글자대로 '겨울산'으로 발음했다.
2016년 1월 10일	부산에서 마을버스가 3m아래 개울에 추락해 앞 유리창을 깨고 승객 두 명을 구조했다는 소식을 전하는 체널a 방송인이 '암뉴리창'으로 발음해야 하는데 '압:유리창'이라고 끊어서 글자대로 발음했다.

2015년 12월26일	SBS 동상이몽 염전은 싫어요 편에 6형제가 하는 염전을 장손이 물려받아야 하는데 자전거에만 신경 쓴다는 얘기에서 방송인들이 '육켱제'라고 해야 할 것을 '유경제'라고 했다.
2015년 12월21일	MBC 화려한 유혹에서 큰아들이 아버지가 젊은 여자와 결혼하고 그 애인한테 죽을뻔한 사고를 당한 것이 자업자득이라고 하면서 '자업짜득'이라고 해야 할 것을 글자대로 하느라고 '자업:자득'으로 끊어서 발음했다.
2015년 11월25일	김수한님의 추도사에서 정통성과 정체성을 글자대로 발음하고, 기독교 의식에서 '엄격함. 따듯함, 회복하게'를 '엄겨감, 따드담, 회보가게'로 했는데 '정통썽, 정체썽, 엄껵캄, 따뜨탐, 회복카게'가 바른말이다.
2015년 11월25일	고 김영삼대통령 영결식을 중계 방송하는 모든 방송인들은 '김녕삼'으로 발음해야 할 것을 '기명삼'으로 하고 '금늉실명제'도 '그륭실명제'로 하고 있으니 고인에 대한 모욕과 예의가 아니다. 왜냐? 김영삼대통령 본인은 '김녕삼, 금늉실명제'로 발음했거든요.
2015년 11월16일	장윤정 어머니의 언론 플레이를 전하는 방송인들은 "단독행동이 의심될 정도로 오락가락하다."라는 말을 하면서 "단독캥동이 의심될쩡도로 오락까락카다."라고 해야 하는데 "단독;행동이 으심될:정도로 오락:가라가다."라고 잘못 발음했다.
2015년 11월 6일	KBS 명견만리 송○○은 '의문'을 '으문'으로 잘못 발음하고 '눈여겨'는 '눈녀겨'로 바르게 발음했다. 해설자는 '급격키 하락캤따'라고 해야 할 것을 '급겨기 하라갯따'라고 하고 '산:후조리'라고 산을 길게 발음해야 하는데 '산후조리'라고 짧게 말했다.
2015년 10월21일	10월 21일 KBS1 저녁7시 뉴스에서 피를 맑게 해준다고 하며 의료기기를 비싸게 판다는 소식을 전하면서 '피를막께'라고 발음했는데 바른말은 '피를말께'다. '맑다, 밝다'를 '막따,박따'로 발음하라고 하니 '맑게, 밝게'도 '막께, 박께'로'하는데 이는 겹받침 발음을 잘 모르기 때문이다.
2015년 10월21일	어느 아나운서는 '가을빠람(가을바람)'을 '가을바람'으로 발음했는데 그럼 '봄빠람, 겨울빠람'도 '봄바람, 겨울바람' '봄빵학, 여름빵학, 겨울빵학'도 '봄방학, 여름방학, 겨울방학'으로 해야 하나? 우리말은 된소리로 발음해야 맛이 나는데 제발 글자대로 하여 맛없게 하지 마시라.

2015년 10월12일	오늘 아침 어느 방송인은 '물끄릇(물그릇)'이라고 발음해야 하는데 글자대로 '물:그릇'이라고 발음했다. 정말 한심하도다.
2015년 10월 4일	KBS2 아침드라마 '별이 되어 빛나리'에서 어느 연기자는 '명동빠닥'이라고 해야 할 것을 '명동바닥'으로 발음했다. 또한 '마루빠닥, 길빠닥, 방빠닥'도 '마루바닥, 길바닥, 방바닥'으로 발음하고 있고, '말째주'도 '말재주'로 글자대로 발음하고 있으니 참으로 한심한 일이다.
2015년 9월 23일	영재발굴단이라는 유익한 프로가 있다. 그런데 진행하는 모든 사람이 글자대로 '영재발굴단'이라고 말하고 있는데 바른말은 '영재발굴딴'이다. '예술단'도 '예술딴'인데 이것도 예술단'이라고 글자대로 발음하고 있고, '술쌍, 제사쌍'도 '술상, 제사상'으로 발음하고 있는데 정말 한심하다.
2015년 7월 25일	MBC "그땐 그랬지. 더위 탈출 여름나기 대작전"에서 당시 아나운서는 '불뺕떠위'라고 바르게 발음했는데 요즘 방송인들은 불볕더위'라고 글자대로 발음하고 있다. 그럼 '불뺃'도 '불빝'으로 해야 하나?
2015년 7월 25일	여왕의꽃/아가야 네가 방긋방긋 웃는 모습이 눈에 선하구나. 라는 말중에 '빵끗빵끗'이라고 해야 할 것을 글자대로 '방긋방긋'으로 발음했다.
2015년 7월 25일	유자식 상팔자에서 성형외과 의사가 "초등학교 6학년"의 발음을 "초등학꾜 유강년"이라고 했는데 잘못된 발음이다. 바른말은 "초등학꾜 육캉년"이다.
2015년 7월 15일	MBC 생방송 오늘 별별 배달. 할머니 네 명중 막내 동생에게 짝을 배달하는 내용. 자막에 '동'이 '똥'으로 발음된다고 '막냇동생'이라고 사이시옷을 썼는데 잘못된 것이다. '오늘쩌녁'으로 발음되는 것을 사이시옷을 쓸 수 없으니까 '오늘저녁'으로 발음하고 있으니...
2015년 7월 7일	무기(無期)의 발음은 짧은 소리로 해야 하는데 모두 길게 하여 "싸울 때에 공격이나 방어의 수단으로 쓰이는 도구를 통틀어 이르는 말"인 무기(武器)를 연상케 하게 만들었다. 무기징역(無期懲役), 무기수(無期囚)를 길게 발음하면 이상하겠죠?

2015년 7월 7일	MBC 오늘 저녁에서 지리산에서 키운 토종닭에 온갖 산약초로 만든 발효액를 넣고 만든다는 소식을 전하는데 해설자는 '산냑초'라고 해야 하는 것을 '산:약초'라고 하고 '토종딱'도 '토종닥'으로 했다. 또한 '물냑(물약)'으로 해야 하는데 '무략'으로 발음하고 있다.
2015년 7월 2일	'도로가'를 '도롯가'로 표기하는데 참으로 어처구니가 없구나. 그러느니 세종대왕의 소리글 '도로까'라고 쓰는 것이 더 좋지 않을까?
2015년 6월 30일	요즘 가뭄으로 농사에 많은 어려움이 있는데 그런 소식을 전하는 방송인이 농업용수가 부족하다는 말을 하면서 '농엄농수'라고 발음해야 할 것을 '농업:용수'라고 발음했다.
2015년 6월 21일	MBC 고향이 보인다. 리포터들은 '배머리, 어탕국물'을 '배머리, 어탕:궁물'로 발음했는데 바른말은 '밴머리, 어탕꿍물'이다.
2015년 6월 21일	MBN 실제상황. '짐녈쇠(집열쇠)'의 발음을 '지별쇠'로 발음하는 해설자.
2015년 6월 2일	메르스 환자 수가 늘어 났다는 소식을 전하면서 '환자쑤'라고 해야할 것을 '환자수'라고 발음했다.
2015년 6월 1일	'야당으로서'를 글자대로 발음하는 방송인들! '야당으로써'라고 해야 한다. 이뿐이 아니다. '그럼으로써'도 그럼으로서'로 발음하고 있으니...
2015년 5월 31일	여자를 울려 드라마에서 여자 주인공이 자기와 선생 두 사람이 만나는 사진과 글을 남편이 인터넷에 올린 것에 대해 사과글 해명글 올리라고 하면서 '사과끌, 해명끌'이라고 해야 할 것을 글자대로 '사과글, 해명글'로 발음했는데 정말 한심하다.
2015년 5월 29일	사법당국의 발음을 '사법:당국'으로 끊어서 글자대로 발음하는 방송인들. '사법땅국'이 바른말이다.
2015년 5월 27일	불법 도박단을 적발했다는 소식을 보도하면서 현금다발을 글자대로 발음했는데 바른말은 '현금따발'이다. '돈다발'도 '돈따발'이 바른말이다.
2015년 5월 23일	진품명품 1000회에서 대동여지도를 글자대로 발음하는 방송인들. 그러나 의뢰인과 감정인들은 분명히 '대동녀지도'라고 바르게 발음했다.

2015년 5월 18일	애완용의 발음은 '애완뇽'이다. 그런데 방송인은 '애와뇽'으로 발음하고 있다. '선뉼(선율)'을 서뉼', '환뉼(환율)'을 '화뉼'로 발음하더니 이제는 ㄴ 덧나기가 되는 것 모두를 없애니 우리말이 엉망이 되는 것이다.
2015년 5월 18일	닭 하림 선전하는 씨엠에서 '닥카림'이라고 해야 하는데 '닥:하림'이라고 했다.
2015년 4월 24일	KBS2 황금연못. 탈북자 박영철을.소개하는.사회자는.'박:영철'이라고 발음했다. 그러나 자기 소개를 하는 본인은 '바경철'로 바르게 발음했다. 이는 "끊어서 읽을 때는 예사소리로 발음한다"라는 다만 규정 때문이다.
2015년 4월 21일	MBC 기분 좋은날. 통밀과 현미에 관한 얘기를 하는데 방송인들이 "통밀쏙, 쌀쏙, 몸쏙, 현미까루, 쌀껴"라고 발음해야 할 것을 "통밀속, 쌀속, 몸속, 현미:가루, 쌀겨"라고 글자대로 발음했다.
2015년 4월 20일	4.29 재보선 관악을 한 야당 후보가 사퇴를 하면서 '야권 단일화를 위해서'라고 하자 여야가 논쟁을 하는 보도를 하는데 '야성, 여성'을 글자대로 했는데 그럼 야권 여권도 글자대로 발음해야 하나? 바른말은 '여썽, 야썽, 여꿘, 야꿘'이다.
2015년 4월 1일	MBC 라디오 뉴스를 하는 방송인이 '집전화'를 '집:전화'라고 끊어서 발음했는데 바른말은 '집쩐화'다. 그렇다면 "집주소, 집장만, 집구경, 집사람"도 글자대로 해야 하나? 아니다. "집쭈소, 집짱만, 집꾸경, 집싸람"이라고 해야 바른 말이다.
2015년 3월 29일	JTBC 하녀들에서 어느 연기자는 "버들강아지 많이 피었네" 대사중 '버들강아지'를 글자대로 '버들:강아지'라고 발음했다. 그럼 '똥강아지'도 '똥:강아지'라고 해야 하나?
2015년 1월 19일	SBS 뉴스에서 방송인은 40년만의 겨울 가뭄이 극심하다는 보도를 하면서 '겨울까뭄'이라고 발음해야 하는데 글자대로 '겨울:가뭄'이라고 했다. 그럼 '봄까뭄, 여름까뭄'도 '봄가뭄, 여름가뭄'?
2015년 1월 19일	어제저녁 일가족이 가족여행을 다녀오던 중 교통사고를 당하여 사상자가 발생했다는 보도를 하면서 '어제쩌녁.' '가종녀행'이라고 발음해야 할 것을 '어제:저녁, 가족:여행'이라고 글자대로 발음하느라고 단어를 끊어서 발음하여 우리말을 엉망으로 만들고 있다.

2015년 1월 14일	SBS 좋은 아침 러브하우스 인가에서 삼각형 자투리땅에 지은 집 소개하고 다음 주에도 행복한 집 이야기는 계속된다고 하면서 "짜투리땅, 짐니야기"라고 해야 할 것을 글자대로 발음하느라고 "자투리땅, 집:이야기"라고 끊어서 발음했다.
2015년 1월 3일	개그콘서트 가장자리코너에서 아들에게 전화하면서 "혼자사는 어르신들에게 말벗을 해드린다고"라는 대사 중 '말벗'을 '말뻣'이라고 해야 하는데 글자대로 '말벗'이라고 했다.
2014년 12월26일	JTBC 에브리바디. "러시아 보드카도 한방에 해장국이 얼큰 소고기 무국"이라는 방송에서 자막을 '소고기 뭇국'으로 썼는데 참으로 한심한 짓이다. 그러느니 세종대왕의 뜻대로 '소고기 무꾹'으로 써야 하는 것 아닌가?
2014년 9월 15일	대학가는 학생들이 자기소개서를 써야 한다는 얘기를 하는 방송인들이 '자소서'라고 하는데 왜 이렇게 줄여서 하는지 모르겠다. 이뿐이 아니다. '지금은 라디오시대'를 '지라시', '알아두면 쓸데없는 신비한 잡학'을 '알쓸신잡', '대한민국'도 '한국'으로 만드는 한심한 민족이로다.
2014년 8월 25일	밤이슬의 발음이 '바미슬'일까요? '밤니슬'일요? 가요무대에서 송ㅇㅇ가수가 '바미슬'이라고 했는데 바른말은 '밤니슬'이다.
2014년 8월 24일	춘향가중 군로사령이 춘향이를 잡으러가는 대목이 있는데 여기서 군로사령의 발음은 '굴노사령'이다. 그런데 '군노사령으로 발음하는 방송인도 많은데 그렇다면 "실나(신라), 철리낄(천리길), 말리낄(만리길)"도 "신나, 천니낄, 만니낄"로 해야 하나?
2014년 8월 6일	'황금벌'이라는 우리 음악이 있는데 발음은 '황금뻘'이다. 그런데 글자대로 발음하는 사람이 많은데 이는 '황산뻘, 잠실뻘'로 발음해야하는 것을 글자대로 '황산벌, 잠실벌'로 발음하다 보니 모든 것을 글자대로 발음하고 있는것이다.
2014년 6월 15일	'충청권역, 중부권역'을 '충청궈녁, 중부궈녁'으로 발음하는데 '충청꿘녁, 중부꿘녁'으로 해야 한다. '충청권, 중부권'을 '충청꿘, 중부꿘'으로 하지 글자대로 발음하는 사람은 없다. 이는 '이번쭈말'을 '이번주말'특껌뻐반'을 '특껌버반'으로 하는 것과 같은데 '이번쭈, 특껌뻡'을 '이번주, 특껌법'으로 하지는 않는다.

2014년 6월 1일	드라마 "왔다 장보리"에 서 며느리 대사 중 '자네 어머니 칠순상을 내가 차려 주겠네'라는 말을 하면서 '칠순쌍'으로 해야 하는 것을 '칠순상'으로 발음했다. 이뿐이 아니다. "생일쌍, 제사쌍, 잔치쌍"도 글자대로 "생일상, 제사상, 잔치상"으로 발음하고 있다.
2014년 4월 13일	교육방송에서 각 급수에서 사는 물고기에 대해서 방송하는데 '물꼬기'라고 발음해야 하는 것을 '물고기'라고 발음했다. 그러나 '불고기'는 '불꼬기'가 아니고 '불고기'가 바른말이다. 또한 '물기둥, 불기둥'의 발음도 '물끼둥, 불끼둥'이 바른말이다.
2014년 4월 11일	KBS 톡톡 시사매거진에서 다이어트 식품인 '곤약'을 소개하면서 진행자는 '고냑'으로 하는데 남자해설자는 바르게 '곤냑'이라고 발음했다. 또한 '물엿'도 대다수 방송인들은 '무렷'으로 하는데 이 해설자는 '물녓'으로 바르게 발음했다. 참으로 반가운 일이다.
2014년 4월 2일	어느 방송인은 '쌜러리맨'을 '새러리맨'으로 발음했다. 이는 외래어는 된소리와 격음을 쓰지 못하게 하고 글자대로 발음하게 했기 때문이다. 그래서 "딸라, 뻐쓰, 까쓰"를 "달라, 버쓰, 가쓰"라고 하는데 왜? "가스, 버스"라고 하지 않는지 모르겠다.
2014년 3월 27일	북한이 박근혜 대통령을 비방하면서 "방구석에서 횡설수설하는데"라고 했다는 보도를 하면서 '방꾸석'이라고 해야 할 것을 '방구석'이라고 했다.
2014년 3월 21일	국악방송 '상암골 상사디야'에서 '바다 새'라는 말이 나오는데 나는 '바다쌔'라고 하고 같이 진행하는 여자는 '바다새'라고 했다. 그렇다면 "바다 물, 바다 고기, 바다 가"도 글자대로 발음해야 하는가? 아니다 "바단물, 바다꼬기, 바다까"라고 발음해야 한다.
2014년 3월 17일	기황후에서 어느 대신이 "이미 전하께서는 할빠를(할바를) 다하셨읍니다."라는 말을 하면서 '할빠를'이라고 해야할 것을 글자대로 '할바를'이라고 했다.
2014년 2월 6일	채널A 시월드에서 친할머니와 외할머니가 좋으냐라는 주제로 얘기를 하는데 어느 출연자가 친할머니댁, 외할머니댁으로 발음 했는데 바른말은 친할머니땍, 외할머니땍으로 해야 한다.
2013년 12월28일	얼음낚시를 하려면 '얼음꾸멍'을 뚫어야 하는데 '얼음구멍'을 뚫어야 한다는 방송인. 그렇다면 "코꾸멍, 귀꾸멍, 눈꾸멍"도 "꼬구멍, 귀구멍, 눈구멍"으로 발음해야 하는가?

2013년 11월24일	아리랑 유네스코 인류 무형문화유산 등재 기념공연에서 노래를 부르는 사람들이 '아리랑꼬개, 발뼝이났네'라고 해야 하는 것을 '아리랑고개, 발병이났네'라고 글자대로 발음했는데 정말 큰일 났구나. 세계인들이 보는데 우리말을 이렇게 엉망으로 발음하고 있으니...
2013년 9월 14일	진품명품 진행자는 '의뢰품, 의뢰인'을 '으래품, 으래인'으로 발음하고 어느 출연자는 '흠찝'을 '흠집'으로 발음했는데 그럼 '몸찝'도 '몸집'으로 해야 하나?
2013년 5월 1일	'선무당이 사람 잡는다'라는 속담을 이야기하는 방송인. '선:무당'이라고 길게 발음해야 하는데 짧게 발음하여 '서 있는 무당'이라는 뜻이 되었다.
2013년 2월 3일	어느 방송인가에서 '색시감, 혼사길'의 표기를 '색싯감, 혼삿길'로 했는데, 이는 잘못된 것이다. '감'과 '길'이 '깜'과 '낄'로 발음된다고 해서 사이시옷을 쓰는 것은 어원을 무시한 참으로 한심한 일이다.
2012년 12월30일	한국방송. 감동 대상에 한옥사랑 미국사람 피에다씨와 독도사랑 일본사람은 수상소감에서 "진짜진짜 한옥이 좋아요. 대단히 고맙습니다"라고 우리말을 바르게 발음하는데 우리나라 연기대상 수상자들은 대다수가 "너무너무 감사합니다"라고 했다. 말로 밥을 벌어먹고 사는 연기자들이 이러니 참으로 한심하고 부끄럽구나 ㅠㅠ

 덧붙임

1. 글 인용에 대한 감사 말씀 올립니다.

이 책에 자료를 정리하다가 보니 고마우신 분들께 일일이 인사를 드리는 게 예의지만 이렇게나마 글로써 감사 인사 올립니다.

오경자 전 성신여중고 선생님, 김정수 한양대 명예교수님, 성낙수 외솔회 회장님, 박찬기 고려대 명예교수님, 채서영 서강대 교수님, 고 최성철 훈민정음 연구회 회장님, 박영규 훈민정음 연구가, 최찬식 선생님, 이봉원 선생님, 김구룡 선생님, 심승환 교수님, 김용석 님, 깨몽 님, 조정래 작가님께⋯

글을 인용하면서 큰 고마움을 느끼게 되었습니다. 재차 감사드립니다.

2. 저와 함께 우리 말글을 살리는 일을 하신 훈민정음 연구가 고 최성철 선생님의 뜻깊은 글을 올립니다.

흐르는 물은 썩지 않고 흘러서 내를 이루고 그것이 강을 이루며, 다시 강물이 흘러서 바다를 이루듯이 학문도 새로운 이론을 받아들이고 그것을 바탕으로 새로운 학설이 정립되어야 발전이 있는 것이다. 그런데 이 나라 모든 학계는 대부분이 폐쇄적이고 관료적인 경향이 짙다.

자연계는 그래도 조금은 개방적인 면이 있어서 그런 대로 많은 발전을 하고 있지만 인문계, 특히 국문학계와 사학계 등은 대부분 왜색(倭色)에 물들어 과거 군국주의 관료의 때를 여전히 벗지 못하고 있다. 특히 가장 심각한 곳이 바로 국문학계이며, 그들의 주구(走狗)인 국립국어원이 그 대표적이다.

이 나라 국문학계는 친일학풍에 찌들은 이희승과 최현배라는 두 갈래 학풍이 큰 산맥을 이루고 있다. 여타 다른 학자들의 이론이나 새로운 학설들은 찾아보려고 해도 찾아볼 수 없는 지경으로 사방이 꽉 막혀 있다. 그들과 다른 이론이나 학설은 가차 없이 묵살되고, 그것을 주장하는 학자는 당장에 학계에서 매장되며 밥통을 빼앗기고 깡통을 차야 하는 신세로 전락하고 마는 실정이다. 가까운 예로 어느 대학교 국문학 교수였던 사람이 "외래어는 외국어이며, 외국어를 빌려서 우리말처럼 쓰는 말이다. 따라서 외래어는 우리말이 아니며, 빌린 말 혹은 들온말이다."라는 새로운 이론을 발표하였다가 국문학계에서 추방되고 교수직을 박탈당한 사례가 있다.

이희승과 최현배는 모두 일본 국문학을 전공한 자들로서 우리 고유 국문학에 대해서는 전혀 식견이 없는 자들이다. 그들은 광복 후에 우리 고유 국문학을 개척하여 연구할 생각은 전혀 하지 않고 일본 국문학이나 서양 국문학을 번역하고 베껴서 우리 국문학 이론인 양 치장하기에 정신이 없었다. 그들은 훈민정음(訓民正音)이 세상에 있는 사람의 모든 말소리를 얼마나 과학적으로 잘 적을 수 있도록 만들어진 글자인가를 전혀 모르고, 오로지 오꾸라 신뻬이(小倉眞平)가 망가뜨려 세종대왕의 훈민정음(訓民正音) 창제정신이 훼손된 40개의 글자를 한글이라 부르며 오늘날에 이르고 있다. 더군다나 그들은 용비어천가를 비롯해서 월인천강지곡 등과 구운몽, 춘향전, 홍길동전과 같은 작품이나 당시 사가(私家)에서 왕래되었던 언문서찰(諺文書札)들이 우리 국문학 연구에 얼마나 소중한 자료인지를 인식하고 있지 못하는 자들이다. 일본 국문학이나 서양국문학 이론으로 치장된 이론과 학설을 70여 년 동안 파먹은 국문학계가 이제 더 이상 파먹을 자료가 없는 밑바닥에 이르러 앞으로 나아갈 수 없는 막다른 길에 다다랐다는 것을 암시하는 것이다.

전임 국립국어원장 모 씨는 현재 국문학계가 많은 모순점을 가지고 있다는 것을 잘 알고 있지만 손을 댈 수가 없다고 솔직하게 말한 적이 있다. 그 이유는 만약에 손을 댄다면 지금까지 쌓아 올린 모든 학술이론이 와르르 무너져 국문학계가 초토화되기 때문에 기득권자들의 저항이 거세다는 것이다.

우리 국문학계는 지금 사상누각(砂上樓閣)에서 아슬아슬하게 곡예를 하며 과거 군국주의 관료 형태로 무소불위(無所不爲)의 권력을 휘두르며 광란을 벌이고 있다. 지금은 고인이 된 노무현 전 대통령이 현직 대통령 시절에 국립국어원에서는 "놈현스럽다"라는 어휘를 신조어(新造語)라 하여 신조어사전에 등재할 정도로 권력이 대단했다. 국립국어원이라는 기관은 현직 국가 원수를 모독하는 행위라도 서슴 없이 행동하는 무서운 기관이니 힘없는 백성들이야 오죽하겠는가?

그 당시 노무현 대통령은 그들의 상관이면서도 국립국어원에 대해서 아무런 조치를 취하지 못하고 이 어처구니 없는 하극상(下剋上)을 당한 진짜 바보 대통령이었다. 또한 이명박 대통령이 당선 확정 후에 국립국어원의 폐쇄를 건의하였을 때 박종완 의원은 적극 검토하겠다고 약속을 하였으나 결국은 흐지부지되고 말았다. 어느 누구도 감히 손을 댈 수 없는 이 나라의 군국주의 관료 체재로 구성된 특별한 기관이다.

역대 어느 정권도 감히 이 국립국어원에 대해서는 특별 감사를 실시한 정권이 없다. 그러므로 부패의 온상이며 어느 정권도 감히 손을 대지 못하는 특수기관이다. 이처럼 강력한 권력을 가지고 있는 국립국어원의 수장이라는 사람이 국문학계의 한계성을 느끼고 나랏말이 더 이상 발전할 수 없음을 자인한 것은 무척 역설적이다.

우리 조상들은 한단고기로부터 시작하여 일만 년 동안 다른 민족에 동화되지 않고 우리말을 지키며 가꾸어 오늘에 이르고 있다. 더구나 36년 동안 일본 제국주의 지배를 받으면서도 우리들은 나랏말과 글을 지켜온 끈질긴 민족성을 가진 백의민족이다.

오늘날 국문학계의 무능으로 인하여 과거 일제의 잔재를 청산하지 못하였고, 성난 파도처럼 밀려드는 서양 언어들을 걸러내지 못하고 마구잡이로 우리말이라며 받아들인 결과 우리 언어문화는 일본말인지 서양말인지 분간할 수 없을 정도로 오염되었다. 앞으로 거리상으로 가까운 중국의 영향을 받아 중국어마저도 우리말로 받아들여질 것은 자명한 일이다. 우리말이 이처럼 오염되고 죽어가는 이유는 바로 "외래어는 국어 어휘"라는 엉터리 학설에 근거를 두고 있기 때문이다.

"외래어"라는 학술용어의 본고장인 일본에서조차 외래어를 외국어라고 정의하고 있는 데 반하여 우리 국문학계는 귀화어라는 이상한 논리를 전개하며 우리말이라고 정의하고 있는 데서 문제가 발생하고 있다. 그러니 일본말이든 영어든 중국어든 우리 글자로 표기만 하면 그 어휘가 곧바로 우리말로 둔갑해 버리는 것이다. 그러므로 이러한 외국어 말소리로 인해서 아름답고 정겨운 우리말은 병들고 시들어 죽어간다.

북한 국문학계는 외래어를 외국어라고 정의하고, 지혜를 총동원해서 이것을 우리말로 순화하는 작업을 게을리하지 않고 있다. 그러나 우리 국문학계는 외국어의 소리를 우리 글자로 바꾸기만 하면, 그것이 곧 우리말 어휘가 되므로 누어서 떡먹기에 지나지 않는다. 즉 영어 ice-cream을 북한에서는 "얼음보숭이"라고 우리말로 순화하여 사용하고 있다.

그런데 우리 국문학계에서는 ice-cream은 그냥 "아이스크림"으로 표기하고, 이것을 우리말이라고 억지를 쓰고 있다. 이러한 상황이니 우리 국문학자들은 머리를 싸매고 연구할 필요도 없이 그냥 외국어 말소리를 우리글로 바꾸어 주기만 하면 우리말이 되니 한결 편하다.

더구나 그 말의 음운(音韻)도 일본식으로 하지 않으면 안 되는 실정이다. 예를 들면 bat의 원산지 발음은 '뱉'이다. 그런데 이것을 [バット(반도)]라는 일본식 음운에 따라 '배트'라고 하면 우리말이고, '뱉'으로 하면 영어라는 것이다.

이렇게 모든 외래어라는 것을 일본식 음운에 따르는 것이 우리의 음운체계라고 한다.

이처럼 그들은 친일 편향적인 관료주의 사상을 가지고 이 나라 나랏말을 병들어 죽어가도록 방관하면서 아무런 수고도 하지 않고 백성들의 혈세로 풍족한 삶을 영위하는 것이다.

국립국어원은 더 이상 백성들의 피와 땀으로 낸 세금을 헛되이 나랏말 망치는 것으로 축내지 말고 나랏말을 지키고 가꿀 능력이 없으면 차라리 자폭하기 바란다.

정음연구회 최성철 회장

3. 대한민국은 세종대왕이 만드신 글자 중 내다 버린 문자를 오히려 이웃나라에서는 잘 사용하고 있다.

인도네시아 찌아찌아족이 2009년부터 그들의 문자를 한글로 쓰기 시작했다. 그런데 그들은 세종대왕이 만드신 28글자 중 쓰지 않고 있는 4글자 중 (ㆆ된이응. ㆁ여린이응. ㅸ가벼운 비읍. ㅿ반 시옷) 2개를 (ㅸ가벼운 비읍. ㆁ여린 이응)를 사용하여 그들의 말소리를 정확하게 표기하고 있다고 한다. 그렇다면 그들은 맞춤법이 필요할까? 그렇지 않을 것이다. 왜냐하면 세종대왕의 뜻대로 소리글자를 쓰고 있으니까 당연히 맞춤법이라는 것이 필요 없는 것이다.

이와 같이 찌아찌아족은 세종대왕의 뜻대로 소리글자를 써서 된소리·예사소리·긴소리·짧은소리를 정확하게 쓰는데, 정작 우리는 소리글자를 쓰지 않고 뜻글자를 써서 맞춤법을 만들어 우리 말글을 엉망으로 만들고 있다.

(찌아찌아족 한글나눔 https://m.blog.naver.com/jokih/222881782664)

4. 국어순화 명목하에 우리 말글을 훼손시킨 국립국어원은 존재할 가치와 이유가 없다.

표준어(표준말)는 각 지방의 방언(方言) 중 가장 규격이 바른 방언을 택하여 대표적인 국어로 인정하고 그 언어체계를 표준어로 정하는 것이 세계적인 추세다.

그럼에도 불구하고 국어순화를 한다면서 표준어를 특정 지역의 사투리도 표준어로 정하기 위하여 위와 같은 '다만'과 '예외'라는 규정을 만들어서 우리말을 변질시키고 소통에 혼란을 만드는 소행은 절대로 용납할 수 없는 일이다.

또한 표준어 사정 원칙에 표준어는 국민 누구나가 공통적으로 쓸 수 있게 마련한 공용어(公用語)이므로, 공적(公的) 활동을 하는 이들이 표준어를 익혀 올바르게 사용하는 것은 너무나 당연한 필수적 교양인 것이다.

예를 들어, 영국은 런던에 표준어 훈련기관이 많이 있어 국회의원이나 정부 관리 등 공적인 활동을 자주 하는 사람들에게 정확하고 품위 있는 표준어 발음을 가르치고 있다. 표준어 교육은 학교 교육에서 그 기본이 닦여야 한다. 그러기에 모든 교육자는 무엇보다도 정확한 표준어를 말할 줄 알아야 한다.

우리나라에서는 표준어 훈련기관은 뒤로 미루고 초등학교부터 영어

교육에만 몰두하고 있으며, 그나마 국어교육은 문법 교육만 하고 제일 중요한 언어 교육, 즉 말하기 교육은 하지 않고 있다. 이것이 큰 문제다.

그러니 바른말을 하는 교양 있는 공인이나, 바른말을 가르칠 수 있는 교양 있는 교육자를 거의 찾아볼 수가 없다.

관계 당국은 다음 네 가지를 하루빨리 적극 실행하라.

첫째! 한글맞춤법에서 '다만' 규정과 '예외' 규정을 없애고, 복수로 만든 표준어 규정도 하나로 만들어라.

둘째! 말본(문법) 과목을 대입수능과목에서 선택이 아닌 필수과목으로 정하라.

셋째! 표준어 사정 원칙에 따라 초등학교에서부터 말본(문법)과 우리말을 필수로 가르쳐라.

넷째! 우리말을 훼손시키는 일은 하면서 방송인들이 잘못 발음하는 것을 강력하게 시정하지 못하는 국립국어원은 해체하라.

끝으로 모든 정치인과 정부 관료들은 각자 기득권 보호에 벗어나서 나라의 미래를 위해 상식적으로 임하라.

방송인 이종구

바른말이 힘이다

초판 1쇄 인쇄 2023년 2월 28일

지 은 이 이종구
삽   화 남유소
펴 낸 이 이종복
편   집 윤구영
펴 낸 곳 하양인

주   소 (04165) 서울특별시 마포구 월드컵북로 22길25
전   화 02-6013-5383 팩스 02-718-5844
이 메 일 hayangin@naver.com
출판신고 2013년 4월 8일 (제300-2013-40호)

I S B N 979-11-87077-32-9 (93700)
가   격 19,000원

9